江西省高校人文社科规划项目（GL23116）

经管文库·管理类
前沿·学术·经典

SIMULATION STUDY ON DISRUPTION OF
TRANSNATIONAL FOOD SUPPLY CHAIN
BASED ON SYSTEM DYNAMICS

基于系统动力学的
食品跨国供应链中断仿真研究

赖新峰 ◎著

经济管理出版社
ECONOMY & MANAGEMENT PUBLISHING HOUSE

图书在版编目（CIP）数据

基于系统动力学的食品跨国供应链中断仿真研究 ／
赖新峰著. －－北京：经济管理出版社，2024. －－ ISBN
978-7-5096-9942-3

Ⅰ. F416.82

中国国家版本馆 CIP 数据核字第 20246BQ088 号

组稿编辑：白　毅
责任编辑：白　毅
责任印制：许　艳
责任校对：王淑卿

出版发行：经济管理出版社
　　　　　（北京市海淀区北蜂窝 8 号中雅大厦 A 座 11 层　100038）
网　　址：www.E-mp.com.cn
电　　话：(010) 51915602
印　　刷：唐山玺诚印务有限公司
经　　销：新华书店
开　　本：720mm×1000mm/16
印　　张：13.25
字　　数：233 千字
版　　次：2024 年 11 月第 1 版　　2024 年 11 月第 1 次印刷
书　　号：ISBN 978-7-5096-9942-3
定　　价：98.00 元

前　言

　　食品工业作为我国国民经济中重要的支柱产业，已经成为现代工业体系中的首位产业，在保障民生、拉动内需、带动相关产业发展方面发挥了重要作用。"十四五"规划等政策文件对发展绿色食品提出了明确要求。近年来，食品加工业也遇到了许多复杂挑战，如跨国食品生产的生产性中断问题、跨国食品供应链的运输中断问题和跨国食品供应链的国际贸易风险问题。然而，由于食品生产具有重要性和紧迫性，越来越多的学者和企业管理者迫切需要掌握解决此类问题的方案与策略。因此，本书的写作紧扣时代需求，力图从多种研究视角进行分析，综合运用多种研究方法寻求解决方案。

　　近年来，经济全球化得到了迅猛发展。经济全球化不仅有利于资源和生产要素在全球的合理配置，同时也有利于资本和产品的全球性流动。经济全球化也进一步带动了制造全球化的发展。制造全球化源于各个国家和地区的资源禀赋不同，某一产品通常由各个不同国家的不同企业共同制造完成。此时，各个制造国家的边界被突破，制造企业边界也变得模糊，制造企业内部的生产经营行为也可以得到进一步延伸。这有利于促进世界各国的发展，对维护世界和平稳定发挥着重要的作用。当前，数字化制造已经成为新型工业领域的标杆性概念，各国也在共同发展全球数字化制造。随着全球数字化制造的迅速发展，我们发现它已然成为各制造业大国"竞合"的焦点，同时跨国公司也加大了对数字化制造的投入。全球数字化制造呈现技术创新从多点突破迈向系统集成、智能装备被更广泛应用的发展趋势。

　　制造全球化需要在多个国家或地区进行生产，然而近年来供应链中断、逆全球化、关税壁垒和汇率波动等不稳定因素也深刻地影响着制造全球化。这些因素中供应链中断风险和国际贸易风险是造成全球化制造不稳定的主要因素。供应链中断风险指的是由于各种内外部因素导致供应链环节中某个或多个环节发生严重故障或中断，从而影响到企业正常的生产经营活动。供应链中断风险是供应链管理中的一个重要概念，它具有突发性、不确定性、传递性、影响广泛性等特点。供应链中断风险的类型也具有多样性，主要包括自然灾害、政治风险、经济风险和技术风险。具体来说，自然灾害类型为如地震、洪水、台风等不可抗力因素导致的供应链中断；政治风险类型为如政治动荡、战争、政策变化等因素对供应链稳定造成影响；经济风险类型为如汇率风险、通货膨胀和市场需求的振荡等导致供应链中断的发生；技术风险类型为如技术更新迭代、机器故障、数据安全等因素对供应链造成的威胁。供应链中断造成的影响是深远的，它对企业的生产运营造成的影响主要包括交货期延长、利润下滑，严重的甚至造成停工。它对市场的影响也非常大，不仅使市场份额下滑，而且会给企业的品牌声誉带来无法挽回的影响。当然，为了应对供应链中断给制造业带来的影响，许多企业都会采用双源采购策略。比如，英特尔公司要求20%的原料必须采用双源或多源采购，以便保证原料到达的安全性（Daniel & Hsin，2021）。这种采购模式可以使生产商综合利用国内外供应商双方的优势，规避其劣势，使企业利润达到最大。事实上，从全球化的视角研究供应链中断对全球制造业的影响，进而提出相应的管理策略和得到重要的管理启示是本书的主要贡献，不仅可以使全球化企业降低供应链中断带来的风险和损失，同时也可以为制造全球化提供更多的思考和启发。

长期以来对外贸易为我国经济的长期发展提供了强劲的动力，但在深度参与全球制造的同时，也时常遭受外部市场风险冲击。因此，国际贸易风险近年来受到高度关注。与传统贸易分工相比，当前国际贸易风险扩散日益呈现出"叠加效应"，即产生于局部地区或个别行业的短期经济波动会通过复杂的全球贸易网络与价值链分工体系，不断进行逐级传播和外溢输出，从而导致产生局部性和短期性的突发性风险，进而引发全球性的经济剧烈动荡。显然，新式叠加效应对各国经济产生的冲击远远超出了传统国际贸易，不仅深刻改变了出口企业参与全球价值链分工的模式选择，也对我国全球制造布局与风险防范提出了新的挑战。基于此，本书从全球化生产中的国际贸易风险出发，综合考虑供应链中断、关税壁垒、汇率波动等因素的影响，构建了动态惩罚机制与静态惩罚机制，并通过证明和比较了两种不同的机制。通过系统动力学仿真方法研究了关税和汇率波动的影响，同时采用博弈论的研究方法构建了一种成本分担机制，以应对不断波动的汇率因素的影响。最终通过理论探讨，为全球化企业进行风险管理和全球化决策提供理论依据和决策参考。

本书以全球化食品生产企业为研究对象，以系统动力学仿真和博弈论方法为研究工具，通过研究供应链中断、关税壁垒和汇率波动等因素对全球化生产决策的影响，构建不同惩罚机制以应对供应链中断，通过理论证明了成本分担机制能够解决汇率波动下全球化生产企业的困境，并用数值分析的方法来分析不同的重要参数对全球化生产决策的影响。主要内容包括以下四个方面：

第一，出口导向型快消食品制造企业两级生产供应链中断风险研究。从制造流程角度出发，针对生产性中断问题，建立两阶段快消食品制造企业的系统动力学模型，研究出口导向型快消食品制造企业的供应中断风险问题。研究发现：首先，从短期生产角度来看，第一制造阶段的生产性中断危害要低于第二制造阶段；而从长期生产角度来看，混合中断模式下的第一制造阶段生产性中断危害高于第二制造阶段，分离中断模式下的第一制造阶段生产性中断危害要低于第二制造阶段。因此，两个制造阶段在不同生产条件下面临不同的生产性中断，将会产生不同的损失，这要求企业制定合理的生产周期战略，依据战略针对不同制造阶段采取不同的管理方针，以降低生产性中断带来的损失。其次，对于具有供应链中断风险的快消食品制造企业来说，对原材料设置一定的安全库存是有必要的，应对每个阶段的每个原材料设置差别化安全库存，短期生产战略下的差别化安全库存决策是唯一的，而长期生产战略下的差别化安全库存决策变得多元离散化。最后，关税和劳动力成本与最优安全库存及冷链储藏技术水平呈负相关关系，对于出口导向型企业来说，必须时刻关注关税和劳动力成本变化情况，及时调整决策。对于目标市场关税和本国劳动力成本较高的企业，可设置较低的安全库存和冷链储藏技术水平。通过算例分析，本书为具有生产性中断的食品制造企业应对供应中断风险提供了重要的管理启示和决策支持，且相关结论能有效降低供应链中断给出口型食品制造企业带来的损失。

第二，多式联运模式下跨国食品供应链运输中断风险系统动力学研究。与传统食品不同，快消食品在居民消费中所占的比例越来越大，且具有原材料易腐性质和市场流失性质的快消食品供应链发生运输中断时所带来的损害往往要高于普通产品供应链。基于此,本书从多式联运下的运输中断视角出发,以快消食品制造企业为研究对象,建立了运输过程中涵盖4个国家的多式联运两级供应链系统动力学模型。研究发现:首先,选择不同的绩效指标作为标准时,管理决策也是不同的,在"航空运输→海上运输→公路运输"多式联运模式下,若企业的目标是减少过期量,则对于3个运输阶段的管理重点顺序应为公路运输阶段>海上运输阶段>航空运输阶段;若企业的目标是减少市场流失,则完全不同。其次,运输中断风险水平不只和发生中断的运输阶段位置有关,且不管采用何种多式联运模式,对第一位置的运输阶段的管理都应该被两个目标导向的企业放到战略管理中的次要地位。再次,以减少原材料过期量为目标导向的企业应该着力投资改善较为靠后的运输阶段的运输能力,降低其运输中断风险。最后,在"航空运输→海上运输→公路运输"新型多式联运模式下,追求最少原材料过期量的企业应当统筹管理海上运输阶段和公路运输阶段,防止这两者同时出现中断,即混合中断;追求市场份额而对于原材料过期量并无过多要求的企业,要严格统筹管理航空运输阶段和公路运输阶段,将它们出现混合中断的可能性降到最低。研究结论为具有多式联运的运输中断的食品制造企业面对生产性中断提供了重要的决策参考和管理启示,能给相关决策者应对运输中断风险,特别是降低风险给企业带来的影响提供很好的理论支持。

第三,基于系统动力学视角的全球供应链中断和国际贸易风险研究。当前供应中断和国际贸易风险深刻影响着全球生产制造,这给全球生产稳定和各国的经济带来了不小的冲击。具体来说,供应链中断主要发生在合同制造商向原始设备制造商供货的过程中。而关税和贸易风险主要体现了目标所在国和合同制造商所在国的关税和汇率的波动影响。受此启发,本书从系统动力学的研究视角出发,考虑供应中断对全球化生产的决策影响,建立供应链中断下的系统动力学仿真模型。研究发现:首先,合同制造商的平均中断恢复时间越长,销售中断水平和市场损失就会越高,同时利润也会越低;原始设备制造商的安全库存系数越高,销售中断水平越低。因此,应该提高安全库存水平来有效阻止销售中断的发生。特别是对于风险规避型企业,应该设置一个比较高的安全库存水平。同时也要注意,过高的安全库存水平将导致过高的库存成本,而且,当库存水平超过一定的阈值时，利润将下降。其次，合同制造商对于原始设备制造商的采购价格和订单数量越敏感，因此，合同制造商恢复供应能力的积极性也就越高，也就是说，能更加有效地降低中断损失。当一个拥有较长供应提前期的合同制造商发生独立中断时，它对于供应链整体性能的危害要高于当两个合同制造商同时发生中断时的情况，一个具有较长供应时延的合同制造商发生中断时，原始设备制造商的利润和服务水平要低于一个具有较短供应时延的合同制造商发生中断时的利润和服务水平。相关管理启示能降低全球生产制造企业供应中断带来的负面影响。

第四，基于博弈理论视角的全球供应中断和国际贸易风险研究。由于各国的资源禀赋不同，全球化生产分工合作应运而生，实践证明，全球化生产制造能使各国人民受益，且也是全球经济增长的强劲动力。近年来，供应中断和国际贸易风险给世界各国带来诸多影响，同时也给相关上下游合作企业带来不小的损失。如何应对当前逆全球化思潮带来的负面影响，已经成为一个重要的研究课题。基于此，本书以全球化生产企业为研究对象，综合应用了系统动力学和博弈论的研究方法，建立多个系统动力学模型和博弈模型，旨在帮助那些受此困扰的全球化生产企业找到解决问题的办法。研究发现：首先，目标海外市场汇率与原始设备制造商的利润之间存在正相关关系，而与销售中断水平之间呈负相关关系。其次，原始设备制造商应该更多地关注供应延迟时间更短的合同制造商，以达到获得更高平均利润的目的。最后，一个原始制造商和两个合同制造商有动力签订一份成本分担合同，以解决因汇率上升导致的成本增加困难。相关管理启示能为全球化生产企业应对供应链中断风险和关税、汇率等国际贸易风险波动提供决策参考，不仅能有效地降低相关企业因此带来的损失及影响，还能为政府决策提供一定的参考。

本书是生产管理理论研究中一个探索，虽然本书所介绍的研究内容仍是理论性的，缺乏对实际应用方面的研究，但是从理论角度研究此类问题不仅丰富了这方面的文献空白，同时也对企业管理者有一定的启示作用。本书的内容是赖新峰承担的江西省高校人文社会科学研究项目（GL23116）、国家自然科学基金项目（72261013）和江西省自然科学基金项目（20242BAB25011）研究成果的一部分，全书由赖新峰提出总体研究思路和框架，硕士研究生王鑫负责主要仿真实验。本书还得到了中山大学陈志祥教授的悉心指导，陈教授对本书提出了许多宝贵意见，在此一并表示感谢。此外，赖新峰负责本书的统稿、修改和审定工作。

本书的出版得到了江西省高校人文社会科学研究项目（GL23116）、国家自然科学基金项目（72261013）和江西省自然科学基金项目（20242BAB25011）的资助，同时感谢江西财经大学对本书的资助。此外，本书的出版还得到经济管理出版社的大力支持，在此表示感谢。

由于笔者水平有限，书中难免存在不妥之处，恳请读者批评指正。

赖新峰

2024 年 4 月 2 日于南昌江西财经大学

目　录

第1章　绪论

1.1　研究背景与问题的提出

1.1.1　研究背景

各个国家的资源禀赋不同，全球布局下的分工合作促进了经济全球化的发展。中国改革开放的成功经验也充分证明了经济全球化不仅能提高一个国家的综合实力，更能促进世界经济的稳定与发展。中国政府很早就提出要把我国建设成为引领制造业发展的世界制造强国。与此同时，中国也积极走出国门，实施全球化生产战略已然成为助推全球经济发展的重要因素之一。为了实现这个战略，中国政府正在进一步扩大对外开放，同时也在不断推动经济高质量发展。中国经济高质量发展立足于自身、造福世界，为推动经济全球化朝着更加均衡的方向发展、实现共同繁荣注入强劲动力。

2021年以来，面对百年未有之大变局以及新冠疫情的双重影响，经济全球化也遭遇逆流，以习近平同志为核心的党中央担当历史使命，掌握历史主动，坚定支持经济全球化的发展，中国对外开放取得了举世瞩目的成绩，外贸外资规模创下同期历史最好水平，同时高质量稳步推进"一带一路"倡议的落实，开放型经济新体制更趋完善。2023年是"一带一路"倡议提出10周年，这一年我国成功举办了第三届"一带一路"国际合作高峰论坛。2024~2028年，中国货物贸易、服务贸易进出口额有望累计超过32万亿美元和5万亿美元。中国已经是140

多个国家和地区的主要贸易伙伴，是越来越多国家的主要投资来源国。每天进出口贸易额超 1000 亿元。在今年的世界航运版图上，增添了许多往返中国的新航线，其中六成以上连接了"一带一路"沿线国家和地区。航线密度加大也充分地体现了中国在全球贸易中的重要地位。2021 年以来，我国市场开放步伐不断加快，对外资保持强劲吸引力，前 10 个月，我国实际使用外资金额 9431.5 亿元，同比增长 17.8%，高技术服务业和制造业引资实现"双增长"。

经济全球化带动了全球化生产的迅猛发展。尽管经济全球化具有不可逆的特性，但是百年未有之大变局下的世界经济也面临着错综复杂的背景。后疫情时代的全球化生产会遭遇到哪些问题？各国之间贸易摩擦又会给全球化生产带来哪些影响？这些问题对于全球化生产下的各国企业来说，是一个亟须解决的重要课题。与此同时，食品行业作为国民经济的重要支柱行业，具有特殊性，那食品的全球化生产又会遇到哪些困境？经过充分的实际调研与分析，同时在阅读了大量相关文献后，我们发现，全球化生产下的食品企业面临的诸多问题和挑战主要包括以下几个方面：

首先，以往的研究往往更多关注的是食品生产的多级供应链，这些文献的研究结果都表明供应链下游发生中断所带来的危害和影响都要大于上游。在已有的研究文献中，我们发现研究单一制造商，并以它的生产制造流程为研究对象的文献非常少。众所周知，食品生产由于其原材料具有易腐性等特点，生产性中断问题经常发生，那么对于一个具有两阶段制造的出口导向型食品企业来说，究竟是哪一个生产阶段出现生产性中断所带来的损失更大呢？对于出口型食品生产企业来说，关税等外生变量对于企业决策究竟有哪些重要影响？这些都需要从理论上进行研究与分析。因此，研究生产性中断对于出口导向型食品生产企业来说具有重要的意义。

其次，跨国快消食品供应链不仅涉及多个国家和地区，同时也涉及多种运输交通工具，因此中断发生的可能性也比同一种运输交通工具下的情况更为复杂。多式联运的好处主要包括提高运输效率、降低运输成本、简化货运结算及理赔手续、减少中间环节、提高运输质量。故在全球化生产中经常采用多式联运的运输方式，但由于多式联运涉及多种运输交通工具且在不同国家和地区间进行货物的运输，因此多式联运下的企业迫切需要了解不同运输阶段发生运输中断风险时所带来的供应链损失是否相同,如果不同,企业要如何进行差异化管理。此外,不同目标导向下的多式联运企业关注的重点不同,如以减少过期量或减少市场流失为目标,这种情况下企业的最优决策和重点关注的运输阶段有何不同呢?不同的企业目标可能导致企业关注的对象不同。因此,企业必须根据自己的战略目标与利益导向的不同来选择适合自己的管理策略。是否存在一个策略,能够使企业在减少过期量和减少市场流失方面都能实现占优?综上分析,研究多式联运下的食品全球化生产的中断问题具有重要的理论意义。尤其是在当前全球供应链存在不稳定因素的情况下,全球供应链下各方主体如何选择自身的最优策略是值得研究的问题之一。

再次,全球生产网涉及多个位于不同国家的生产企业,如由一个原始设备制造商与两个合同制造商构成的全球生产网,时常遭遇到供应中断的情况。由于一个原始设计制造商和两个合同制造商往往位于三个不同的国家,因此合同制造商的交货提前期有差异,不同国家的关税和汇率也存在波动的情况。具体来说,供应中断和国际贸易风险会给全球生产网的各方主体带来哪些危害?这些风险又是如何传播给全球生产网的各方主体的?因此,考虑多种供应中断情况下的全球生产网各主体决策具有重要的研究价值。

特别是近年来,受到国际贸易摩擦、技术过度保护以及新冠疫情冲击等因素的影响,全球供应链中断风险加大。特别是新冠疫情发生以后,食品供应链中断问题受到世界各国的高度关注。粮食与农业全球论坛(Global Forum for Food and Agriculture)于 2021 年 1 月 19~21 日在德国柏林召开。在会议中各方均表示食品供应链中断将导致全球粮食价格出现波动,需要各国共同努力来稳定食品供应链上其他相关节点企业的供应情况。此外,由于人工智能、物联网、5G 等新兴技术的兴起,芯片需求量得到飞速增长。然而,诸多贸易壁垒的出现,使全球芯片面临着短缺危机,相关的汽车制造供应链中出现了供应中断的情况。事实证明,受到日益复杂的国际环境和其他不可控因素的影响,全球供应链出现了潜在的危机,全球化生产也受到很大的影响。因此,面对全球化生产中供应中断的现实问题,全球化生产中的相关节点企业都必须高度重视供应中断问题,建立解决这一问题的方案,从理论上获得可靠的管理启示,并用于指导具体的实践,不断增强抵御不确定性所带来的巨大风险的能力(张以彬等,2019)。

最后，随着各国综合能力的变化，传统贸易风险已经转变为新型的国际贸易风险。世界主要经济体之间的贸易摩擦也迅速升温。2018年6月，美国开始对欧盟钢铝产品加征关税。同年6月22日，欧盟对总额28亿欧元（约合32.6亿美元）的美国产品加征关税。除了关税，汇率是全球化生产的另一个重要影响因素。美联储自2022年3月以来多次加息，受此影响，2024年4月亚洲多国货币迅速贬值，一些货币汇率创下了数年乃至数十年来的新低，如日元对美元汇率跌破1美元兑换155日元，创34年来的新低。同期，韩国首尔外汇市场上，韩元对美元汇率收于1382.2韩元，与2023年年底的收盘价相比上升了7.3%。而在4月16日，韩元对美元汇率盘中一度突破1400韩元大关，创下2024年的新高。韩元对美元贬值了7%，贬值幅度超过2008年国际金融危机时期。这对于对汇率非常敏感的韩国企业来说，肩上的负担将越来越沉重。由于韩元贬值，韩国企业在购买相同产品时，需要支付更多的货款。当关税和汇率产生剧烈振荡时，作为全球化生产的重要参与者，各方企业又是否有合适的方法来应对这些风险呢？是否存在一套全球化生产的各方参与者都能够实施的机制？这些问题都亟待相关管理者和研究者来思考。因此，研究关税和汇率波动下的全球化生产运作的决策具有非常重要的理论意义和现实意义。

世界各国在应对不确定性所带来的风险与挑战时，为了提高制造企业生产的保障能力，通常会采用双源采购。简单地说，双源采购是一种规避风险的采购策略，英文名是 Dual-sourcing Procurement。我国的上汽大众公司对其汽车零部件一直采用双源采购的模式。为了实现稳定可靠的挡风玻璃供应，上汽大众公司会同时向福耀玻璃和耀皮玻璃两家不同的生产商采购汽车挡风玻璃。随着全球化生产的不断发展，越来越多的企业只把其最具竞争力的核心业务保留，而将其他非核心的"支撑性"业务以及非必要向高层汇报的活动与业务转移到其他地方。例如，位于美国的苹果公司总部只负责产品的创意、设计、研发等，而把主要的生产环节全部外包到其他国家。这种外包业务的快速发展也使企业与企业之间形成了联盟的市场博弈关系。传统的企业与企业之间的单一竞争模式也逐渐消失，取而代之的是以协同竞争和合作共赢为主题的新型供应链。与传统的供应链相比，新型供应链不仅能给制造企业提供更加廉价的劳动力，还能使其获得更加质美价廉的原材料。正是有了这一全新的全球化生产系统，才使全球化制造企业在获得更好的服务及效率的同时，也面临着本书中所提及的不确定性风险问题。

在解决供应中断问题时，原始设备制造商与合同制造商往往会签订一份正式合同加以约定。随着供应中断发生频率的不断提高，这种做法也变得十分普遍。如前文提到的苹果公司，其生产环节全部外包给其他原始设备制造商。这些原始设备制造商主要包括富士康、和硕科技、广达电脑、纬创集团、英华达和仁宝电脑等。原始设备制造商和硕科技生产成品所需的零部件，则由多家其他的合同制造商来供货，甚至有些合同制造商来自于其他国家，这一种全球生产网也十分常见。和硕科技需要的精密组件及材料供应模块是由信维通信和领益智造等合同制造商来提供的，而核心模块芯片供应商仍以外国厂商居多，如高通和 Skyworks 等。因此，很多学者从合同理论的角度来研究原始设备制造商与合同制造商的惩罚机制。如张煜和汪寿阳（2013）设计了奖励和惩罚这两种性质的合同来分析是否应该激励供应商进行自身安全状态监控投资，以增强供应可靠性。还有学者评价了合同形式的优劣，在设备维修公司（服务供应商）改进设备可靠性的能力为私密信息的情况下，探讨买方如何激励供应商付出不可见努力以改进可靠性。

在应对共同的风险时，实践证明成本分担合同能有效地降低合作双方的共同风险。尤其是在全球化生产网中，作为强势方的原始设备制造商往往具有较大的主导权，在合同约束等方面有较大的话语权。比如，长期以来，汽车制造商对芯片供应链的运作方式缺乏了解，并且不愿意分担成本和风险，然而，近两年来，由于芯片经常出现短缺，全球汽车制造商也因此被迫取消了一些汽车生产计划。传统的芯片供应链与汽车制造商之间的供应关系得到了重塑。通用汽车、大众汽车和福特汽车等公司新成立的团队正在与芯片制造商直接谈判，这些变化预示着汽车行业正在发生根本性的转变，这对以往完全依赖供应商来进行半导体采购的汽车制造商来说是一个重大转折。日本的汽车制造商允诺了更长期的订单和更高的库存；博世和电装等主要供应商正在投资芯片生产；通用和 Stellantis 则表示，它们将与芯片设计师合作设计芯片组件；明尼苏达州芯片制造商 SkyWater Technology 首席执行官托马斯·桑德曼（Thomas Sonderman）说，该公司正在与汽车公司洽谈，准备通过购买设备或支付研发费用的方式使汽车制造商参与进来。供应链合同主要包括批发价合同、收益分享合同、成本分担合同、数量折扣合同、回购合同等，其中，成本分担合同是一类重要的合同，在跨国供应链中有着广泛的应用。成本分担合同即合作一方按约定的比例来承担合同另一方的部分成本，主要目的是解决成本过高或者风险太大引发的问题。因风险增加而带来成本上升问题时，强势的一方往往不愿意独自承受这部分高成本，这可能导致双方的合作意愿大大降低。为了能够促成合同双方均有意愿进行下去，设计和签订成本分担合同能够减轻合作一方的负担，同时激励双方继续履行合约。事实上，成本分担合同在现实中也得到了广泛的使用。例如，作为世界 500 强的戴尔公司，就曾主动提出要加强与供应商的合作，并且在 2015 年时就实现 40% 的绝对碳减排，截至 2009 年，大约 80% 的供应商已经实现了戴尔的环境要求，同时这些供应商也被戴尔要求参与到碳披露的项目中来进行成本分担。2020 年，当时的家电零售巨头苏宁与美的、海尔等多家空调制造商合作，成立"新一级能效联盟"，并加速研发低碳空调。虽然成本分担合同会导致合同一方承担的成本有所增加，但如果被证明最终销量会因为成本分担合同而提升，那么销量的大幅度提高也必将间接地提高合同双方的利润。这也是成本分担合同存在的先决条件。

由此可见，无论是供应中断风险，还是国际贸易风险，它们都对全球生产网中的各方主体的决策有重要影响，这些问题也同样困扰着企业的管理者。因此，本书从企业的实际需求出发，界定出全球生产网中的问题边界，重点抓住问题所在，分析多种供应中断的不同影响，如分离中断和混合中断对全球生产网的影响。企业管理者应该重点关注不同供应中断，从而减弱供应中断风险给企业带来的影响。此外，全球生产网中的合同制造商往往有着不同的交货提前期，要重点分析它们对于企业的决策影响。国际贸易风险涉及全球供应链中多个主体所在国的汇率和关税等，汇率的波动必然引发全球生产网的不稳定性和不确定性，这些对构建稳定的全球供应链产生了深远的影响。在以往的企业运作中，全球生产网中的各方决策主体进行生产决策时往往是独立进行的。在应对风险的过程中，如果能设计一套成本分担合同，那么这种合同模式不仅有利于快速响应市场需求和稳定全球供应链，还能够间接地提高全球供应链各方主体的实际利润。因此，研究此类问题对于解决当前全球供应链风险管理问题具有重要的价值与意义。

实践证明，系统动力学作为一个研究方法，能通过回路的方式搭建系统结构框架，并用因果关系图和流图刻画系统间相互关联的逻辑关系，用方程刻画系统间相互关联的数量关系，用计算机仿真软件进行模拟分析，从而得到各因素之间的正向或负向联系，获取有价值的管理启示。本书之所以采用系统动力学的研究方法，是考虑了全球生产网中三个决策主体之间存在很强的逻辑关系，原始设备制造商只有同时采购完成需要的两种不同类型的零部件后才能进行组装生产，而这种逻辑关系用系统动力学方法来刻画就十分的适合。系统动力学，英文为 System Dynamics，最早出现在 1956 年。它是由于美国麻省理工学院（MIT）的福瑞斯特（J. W. Forrester）教授提出的。系统动力学是一种科学的方法论，它旨在研究系统之间的相互作用及演变过程，以及系统在外界干扰下的复杂行为，目前已经被广泛地应用于经济、生态环境、企业管理、统计研究等领域。系统动力学的研究对象往往是一个比较复杂的系统，需要较长时间序列的数据来支持模型。因此，在本书中，我们研究的基本单位为天，仿真时长为 200 天，通过较长时间的模拟仿真，找到全球生产网系统受到供应中断和国际贸易风险影响后的复杂行为。供应中断和国际贸易风险问题是具有很强现实意义问题。倘若跟过去一样，全球生产网中各个单一企业的生产采购、库存管理、定价策略等都只考虑自身的局部利益，甚至相互倾轧，就必然导致全球生产网中各方企业难以找到解决供应中断风险的最优方案，而在现实环境中，企业面临的供应中断风险又难以完全克服或者完全避免，在这种情况下，找到影响决策的最重要的因素显得格外的重要，这不仅可以减少企业不必要的浪费，还可以降低企业风险，获取更多的企业利润。

博弈论（Game Theory）又称对策论或赛局理论，它既是现代数学的一个新的分支，又是运筹学的一个重要学科。博弈论主要研究公式化了的激励结构间的相互作用，是研究具有斗争或竞争性质现象的数学理论和方法。博弈理论通常分为合作博弈理论和非合作博弈理论。在本书中，我们采用的博弈理论主要是非合同博弈理论。基于全球生产网中三方主体存在很强的竞争关联性，以非合作博弈的思维探讨在全球生产网中进行生产、采购和定价决策时存在的国际贸易风险，对于解决该风险并完善相关的全球生产网管理理论、更好指导全球化生产企业进行风险管理，有重要的理论和实践意义。随着各个国家综合实力的变化，日趋复杂的国际贸易风险影响着全球生产网的稳定与发展，目前越来越多跨国制造企业正面临着这种不确定性给带来的潜在风险。本书以全球生产网中的三方主体为研究对象，综合考虑供应中断风险和国际贸易风险等因素，构建了不同的风险条件下全球生产网各方的系统动力学仿真模型和博弈模型，探讨供应中断风险下的惩罚机制和国际贸易风险下的成本分担合同，以适应目前复杂背景下的企业决策和风险管理变革需要，这是对现有全球生产网决策理论的一个有益补充，对于指导全球化生产企业应对风险管理也有十分重要的意义。

1.1.2 问题的提出

近年来，国内外学术界关于全球生产网中各方主体的生产决策和定价决策已经有一定的研究成果，如斯坦伯格模型下的全球生产网的最优定价决策，或者将全球生产网与关税结合考虑，再或者考虑全球生产网决策中的汇率等因素。尽管如此，我们仍然发现，现有的全球生产网中各方主体的决策研究仍然有以下不足：

首先，现有研究较少研究出口导向型食品企业的生产性中断问题。事实上，食品企业的生产加工比传统产品的生产更加复杂。现有研究多从供应链上下游的供应中断视角出发，而往往忽视了食品加工企业内部复杂的生产流程。虽然有一些文献研究了食品加工企业上下游供应中断发生后各方主体之间的关系，但没有结合以上这些因素来考虑出口导向型食品加工企业的生产性中断问题。

其次，现有研究很少考虑多式联运下的全球生产网运输中断问题。虽然有一些文献考虑了多式联运，但往往是从路径优化的视角来进行相关研究的。与以往的研究思路不同，本书从跨国食品生产的供应中断视角出发，采取系统动力学的仿真方法，探寻全球生产网复杂背景下的运输中断问题，从系统的角度来模拟现实环境中的多种不同的运输中断问题，解决分离中断和混合中断下的企业决策差异，探讨不同目标导向下食品企业的优先发展方向。这对于现阶段全球生产网中的企业在多式联运模式下的决策有着重要的参考价值。

再次，现有研究很少从系统动力学的视角研究全球生产网中的供应中断问题，也很少提出具体的惩罚机制。虽然有一些文献涉及全球生产网，但往往是从博弈论的视角展开研究，或者简单定义一个供应中断发生的概率，这种方法过于抽象，未能对企业生产内部之间错综复杂的关系进行有效的刻画。而系统动力学在这方面具有天然的优势，因此比较适合采用系统动力学方法开展全球生产网下的供应中断研究。

最后，现有研究很少把国际贸易风险、全球化生产决策以及成本分担合同进行统筹考虑。虽然有一些文献涉及其中某些部分，但没有综合考虑这些影响因素下的全球化食品生产决策问题。

针对现有研究的以上不足，我们认为，现有风险下的全球化食品生产决策相关研究还有需进一步解决的问题，这些问题包括以下几个方面：

首先，1996 年，Zuurbier 等学者最早在一般供应链的基础上提出食品供应链（Food Supply Chain）的概念。也有很多学者研究供应商与销售商协同补货策略下的食品冷链均衡模型。然而，之前的研究没有针对单一制造商复杂多阶段生产流程中的供应中断问题进行研究。需要指出的是，这与供应链下游发生中断所带来的危害是完全不同的。当研究对象为一个具有两阶段制造的出口导向型食品企业时，研究不同制造阶段出现生产性中断所带来的损失需要特别注意这个两阶段制造系统是一个交叉衔接的系统，每一阶段的采购不存在信息延迟和信息差异。因此，两个制造阶段并不是两级供应链上下游的关系，而是生产性关系，这不同于以往多级供应链供应中断研究。具体来说，需要衡量和比较具有两阶段制造的出口导向型食品企业的生产性中断损失问题。具有供应中断风险的两阶段制造食品企业，需要讨论各种原材料安全库存设立的必要性，分析每种原材料的最优安全库存之间关系。通过构建供应中断下两阶段食品生产企业的系统动力学仿真模型能很好地解决这些关键问题，可以从理论上分析生产性损失和掌握原材料安全库存的最优设置，以及最优冷链储藏技术水平。

其次，在现有多式联运模式下的跨国供应链运输问题研究中，往往强调路径优化问题，或者从算法角度进行路径选择，而忽略了多式联运下的供应中断问题。以往关于供应中断问题的研究都是假定供应中断发生的概率为 0~1 的一个随机值，这种研究思路有时无法真正刻画现实环境中的供应中断对全球食品生产网的影响，特别是全球生产网涉及多个国家、多种运输工具，同时又关乎食品运输。近年来，随着国际环境的频繁变化，各种不确定性因素加大了多式联运发生运输中断风险的可能性。具有原材料腐蚀性质和市场流失性质的食品供应链发生运输中断时所产生的损害往往要高于普通产品供应链。在这种复杂背景下，我们认为，采用系统动力学研究方法能深度刻画食品跨国供应链的多式联运运输中断问题。系统动力学强调系统各要素之间的反馈关系，并且因果回路图能够非常直观地体现这种反馈关系，这也是系统动力学研究方法区别于其他研究方法的一个重要特性。根据系统边界及假设，本书提取系统中具有积累性质的变量，确定描述系统基本结构的十组流位、流率对，完成了跨国食品两级供应链 SD 流率基本入树模型。我们需要思考的问题包括：①当选择不同的绩效指标作为标准时，管理决策是否不同？多式联运模式下，若企业的目标是减少过期量或者减少市场流失，那么对于 3 个运输阶段的重点管理顺序如何界定？若绩效标准不同，重点管理阶段是否不同？是否存在企业的占优战略？②如果改变多式联运的结构模式，相关研究结论是否会发生变化？对于企业决策来说，有哪些决策是要必须根据多式联运模式来决定的？因此，考虑多式联运模式下的食品供应链的运输中断问题对于食品企业的相关决策者来说就具有很强的现实意义，跨国食品企业在生产运作管理中需将多式联运、运输中断和食品综合起来一起考虑生产运作管理中。

再次，虽然学者对全球化生产进行了深入的研究，但还是有不少值得拓展研究的方向，如从系统动力学的角度研究供应中断和国际贸易风险下的全球化生产决策问题。一方面，系统动力学比较适合用来研究复杂背景下的生产决策问题（Huang et al.，2018，Olivares-Aguila & Eimaraghy，2021，Mehrjoo & Pasek，2016），在这种情况下，供应链中诸如市场需求、供应和生产等因素都具有不确定性，传统研究方法不能很好地体现这种动态变化的反馈过程，而系统动力学能够解决这一问题。另一方面，关于供应中断风险、国际贸易风险与全球化生产之间的关系，有学者曾做过深入研究，但他们关注的方向往往在于设置一定的供应中断发生的概率，这种方法十分抽象，很难体现实际生产中库存等的动态变化（Lewis et al.，2013）。实际上，可以采用更为灵活的方法进行研究。基于此，本书从系统动力学角度出发，考虑供应中断对于全球化生产的影响。假设由一个原始设备制造商与两个合同制造商组成全球化生产网，且两个合同制造商的交货期不同，合同制造商的供应中断发生的时间点也存在差异。当一个合同制造商交货延期后，原始设备制造商就需要等待其交货后才能完成最后的产品生产，这也是最常见的全球化生产网特点。当一个合同制造商发生供应中断后，作为强势方的原始设备制造商往往可以通过合同来激励合同制造商尽早恢复供应。基于此，我们可以探讨两种完全不同的惩罚机制，一种是当合同制造商发生供应中断后，原始设备制造商向合同制造商收取恒定的罚金；另一种是供应中断发生后，原始设备制造商向合同制造商收取一个动态变化的罚金，该罚金与供应中断发生的时间有关系。因此，对于一个负责全球化生产运营的管理者来说，在面对这种不确定的供应中断时该如何决策，以达到企业期望利润最优？供应中断发生后，需要关注哪些影响因素？是否存在一种更有利于原始设备制造商的惩罚机制？在这种不确定风险条件下各重要参数如何影响全球化生产企业的最优决策？这些都是值得思考和研究的问题。

最后，针对不确定的国际贸易风险，基于系统动力学和博弈理论进行一些有益的探索是本书的重点，而已有研究缺乏这种探索。我们发现，近年来国际贸易风险导致全球供应链出现了不稳定的状况。当目标市场的汇率发生波动时，相关的参与主体有哪些决策变化？哪些因素是需要特别重点关注的？针对汇率风险和关税风险等国际贸易风险，基于博弈研究方法构建由一个 OEM 和两个 CM 组成的全球化博弈模型，从理论上分析和证明是否存在应对汇率风险等国际贸易风险的成本分担合同，如果存在，那么各方的分担比例以及最优利润又是多少？此外，原始设备制造商的利润与合同制造商分担比例之间的关系如何，是否存在正向关系？因此，从现实问题和需求出发，设计一个三方均能接受的成本分担合同或其他协调机制就显得十分重要且必要，这对于全球化生产企业在应对汇率波动时有一定的参考价值。例如，2024 年 4 月韩元对美元的汇率出现了较大波动，对于以出口为主的韩国制造业来说，如何规避这些风险或者最大限度降低风险对于制造企业管理者来说就成为一个迫切需要解决的问题。

针对以上这些问题，我们把不确定风险作为一个影响全球化食品生产决策的重要因素来研究，重点从出口导向型食品企业的生产性中断、多式联运模型下跨国食品的运输中断、供应中断下的全球化生产以及国际贸易风险下的全球化生产四个方面对全球化食品生产模型进行深入探讨，利用系统动力学和博弈理论建立了多个系统动力学仿真模型和全球化生产网三个主体的博弈模型，针对供应中断设计了动态惩罚机制，就国际贸易风险下的成本分担合同进行了深入探讨与研究。本书的相关结论对于完善多种风险下的全球化生产网的最优决策理论有重要的参考价值。

1.2 研究目的与意义

1.2.1 研究目的

本书的研究目的在于探讨多种风险下全球化食品生产网最优决策问题,在传统的全球化生产理论的基础上,利用系统动力学构建多个不同的仿真模型,基于有两个生产过程的单一食品制造企业研究生产性中断问题。从多式联运模式下的跨国食品企业的运输中断问题研究,到全球生产网中的供应中断和国际贸易风险研究,本书旨在为全球化食品生产企业在应对供应中断风险、生产性中断和运输中断风险以及国际贸易风险时提供决策依据,解决动态惩罚机制和成本共担合同下的生产决策问题,为建立基于多种风险下全球化食品生产企业的决策模型提供方法支持和理论依据。

1.2.2 研究意义

本书研究在理论和实践方面都具有重要意义。理论方面,传统的供应中断研究都基于一个供应中断发生的概率,从概率的角度出发得到的模型和结论往往都十分抽象。然而,全球食品生产模型是一个现实的复杂模型,只通过一个概率来刻画现实环境,产生的理论模型与制造企业的现实存在差距,有时候甚至大相径庭,从而限制了理论模型的应用价值。因此,为了使理论模型更加贴近实际,需要从企业所处的真实环境出发,构建能真实刻画企业现实环境的系统动力学仿真模型。系统动力学仿真方法的优势在于可以体现这种动态变化的反馈过程,我们在模型中设置每个合同制造商发生供应中断的时间点,而不是发生供应中断的概率。在这种几乎接近于真实环境下的全球化制造模型中,能够获得对全球化企业十分重要的管理启示。因此,本书所提出的基于系统动力学的供应中断风险、生产性中断以及运输中断下的决策能更加贴近实际,提高了理论模型的应用价值。另外,本书考虑了一种动态惩罚机制和成本分担合同下的决策模型,这种研究视角反映了全球化企业应对供应中断风险和国际贸易风险的一个趋势,也就是风险共担管理,反映了当今全球产业链的要求,因此在理论上具有重要意义。

实践方面，本书的研究可以为企业进行科学决策提供参考。本书的研究是基于江西省高校人文科学规划基金项目的企业调查进行的。课题组成员发现，在全球化食品制造业生产运作的过程中，自然灾害以及国家间贸易摩擦导致全球化生产网的风险呈加剧状态，这对于全球供应链的正常运作产生了深远的影响，同时这些风险又具有很强的不确定性、不可预测性，而全球化生产涉及的企业也不止一家，且涉及多国的关税、汇率和劳动力成本等因素，因此从学术理论的角度寻找解决这些不确定风险的举措对于全球化企业具有十分重要的意义，也能为全球经济的稳定创造良好的条件。本书的研究虽然是理论性研究，但是得到的有关结论对于全球化食品生产网企业的决策有重要参考价值。

1.3 研究方法与技术路线

1.3.1 研究方法

本书在相关研究领域的文献基础上，通过系统动力学建模、理论推导与证明、博弈模型构建、系统仿真、数值模拟相结合的方式，构建多种风险下的全球化食品生产决策模型。

首先，运用系统动力学理论构建相关的仿真模型，利用系统仿真工具 Vensim 进行了仿真分析。其次，利用非合作博弈理论构建了由一个原始设备制造商和两个合同制造商组成的全球化生产网博弈模型，并借助 MAPLE 和 MATLAB 等数值仿真软件对模型进行了最优化求解。系统动力学仿真软件 Vensim 的难点在于刻画现实环境和确定因素之间的关系，针对这个难点，我们确定系统的边界，强调系统各要素之间的反馈作用，通过因果回路图非常直观地体现这种反馈关系，并确定系统的平衡回路，构建流率基本入树模型。在系统动力学仿真软件 Vensim 的使用过程中，我们重点建立仿真方程，并进行模型的有效性检验，当完成现实性检验和极端性检验后，我们重点进行了多种仿真模型的实验，通过分析结果，最终得到科学的管理策略。在惩罚机制的设计中，我们通过计算不同惩罚机制下的期望利润，采用积分第二中值定理证明动态惩罚机制下的原始设备制造商的期望利润大于静态惩罚机制下的期望利润，从而从理论上证明了采用动态惩罚机制是最优策略。最后，在博弈论方法的使用上，我们采用了非合作博弈中的逆向归纳法进行求解，构建了一个成本分担合同，从理论上推导了最优决策下的成本分担系数，发现了该合同下不同参数对利润的影响，并采用多款数值仿真软件进行了分析与求解，得出了重要的管理启示。综上所述，本书采用的系统动力学、博弈理论均很好地解决了主要问题。

1.3.2 技术路线

本书考虑在多种不确定风险情况下，研究了全球化食品生产企业的最优决策问题，本书的技术路线如图1-1所示。

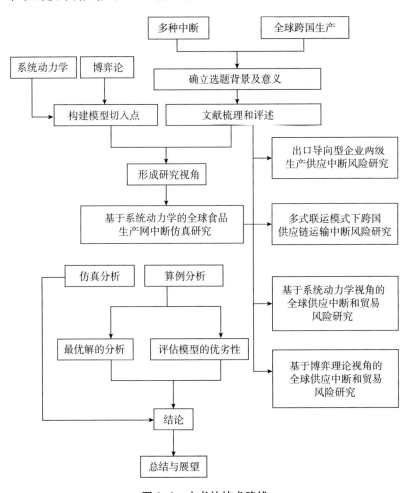

图1-1　本书的技术路线

1.4 研究的内容与本书结构

1.4.1 研究内容

本书的主要研究内容是在多种不同的不确定风险条件下，构建多种全球食品生产网系统动力学仿真模型和博弈决策模型，具体包括如下四个方面：

（1）具有两阶段生产的快消食品企业的生产性中断研究。生产性中断是具有两阶段生产过程的快消食品加工企业可能遇到的困境，因此，本书从单一生产企业的内部生产性中断角度出发，考虑到在快消食品制造企业具有多阶段生产过程的实际情况，构建了多阶段食品生产企业出现生产性中断的系统动力学仿真模型，针对不同生产阶段的生产性中断带来的损失差异性进行了相关分析，通过仿真分析确立是否需要设立安全库存，并对比了有安全库存和无安全库存两种情况下食品加工企业的情况，计算得到了最优安全库存。整个系统动力学仿真实验分别从不同制造阶段生产性中断损失对比、安全库存、冷链储藏技术水平、关税和劳动力成本对最优安全库存和最优冷链储藏技术水平的影响等方面进行分析。

（2）多式联运下跨国食品供应链运输中断研究。本书从多式联运下的运输中断角度出发，研究对象为由供应商和制造商组成的两级供应链，其中，供应商的上游供应链成员和制造商的下游市场需求为外生变量。由于快消食品的一大特点是用户忠诚度低、可替代性极强，故假设缺货将导致产品市场需求流失，本书使用市场流失量作为流位变量来衡量这种损失。通过系统动力学仿真方法建立跨国快消食品两级供应链系统动力学流率基本入树模型，构建多式联运模式下跨国食品供应链模型，通过不同运输阶段、不同类型和不同混合模式这三种情况下的运输中断风险对比，求解不同目标导向下跨国食品企业的关注重点，判断是否存在占优策略，如果存在，求解跨国食品企业的占优策略。

（3）全球化生产网供应中断风险和贸易风险下的系统动力学仿真研究。本书从全球化生产网的问题边界出发，构建了一个由原始设备制造商和两个合同制造商组成的基本模型，该模型很好地刻画了全球化生产网的基本属性，由于全球化生产网中涉及关税和汇率等因素，因此构建了供应中断风险和贸易风险下的全球生产网系统动力仿真模型。之所以采用系统动力学的研究方法，是因为我们在分析全球化生产网时发现供应中断风险和国际贸易风险存在非常大的复杂性，用一般的供应中断概率很难刻画出供应链中断发生的本质，而采用系统仿真分析方法，能够很好地揭示全球化生产网中各种风险发生时全球供应链各参与方实际的情况，比如需求、库存和利润等。因此，构建了供应链中断风险下的全球化食品生产网的仿真模型，分析了分离中断和混合中断下食品供应链的情况。针对中断风险，提出了相应的解决方案。此外，模型还考虑了不同安全库存下的各指标对比情况。

（4）考虑供应中断和国际贸易风险下的全球食品生产网的博弈决策模型研究。本书以国际贸易风险中关税和汇率波动为主要的出发点，当供应链中断发生时，原始设备制造商会采取相应的措施来激励合同制造商尽快恢复供应。我们构建了一个动态惩罚机制，为了更好地说明动态惩罚机制的优势，我们对比了静态惩罚机制和动态惩罚机制下的原始设备制造商的利润，利用严格的数学证明和推导，证明了动态惩罚机制的可行性。此外，为了应对汇率波动给全球供应链的各成员带来的巨大影响，本书构建了一个由强势原始设备制造商和两个弱势合同制造商组成的全球化生产网，同时通过严格的数学推导证明了成本分担合同的可行性。本书从博弈论的角度分析了原始设备制造商和两个合同制造商的分担比例，以及当各分担比例提高后对原始设备制造商利润的影响，并分析了各重要参数对模型的影响。

1.4.2　本书结构

本书共分 7 章，每章的主要内容如下：

第 1 章为绪论。首先，介绍本书的研究背景，通过对文献的梳理发现相关问题和研究目的，并进一步指出本书的研究意义。其次，对本书的研究方法和技术路线、研究的主要内容和整体的结构进行了介绍。最后，详细地阐述了本书的主要创新点。

第 2 章为文献综述。对相关研究进行了全面系统的综述回顾，主要从食品供应链、系统动力学、跨国供应链和供应链中断等角度进行了文献综述。此外，还提出了现有文献需要补充和有待进一步研究的内容。

第3章为出口导向型快消食品制造企业两级生产供应中断风险研究。本章研究一个具有多级生产流程的出口导向型快消食品企业的供应中断问题，针对单一制造企业的生产性中断问题，采用了系统动力学仿真方法，建立了一个系统动力学仿真模型，重点关注安全库存的设定问题，以生产性中断的特点为研究的突破口。为此，先进行了系统动力学仿真模型的现实性检验和极端性检验，在充分证明了模型的可行性后，完成了一系列的系统动力学实验。基于此，对比了不同制造阶段生产性中断损失，求解了最优安全库存，分析了冷链储藏技术水平，研究了关税和劳动力成本对最优决策的影响，并通过数值算例对相关结论加以验证。

第4章为多式联运模式下跨国食品供应链运输中断风险系统动力学研究。本章的研究对象是一个跨国食品供应链，主要的研究问题是多式联运模式下的跨国运输中断风险，主要的研究方法是系统动力学。考虑到跨国食品供应链系统中各要素存在反馈作用，系统动力学中因果回路图能够非常直观地体现这种反馈关系，为此，构建了快消食品跨国供应链系统的因果回路图。该供应链系统共有10条平衡回路、2条增强回路。为了刻画快消食品的消费者忠诚度低所导致的市场流失特性，让产品市场需求也进入反馈环。根据本章确定的系统边界及假设，提取系统中具有积累性质的变量，确定描述系统基本结构的10组流位、流率对。基于此，对比了不同运输阶段运输中断风险，对不同类型的运输中断风险进行了比较，并分析了不同混合运输中断风险的关系，在该模型中进行了敏感性分析，通过仿真算例对模型的主要结论加以验证。

第5章为基于系统动力学视角的全球供应中断和国际贸易风险研究。本章研究由一个原始设备制造商和两个合同制造商组成的全球化生产网的中断问题。考虑到全球制造业生产网络的供应中断和国际贸易风险的复杂性，本章运用系统仿真分析方法，研究供应链中断和贸易风险对全球生产网的影响。假设原始设备制造商、两个合同制造商和产品销售市场均位于不同的国家，其中任意两个国家之间都有不同的货币汇率和关税。另外，为了体现两个不同的供应商的差异，定义了不同的供应提前期和价格。由于市场需求具有动态特征，因此任意周期的需求都与上一周期的需求有关。为了反映这种动态特征，采用平滑策略来预测市场需求。基于此，考虑供应链中断发生的不同时间点以及不同组合的中断方式，构建了基于系统动力学的全球生产网的仿真模型，并分析了 10 种不同供应中断发生后的成本、利润和服务水平，在该模型中进行了敏感性分析，通过多项仿真实验对模型的结论和管理启示进行了验证。

第 6 章为基于博弈理论视角的全球供应中断和国际贸易风险研究。本章研究由一个原始设备制造商和两个合同制造商组成的全球化生产网的中断问题。但与上一章不同的是，针对全球制造业生产网的供应链中断风险和国际贸易风险的应对机制，本章主要采用另一种的研究方法。首先，为了减轻供应中断风险带来的影响，设计了两种不同的惩罚机制：一种是静态惩罚机制，另一种是动态惩罚机制。两种惩罚机制的最大不同是合同制造商发生供应中断而影响原始设备制造商的组成生产时，合同制造商需要向原始设备制造商缴纳一定数额的罚金，当罚金是一个固定常数时，该惩罚机制为静态惩罚机制；当罚金随中断发生时间的变化而变化时，该惩罚机制为动态惩罚机制。通过严格推导，本章得出了原始设备制造商采用动态惩罚机制将获得更高额利润的结论。针对汇率波动的影响，原始设备制造商需要承担高额的成本。考虑到原始设备制造商是较为强势的一方，当汇率波动引发的成本过高时，原始设备制造商就会提出和两个合同制造商一起签订共同承担成本的合同。从数学角度证明，原始设备制造商和两个合同制造商都能从该合同中获得更高的利润。基于此，本章构建了由一个原始设备制造商和两个合同制造商组成的博弈决策模型，给出了供应链中各方成员的最优决策，在该模型中进行了敏感性分析，并通过数值算例对模型加以验证。

第 7 章为结论与展望。对本书研究进行总结，并对之后的研究工作进行展望。

1.5　主要创新点

在现有文献的基础上，本书的创新之处主要有如下四点：

（1）创新点一：探索了具有两阶段制造过程的食品生产企业的生产性中断问题。以往供应链中供应中断相关研究多关注多级供应链的供应中断问题，在该问题上基本得到了相类似的结论，即供应链下游发生中断所带来的危害要高于上游，缩短信息延迟可以降低危害。但很少有研究关注具有复杂生产制造流程的单一供应链成员的生产性中断问题。此外，通过梳理大量关于供应中断风险的研究文献发现，研究方法主要是博弈论和系统动力学，采用博弈论研究供应中断问题具有一定的局限性。已有研究通常为供应中断风险设置一个发生概率，以 0~1 的参数来刻画概率，这种处理方法十分抽象。除此之外，基于博弈论的文献几乎全知全能地认为产品在各级供应链中自由流通，认为当期供货量即为下期实际销售量，这往往与现实不符。供应链本身是一个复杂的系统，供应链中断的一个很大的危害就是会影响整个供应链系统的绩效，系统动力学采用因果关系图和流图描述系统要素之间的逻辑关系，在动态模拟显示系统行为特征方面具有独特的优势。

基于此，本书以系统动力学方法为主要研究方法，从单一制造企业的生产性中断出发，构建了具有两阶段制造过程的食品生产系统动力学仿真模型，弥补了已有文献的不足，得到如下的启示：首先，当发生生产性中断时，辅助食材中断所带来的短期损失是最大的，也就是说，从短期生产角度来看，第一制造阶段的生产性中断危害要低于第二制造阶段；从长期生产角度来看，混合中断模式下的第一制造阶段生产性中断危害高于第二制造阶段，而分离中断模式下的第一制造阶段生产性中断危害要低于第二制造阶段。其次，快消食品企业是否设立一定的备用安全库存是一个独特而有创新的研究问题。一般来说，具有易腐性质的材料都采用 JIT 生产方式，这样能够减少腐烂消耗量，但是，在仿真分析中，我们尝试设立安全库存，之所以设立安全库存是因为快消食品企业具有存在供应链中断风险、制造流程分多阶段、消费者忠诚度较低的特性。研究发现，在初期，未考虑安全库存的情况下食品企业的利润是较高的，但是到了后期，在考虑安全库存的情况下食品企业的利润发生了逆转，安全库存的优势显现了出来，它能够大大减少每个制造阶段由于加工材料数量不对称所带来的损失。因此，研究结论是具有多阶段制造流程的快消食品设立一定的备用安全库存是十分有必要的。一般来说，我们只需要衡量出不同原材料的期望生产性中断损失大小，为损失较大的原材料设置较高的安全库存即可，但是，多制造阶段生产企业的特殊性导致原料食材 1 和原料食材 2 的期望生产性中断损失不好衡量，因此，我们提出了一种概率加权的方式来度量这种损失。研究还发现，对于短期生产，三种原材料的安全库存不同。而对于长期生产，我们也得到了针对三种原材料设立差别化安全库存的必要条件。综上所述，我们得到了各种原材料期望生产性中断损失的大小关系，或者说各种原材料最优安全库存的关系，这对两阶段制造企业确定库存量、实施采购计划具有重要的参考意义。以上研究表明，短期生产战略下的差别化安全库存决策是唯一的，而长期生产战略下，差别化安全库存决策随着价格的改变而动态变化，呈离散现象。

由于食品类企业的特殊性，提高冷链技术水平固然可以有效减少腐烂消耗问题、降低供应中断带来的损失，但是如何合理地对冷链技术进行投资以面对供应中断风险是目前食品类企业的一个共同问题。研究发现，原料食材1腐烂消耗水平对生产性中断最为敏感，原料食材2次之，主食材最小，因此，需要针对各种材料采用差别化的冷链储藏技术。这表明，第一制造阶段较第二制造阶段拥有更高的腐烂消耗风险，应针对第一制造阶段投入更多的冷链储藏技术投资。此外，关税与企业最优安全库存系数和冷链储藏技术水平呈负向变动关系，劳动力成本也与最优安全库存系数和冷链储藏技术水平呈负向变动关系。当关税上升时，企业销售单位产品的获利减少，企业设立较高库存和较高冷链技术水平的动机也将降低，因此，安全库存必将下降。同理，劳动力成本上升也会间接导致企业销售单位产品的获利减少。相关的管理启示是：对于出口导向型企业来说，必须时刻关注关税和劳动力成本变化情况，调整相应的决策。对于目标市场关税和本国劳动力成本较高的企业来说，可设立较低的安全库存和冷链储藏技术水平。

（2）创新点二：研究了多式联运模式下跨国食品供应链运输中断风险问题。近年来，随着经济全球化的迅猛发展，多式联运作为一种常见的运输模式，综合了多种不同运输方式的优点。但是随着世界百年未有之大变局的加速演进，运输中断问题受到越来越多的关注。以往的多式联运模式相关研究多集中于路径优化，鲜有研究从系统动力学方法入手，因此，研究多式联运模式下跨国食品供应链运输中断风险问题具有一定的创新之处。跨国运输的最大特点是将同时使用海上运输、航空运输、公路运输等运输方式。全球生产网络覆盖多个不同的国家，运输原材料和产品时不可避免地需要采用多式联运模式。快消食品具有原材料腐蚀性质和市场流失性质的双重特性，当发生运输中断时所带来的损害往往要高于普通产品。快消食品是指具有就近购买、携带方便、食用方便等特点的食品，主要以肉菜水果加工品、乳品等速食食品为代表，而加工这些快消食品的原材料大多具有易腐性。快消类食品还具有一个十分重要的特点，即消费者忠诚度不高：消费者很容易在同类产品中转换不同的品牌。因此，快消食品供应链一旦出现中断，将迅速导致市场需求流失。综上所述，研究此类问题具有很强的现实意义。

基于此，本书从系统边界入手，研究视角定位在由 A 国原材料供应商和 D 国产品制造商组成的两级供应链，整个生产运作流程或者说系统边界为：D 国制造商面向产品市场需求，根据产品市场需求调节库存，向 A 国供应商采购加工制造产品所需的原材料，A 国供应商按照 D 国制造商的订单来调节库存并向其上游企业订货。本书构建了多式联运模式下跨国食品供应链运输中断系统动力学仿真模型，得到如下的结论：首先，针对不同类型运输中断的风险情况进行了系统仿真实验，发现混合中断模式下原材料累计过期量风险水平和产品市场累计流失量风险水平都介于两个分离中断之间。这表明，混合中断均衡了两种分离中断的风险损失水平，混合中断模式下的原材料累计过期量介于两种模式之间，混合中断模式下的产品市场累计流失量也介于两种模式之间。当企业选择原材料累计过期量作为绩效指标时，如果海上运输阶段不可避免地发生运输中断风险，而航空运输阶段若能同时发生运输中断风险则可能是一件"好事"，主要原因是混合中断模式下的原材料累计过期量低于分散中断模式。当企业选择产品市场累计流失量作为绩效指标时，若航空运输阶段不可避免地发生运输中断风险，而海上运输阶段若能同时发生运输中断风险则也是一件"好事"，因为混合中断模式下的产品市场累计流失量低于分离中断模式。相关启示是：多式联运中发生多处运输中断风险有时相较于单处运输中断风险反而更优。其次，对比不同混合运输中断风险情况，混合中断模式对于两个绩效指标的影响呈现两极分化，对于只追求市场份额而对原材料过期量并无过多要求的企业，要严格统筹管理航空运输阶段和公路运输阶段，将它们出现同时中断的可能性降到最低。对于追求最低原材料过期量的企业，应当统筹管理海上运输阶段和公路运输阶段，防止这两者出现同时中断。最后，设计了一种新型的多式联运模式：航空运输→海上运输→公路运输。运输中断风险水平不只和发生中断的运输阶段位置有关，还和该运输阶段采取的运输方式有关，航空运输、海上运输和公路运输作为不同的运输方式，发生运输中断时所带来的风险也是不一样的。除此之外，两种多式联运模式下，位于同一运输阶段即第一运输阶段的航空运输和公路运输发生中断时的原材料累计过期量风险水平都是最小的。这表明，第一位置的运输阶段具有最低的原材料累计过期量风险，这种风险和采用何种运输方式无关。因此，无论何种多式联运模式，优先管理第一位置的运输阶段都是最小化原材料过期量目标导向企业的战略。

（3）创新点三：提出了解决全球生产网中供应中断的动态惩罚机制。随着当前不确定风险的加剧，供应中断有时很难避免，但是供应中断发生后合同制造商恢复供应的能力和动机往往不同。基于此，我们构建了一个基于离岸外包的全球生产网，该生产网由位于德国的原始设备制造商以及为其提供两种原材料的两家合同制造商组成，这两家合同制造商分别位于两个不同的国家。由于原始设备制造商是较为强势的一方，因此，当合同制造商发生供应中断时，原始设备制造商将从合同制造商处收取一定金额的罚金，以免造成更多的损失。收取罚金是一个需要设计机制的问题，我们的研究思路主要集中在如何设计两种不同的惩罚机制，即静态惩罚机制和动态惩罚机制。一般来说，静态惩罚机制的罚金为常数，而动态惩罚机制是一个随时间变化的值，也就是具有动态性。研究发现，在带有惩罚机制的跨国供应链中，存在唯一的合同制造商最优批发价格和原始设备制造商最优产品价格。这两个价格都会随着中断时间的增加而降低。从均衡利润的分析结果来看，整个供应链的各成员利润也都随着中断时间的增加而降低，合同制造商的利润也随着惩罚力度的增加而降低，同时合同制造商为了避免付出更多的惩罚成本，会更有动力来增加它们的供应能力。通过对比静态惩罚机制与动态惩罚机制下的原始设备制造商利润，我们还发现，当供应中断发生时刻服从均匀分布时，动态惩罚机制下原始设备制造商的期望利润始终要高于其在静态惩罚机制下的期望利润。相关的管理启示是：原始设备制造商采用动态惩罚机制要比静态惩罚机制获得更高的利润。同时，建议原始设备制造商在早期增强惩罚力度，而在后期则减弱惩罚力度。当惩罚水平变高时，动态惩罚的优势将会更加明显。

以往的很多研究聚焦在供应中断的概率方面，而这个概念十分抽象，很难反映出全球生产网"动一发而牵全身"的独特特点。为此，我们采用系统动力学仿真模型，刻画了具有时代背景的现实问题。基于此，本书从系统边界出发，构建了供应中断下的全球生产网系统动力学仿真模型，弥补了已有文献在这方面的不足。得到如下的创新结论：首先，我们进行了不同合同制造商平均中断恢复时间下的各指标对比，为了刻画合同制造商的随机中断特性，我们设置了三种不同的合同制造商平均中断恢复时间。研究发现，合同制造商的平均中断恢复时间越长，销售中断水平越高、市场损失就会越多、利润越少。其次，我们对不同原始设备制造商的安全库存系数下的各指标进行了对比，为了达到各种不同的服务水平，我们设置了相应的安全库存系数。研究发现，原始设备制造商的安全库存系数越高，销售中断水平越低。相关的管理启示为：提高安全库存水平能有效阻止销售中断的发生。因此，对于风险规避型企业，设置一个略高的安全库存水平非常有必要。但是，需要注意的是，过高的安全库存水平将带来过高的库存成本，并且，当库存水平超过一定的阈值时，利润将下降。

（4）创新点四：提出并设计了一种应对汇率风险下的成本分担合同。随着百年未有之大变局的加速演进，经济全球化受到巨大挑战，出现了较大波折。经济失控风险加剧，地区性经济危机时有发生，引起世界性经济动荡。如何应对因供应中断和汇率上升而引起全球生产网风险是一个具有很强现实意义的问题。本书的边际贡献主要包括两点：首先，针对汇率风险和关税风险等国际贸易风险，构建了由一个原始设备制造商和两个合同制造商组成的博弈模型，从理论上分析和证明了应对多种国际贸易风险的成本分担合同的可行性，求解了各方的分担比例以及最优利润。同时还证明了原始设备制造商的利润会随着合同制造商分担比例的上升而提高的结论。其次，针对全球生产的复杂背景，综合应用了系统动力学和博弈论研究全球生产网的风险问题，研究了多种风险下的最优决策问题，并为全球生产网的各成员决策提供了理论依据。

本书从博弈理论的研发方法入手，建立供应中断风险和国际贸易风险下的全球生产网博弈模型，博弈的顺序如下：在博弈的第一阶段，两个 CM 各自决定其原材料采购价格；而在第二阶段，OEM 在观察到原材料采购价格后，做出调整海外市场产品销售价格的决策。之后，本书求解了全球生产网中供应链各主体的唯一最优决策，并补充了关于这方面的研究。此外，通过数值计算，还得到如下几点结论：首先，关税和汇率的上升将导致原始设备制造商终端海外市场的产品销售价格的上升，以及两个合同制造商的原材料采购价格的下降。其次，成本分担合同下的全球生产网各成员存在唯一的最优决策。在成本分担合同下，原始设备制造商的利润随着合同制造商的分担比例的增加而增加。原始设备制造商和两个合同制造商都愿意选择成本分担合同必须同时满足两个必要条件：第一个条件是原始设备制造商的利润应该比没有签订此合同时高；第二个条件是当两个合同制造商共同分担了原始设备制造商关税增加带来的成本后，两个合同制造商的利润都应该比未签订该合同时高。只有当两个条件都满足后，原始设备制造商和两个合同制造商才都有动力来共同签订该成本分担合同。最后，本书通过数值分析证明了当两个合同制造商都降低成本分担比例后，原始设备制造商和两个合同制造商的利润都将减少的结论。相关管理启示如下：为了降低国际贸易风险，全球生产网中供应链各成员可以共同承担因国际贸易风险而产生的成本，签订成本分担合同不仅可以有效地降低国际贸易风险带来的影响，同时也可以协调供应链各方成员利益并达到一种理想的状态。

第 2 章　文献综述

在本章中，我们将对相关研究领域的文献进行综述。这些研究领域主要包括食品供应链、系统动力学、中断、多式联运和国际贸易风险，在对相关文献的回顾与评述基础上，总结已有文献的不足之处并提出本书研究的问题。

2.1　关于食品供应链的研究文献

食品供应链是一个比较宽泛的概念，最早由 Zuurbier 等学者于 1996 年提出。一般认为，食品供应链是从食品的初级生产者到消费者各环节的经济利益主体，主要包括其前端的生产资料供应者和后端的作为规制者的政府。由于食品供应链关系国计民生，长期以来受到学术界和企业界的关注。主要研究内容包括以下几方面：食品供应链的质量、食品供应链的定价以及食品供应链的风险管理。众所周知，食品供应链的第一要务就是确保食品在采购、加工、生产和流通等领域的安全可靠。食品质量和安全是食品行业的核心，质量引领发展，质量也是企业的生命线。在食品供应链中，质量不仅关系到产品的口感、色泽、保质期等方面，更直接关系到食品的安全性和健康性。食品企业应当树立"质量第一"的理念，从源头上保证食品的质量和安全性。这包括选用优质的原材料、加强生产过程的质量控制、提高产品检验标准等。食品企业也应当加强技术创新和研发，提高产品的品质和附加值。食品企业还应当加强品牌建设，提升品牌形象和知名度。

本节针对食品供应链三个方面的研究内容，对国内外研究文献进行系统综述，归纳总结当前研究的现状。其主要内容如下：

2.1.1 食品供应链的质量研究

食品安全是"产"出来的，提高食品供应链体系中所有企业的质量投入水平是预防可能面临的各种食品安全风险的基础。不同于以往对企业质量投入的研究，吴林海等（2024）基于社会共治框架，构建食品供应商、食品生产商与消费者三方演化博弈模型，以食品企业进行质量投入的条件作为研究切入点，研究食品供应链主体行为策略选择的演化路径与社会共治系统达到均衡点的稳定性条件，据此重点探究在政府依法监管的情境下，声誉机制与供应链主体间的市场契约对食品安全风险治理是否具有效能。研究结果表明，不同主体均在平衡各自利益的基础上选择各自的行为策略，系统最终的稳定状态与初始意愿无关；企业进行质量投入的净支出、消费者参与治理的成本是影响企业行为策略选择和社会共治水平的主要因素；在治理食品安全风险方面，相较于提升对供应商风险行为的经济惩罚，降低供应商质量投入成本的治理效率更高。

周雄勇和许志端（2022）基于资源基础观和资源依赖理论，以供应链可追溯为中介变量，构建食品质量管理实践对组织可持续绩效影响的理论模型。采用问卷调查法对全国四省 358 家食品企业进行调查，运用层级回归和中介效应检验方法进行实证检验，结果发现，食品质量管理实践对可持续绩效具有显著的正向直接影响；食品质量管理实践在促进可持续绩效改进的过程中，受到供应链可追溯中介变量的影响；供应链可追溯在不同维度的食品质量管理实践和可持续绩效之间起到部分或完全的中介作用。张璇等（2022）利用 2015～2018 年原国家食品药品监督管理总局披露的食品抽检数据，考察卖空强度对地区食品质量的影响。采用食品类上市公司融券余额在流通市值中占比的加权平均值度量地区卖空强度，展现食品企业感受到的卖空压力。结果发现，卖空强度越大，当地整体的食品抽检质量越高。分析发现，卖空威胁在提升上市食品企业产品质量的同时，通过供应链协同、同群效应以及减少信息不对称的途径至同地区的其他企业，产生了食品质量治理的溢出效应。异质性分析显示，这种溢出效应在要素市场发育不足、法制相对不健全和欠发达地区更加明显，卖空作为外部监管的补充机制发挥了食品安全治理的功能。

张红霞（2019）运用委托—代理理论，基于双边道德风险条件，在同时考虑食品供应链中原材料供应商和食品生产商质量水平的基础上，分别构建了基于内部惩罚的契约、基于外部损失分担的契约和基于内外部损失分担的契约，分析质量控制成本和外部市场条件的变化对契约的影响，并进行了数值仿真验证和对比分析。结果表明，基于外部损失分担和基于内外损失分担的契约只有在食品安全事故责任界定准确的情况下才能实现供应链的协调，而基于内部惩罚的契约则无须前提条件即可实现供应链协调；降低质量控制成本、加大问题食品处罚力度、提高消费者食品安全辨识能力、加大食品市场检查力度等，都能够提高食品供应链质量安全水平；当质量控制成本较高时，内部惩罚契约较为有效，但内部惩罚契约不利于保护上游原材料供应商的利益；当外部损失不断增加时，基于外部损失分担和基于内外部损失分担的契约更为有效。

任芙英（2019）针对食品安全环节的多样性、食品经营者的多元性和行政监管的有限性，研究了在供应链管理视角下食品安全协同治理问题。当前在食品安全协同治理方面，主要存在食品经营者组织形式过于分散、不同环节的食品经营者之间缺乏必要的合作与协调、食品安全管理整体水平较低等问题。同时，有必要通过鼓励供应链一体化的食品经营者组织的构建、发挥核心食品企业的协同治理作用，以及进行强制性食品安全质量可追溯体系的认证等策略，有效提高食品供应链管理下的食品安全协同治理能力。晚春东和王雨佳（2019）以博弈论为基础构建食品供应链中供应商与制造商质量安全风险调控投资模型。研究结果表明，在一定条件下，供应商与制造商中的一方选择食品质量安全风险投资的概率是政府惩罚力度和投资补贴率的增函数，是另一方风险投入产出比和投资成本分担系数的增函数，是"搭便车"收益的减函数；风险投入产出比与投资补贴率之间具有一定的替代性，投资补贴机制对惩罚机制具有良好的补充作用；供应商质量安全风险投资的概率是风险传导治理投资协调系数的减函数，即其风险投资的概率与供应链整体质量安全风险投资的协调性呈正相关关系。

苏秦和张文博（2019）考虑食品供应链中一个面向稳定市场的零售商和上游生产同质食品的两个竞争性供应商，零售商根据供应商自主提供的产品的质量可视性预测食品质量水平从而制订采购方案。针对不同的生产环境建立动态博弈模型，并通过算例研究探讨供应链质量可视性决策以及质量关联性对供应链各方绩效的影响。结果表明，供应链质量可视性的提升对零售商总是非劣的，对供应商的影响则取决于期望订货量水平和质量可视性投入成本。此外，还分析了相对质量水平、批发价格和订单分配的影响作用，并给出了管理启示和未来研究方向。童毛弟等（2018）等运用信号博弈方法，通过构建食品供应链供求企业的信号博弈模型，研究由原材料供应商和食品加工商组成的两级食品供应链质量检测选择的策略及其影响因素。结果表明：其一，当伪装成本过高时，不同类型的原材料供应商制定的不同批发价可以作为传递其供应的原材料质量高低的信号；食品加工商在供应商选择高批发价时不进行质检，在供应商选择低批发价时选择质检。其二，当伪装成本较低时，批发价作为信号的传递作用将减弱以至不存在；原材料供应商选择高批发价，食品加工商则根据惩罚成本是否大于检测成功成本而选择质检或不质检。

2.1.2 食品供应链的定价研究

李业梅和黄少安（2021）将食品供应商至食品零售商、食品零售商至购买者纳入二级贸易信贷体系，并在折扣因子内生及外生共存背景下探究非瞬时变质食品的提前支付订货策略。研究结果表明，非瞬时变质设定下的企业策略往往优于忽略非变质时长得出的企业决策；内生决定的提前支付折扣因子可使企业更好地利用外界条件，制定市场分割价格，提高供应链决策效率；较高的食品变质率将降低零售商进货量，加大其折扣力度，信贷周期及资本成本均对零售商决策产生重大影响，随供应商所提供信贷周期的延长及其所要求利息费用的降低，食品零售商整体倾向于增加进货量以获取更多贸易信贷来源，而此时主营业务收益占比显著下降，资本收益占比提高。胡劲松等（2023）利用随机停止模型将食品安全危机纳入食品供应链系统，构建了食品安全危机预测情形下供应商和制造商的微分博弈模型，借助连续动态规划理论求得了集中、分散、制造商成本分担、供应商成本分担四种模式下企业的最优策略和利润。研究发现，食品安全危机直接影响危机前质量和营销策略的制定，鉴于潜在危机的存在，企业会降低危机前的投入以抵消预期的利润损失；同时会根据损害率的高低决定危机后策略的变化，进而影响危机后食品安全信任度、商誉及利润的变化趋势。此外，制造商的成本分担行为能够同时实现制造商和供应商利润的帕累托改进，而供应商的成本分担契约仅利于自身利润的提升，对制造商及整个供应链利润的改善作用与外界环境因素有关。结合数值算例发现，潜在食品安全危机不会改变两种契约的有效性，但会削弱契约对利润的改善效果，而且相比于制造商成本分担契约，供应商成本分担契约的影响更易受到危机的冲击。

陈佳佳等（2018）利用变分不等式构建了刻画供应链网络成员间竞争与合作关系的网络均衡模型，研究了生鲜乳制品供应链网络各方努力水平对乳制品的品质与销量、竞争与利润等的影响。研究结果表明，产销分离企业应加强合作，形成利益共同体；产销一体化企业则应加大生产监管和销售力度，实现质量的全面提升；零售商积极采取营销手段提高销量、加大冷链投入降低损耗能促进生产商努力水平的投入；生产商需密切关注零售商的努力水平，采用"一一对应"的供销模式；零售商需加大仓库抽查力度、缩短流通时间，保证自身利益最大化，研究结论对乳制品企业的决策和相关研究有一定借鉴意义。唐润和彭洋洋（2018）以供应商和零售商组成的二级供应链为对象，构建了生鲜食品双渠道供应链协调的演化博弈模型，通过微分对策的最优值函数表征双渠道供应链双种群演化的支付矩阵，并进行演化稳定性判断与系统演化路径分析。通过数值模拟，分析了传统渠道市场份额、渠道价格系数、渠道交叉价格系数对演化稳定策略均衡概率的影响。

于荣等（2018）考虑绿色食品质量和绿色食品声誉对供应链收益的影响，运用微分博弈的方法动态分析了三种不同博弈情形下农民和食品企业的最优策略及利润。同时，考虑政府补贴和绿色食品认证对绿色食品供应链的影响，比较了有无补贴和绿色食品认证时绿色食品质量和供应链主体利润。结果表明，当农民和食品企业的收益分配系数满足一定条件时，绿色食品质量、农民和企业的利润、供应链总利润从 Nash 博弈到 Stackelberg 博弈再到主体合作下的博弈，均实现了帕累托改进。政府补贴和绿色食品认证对提高绿色食品质量和供应链利润具有积极作用，并通过算例仿真验证了以上结论。胡劲松等（2021）利用随机停止模型刻画了技术创新对绿色食品供应链运营的影响，构建了技术创新预测下制造商和零售商在集中、分散、成本分担及政府补贴四种模式下的微分博弈模型，求解获得创新前后成员的最优决策、食品绿色度、溯源商誉及企业绩效并进行对比分析。研究发现，最优策略与创新前、后两种环境中的边际利润及绿色度或溯源商誉衰减率有关。成本分担契约可实现成员利润的帕累托改进，且技术创新不会改变契约的有效性，但会影响分担比例。此外，政府合理的成本补贴政策有利于企业获得更高的收益，当该比例满足一定条件时，可使食品绿色度、溯源商誉在创新前后均达到集中决策模式的理想水平。

孙胜楠等（2017）结合消费者对溯源的支付意愿和供应商的溯源能力差异，给出了零售商的四种采购策略，讨论了消费者对溯源的支付意愿强弱、具有溯源意识的消费者细分市场大小、食品安全事件的发生概率高低、食品安全事件发生后企业承担的额外惩罚等因素对零售商采购策略选择的影响。研究发现，提升消费者对溯源的支付意愿或扩大具有溯源意识的消费者细分市场，可能会导致意料之外的结果，如零售商增加不可追溯食品的采购量；而强化监管和加大对食品安全事件的处罚力度往往有助于提高市场上可追溯食品的供应。潘琳等（2024）在考虑时间、价格和新鲜度对传统渠道和社区生鲜电商渠道需求的影响以及保鲜成本、库存成本等因素的基础上，采用微分变分不等式分别建立了社区生鲜食品供应商和零售商的动态均衡模型。研究发现，首先，生鲜食品在其销售生命周期内存在一个动态的定价分界点，供应商和零售商可根据动态的质量变化特征，采取不同的定价方式，从而实现利润的提高。其次，在双渠道生鲜供应链中，企业可以依据大数据和居民线上购物特点，控制生鲜产品的保鲜成本及库存成本，对不同区域的产品进行定价决策以及库存规划和调配，从而减少由于生鲜食品过期而造成的损耗和浪费。最后，通过算例仿真，分析了供应商和零售商各自渠道的动态价格折扣策略，为供应商和零售商决策提供依据。

2.1.3　食品供应链的风险管理研究

晚春东等（2018）构建了供应链视角下的食品原材料供应商和食品生产商之间的动态演化博弈模型，并进行了相应的算例分析。结果表明，当政府监管部门对食品生产商和原材料供应商的监管概率都较高时，供应商将提供优质安全的食品原材料，同时食品生产商将选择生产优质安全的食品；当政府监管部门对食品生产商维持一个较高的监管概率，且食品生产商对原材料供应商的有效抽检率也保持在一个较高的水平时，即使政府监管部门对原材料供应商的监管概率较低，也能够保证供应商提供优质安全的食品原材料，同时食品生产商也会生产优质安全的食品。王欢欢和赵启兰（2022）以解析结构模型为工具，运用系统科学的思想和方法，构建食品供应链风险管理模型，分析食品供应链主要风险因素的层级结构和多元关系。研究表明，食品供应链风险管理模型能有效解析主要风险因素的层级结构；模型分析的八类风险因素分布在五个层级，不同层级的风险因素对食品供应链运作的影响存在差异；风险因素间复杂的多元耦合关系形成了食品供应链运作的内在影响机理。为有效防范化解食品供应链风险，应全面关注供应链运作的各个环节，科学判断导致风险生成和传递的主要因素，注重通信基础设施对供应链运作的基础保障作用，从而实现食品供应链的安全与可持续运作。

朱新球和赵慧达（2018）选取食品加工、冷链物流和餐饮企业构建三级供应链风险传染模型，利用三元 VAR-GARCHBEKK 模型估计供应链中的风险传染效应。研究表明，食品加工和冷链物流企业之间存在双向风险传染效应，冷链物流与餐饮企业之间存在单项的风险传染效应。冷链物流在该供应链中起到桥梁和纽带的作用。实证研究结果对于正确认识冷链物流的作用、合理制定相关的政策措施来防范该类供应链中潜在的风险有积极的作用。宋焕等（2018）运用微分博弈的方法，构建追溯食品生产商和追溯食品加工商的博弈模型，研究三种不同决策模式下二者溯源信息共享的最优策略、收益及食品供应链总收益的变化情况，并利用 Matlab 对模型进行仿真模拟分析。结果表明，集中决策时食品供应链的总收益最大；成本分担契约可以实现追溯食品生产商和食品供应链收益的帕累托改进；溯源食品品牌形象及溯源信息共享成本的影响系数对追溯食品生产商和追溯食品加工商的溯源信息共享行为产生影响。张文博和苏秦（2018）结合供应链质量管理和供应链可视性管理探讨食品供应链质量风险控制措施，考虑多级食品供应链各级参与者对供应链质量和可视性的连续影响，在需求和能力等约束下，建立模糊环境下的供应链成本最小化、质量最大化和可视性最大化的模糊多目标规划模型。采用加权上下界法及改进的模拟退火算法，得到原料供应商和物流服务商的最优组合策略及订货分配方案。

陈娟等（2015）通过构建包含食品供应链安全风险因素、风险行为和风险后果的结构方程模型，利用企业问卷调查数据，运用 AMOS 软件实证检验了上述变量之间的关系和相互影响。研究发现，当前影响我国食品供应链企业风险行为和风险后果的主要因素是企业高管与普通员工的风险认知水平，供应链内外部环境等制度特征借由个人风险认知而作用于风险行为和风险后果。政府需要从外部提供适当的"助推"或"刺激"，以推动企业高管做出有益的行为选择。外部"助推"或"刺激"仅靠直接干预和事后惩罚难以起到良好的成效，政府监管思路应该转向加强信息管制，加快对食品可追溯技术的研发与推广，缩短食品供应链企业之间、食品供应链企业与最终消费者之间的信息距离，缓解信息不对称对食品安全的影响，更多借助市场机制解决食品供应链安全风险问题。刘小峰等（2010）构建一个从原材料供应到消费者最终消费完整过程的食品风险传播模型，采用计算实验方法探讨不同供需关系对食品安全以及供应链成员策略选择的影响。研究发现，不同的供需关系会导致产生不同的食品安全情况，供需关系越紧张，食品安全事故发生的可能性越大，从物流平衡的角度解释了一些食品安全事故发生的必然性。在供需极度失衡的情况下，政府监管能在一定程度上控制有害物质的恶性传播，但不能从根本上保证食品的安全。在政府监管策略方面，与静态的监管策略相比，弹性、动态的监管策略能更有效地控制食品安全。此外，物流供需关系、监管策略对食品供应链的上游影响较大，对下游影响相对较小。

谢康等（2015）聚焦于探讨社会共治体制下食品供应链质量协同与单一监管体制下的差异，并通过结果讨论提出相应的制度需求。在单一监管体制下，食品供应链主要采取三种方式来降低契约的不完备程度：一是建立可追溯体系；二是设计有效的组织形式；三是建立双边契约责任传递。由于对三者的协同缺乏需求，从而使各自的优势难以得到充分发挥，劣势无法得到有效弥补。在社会共治体制下，由于对三者的协同有迫切需求，因此，通过三者的协同形成混合治理，能够实现食品供应链质量的有效协同。具体而言，以纵向联合为代表的组织形式设计能降低可追溯体系的建设和协调成本，从而激励企业更主动地进行可追溯体系建设，而可追溯体系的建设又有助于促进企业进行进一步的纵向联合；可追溯体系和有效的组织形式设计能提升双边契约责任传递的可行性和威慑性，而双边契约责任传递又能激励企业进行可追溯体系建设和选择有效的组织形式。

从以上的研究我们可以看出，有关食品供应链的研究主要包括食品供应链的质量研究、食品供应链的定价研究、食品供应链的风险管理研究。已有文献在食品供应链的食品属性方面进行了较多的研究，但是在食品供应链的生产性中断、食品供应链的运输中断、食品供应链的供应中断以及跨国食品供应链的不确定性等方面的研究还存在一定的不足。基于此，我们从中断等角度出发，考虑了单一食品企业的多阶段生产中的中断问题，研究食品供应链的运输中断和供应中断问题。在现实中，食品供应链企业经常遇到供应中断的情况，包括生产性中断和跨国供应中断等多种不同情况。因此，如何在食品供应链中针对不同情形下的中断问题做出正确的策略决策具有一定的研究意义，相关研究结论和启示将给企业的决策者带来理论上的支撑。

2.2 有关供应链的系统动力学研究文献

本节重点介绍有关供应链的系统动力学研究，主要包括中断下的系统动力学研究、供应链运营方面的系统动力学研究和供应链演化下的系统里动力学研究。下面对相关文献进行综述。

2.2.1 中断下的系统动力学研究

郭宁和郭鹏（2017）针对由制造商、零售商和第三方回收商组成的三级闭环供应链系统，提出一种基于"收益共享契约——回购契约"的组合契约，以协调应对需求、价格、成本等多因素同时发生扰动的突发事件风险。考虑政府环境政策影响和企业面临突发事件的主观能动性，构建应对突发事件的闭环供应链系统动力学模型，并结合算例，对均匀随机市场面临三种强度的突发事件风险时，收益共享契约、回购契约及组合契约的协调效果进行仿真分析。研究结果表明，当突发事件风险强度增加到一定程度时，契约有可能在突发事件发生期暂时失去协调效力，但就整个仿真时间而言，契约可以很好地协调突发事件下的闭环供应链；能协调无突发事件下闭环供应链的契约仍可以很好地协调突发事件风险下的闭环供应链，而组合契约可以达到更好的协调效果。赖新峰等（2022）采用系统动力学方法研究了中断风险对于离岸外包全球生产决策的影响，构建了由 1 个 OEM 和 3 个 CM 组成的离岸外包全球生产网系统动力学模型。首先，验证了模型的正确性。其次，针对离岸外包全球生产网中断风险，提出了一种动态惩罚机制，并证明了该动态惩罚机制下的 OEM 利润要高于静态惩罚机制下的 OEM 利润。最后，研究了汇率对中断风险的影响。结果发现，CM1 海外汇率影响系数与最优 CM1 和 CM2 单位供应中断惩罚呈反向变动关系，目标市场海外汇率影响系数与最优 CM1 和 CM2 中断惩罚呈正向变动关系。

慕静和李婧（2023）建立一个由供应商、配送中心和零售商组成的三级生鲜供应链库存系统，考虑由疫情引起的三种风险情境，引入系统动力学模型对零售商动态库存系统运营进行仿真分析。研究发现，受疫情风险传导系数和变质率两个序参量影响，供应链库存呈现振荡趋势；通过确定不同供应中断时长下的疫情风险情境提出优化保鲜投入策略、安全库存策略、共享库存联合提前转运策略有效降低零售端库存水平振荡并使其呈现渐稳趋势，实现产品在交付过程中的双重时效性，达到供需匹配，缓解疫情风险带来的影响，为相关零售企业提供决策支持。吴军等（2023）以冷鲜肉为例，构建了一个由供应商、制造商和零售商组成的三级农产品供应链模型，模型综合考虑了供应商农产品滞销、制造商产能中断以及零售商需求突变三种典型中断场景，同时结合供应链中断的"长期干扰""规模不可预测""多节点同时中断""在中断存在期间开始恢复"等特点，利用系统动力学方法研究了部分中断和完全中断两种情境下政府补贴对供应链累计利润的影响及其变化规律。研究发现，不同中断情境下政府补贴策略的选择对供应链系统恢复效果的影响存在明显差异，多数情境下政府对供应商进行补贴更有利于供应链系统恢复。

薛伟霞和孙见荆（2013）研究了复杂动态系统下风险管理问题，在考虑反馈机制的基础上，使用系统动力学建模方法，通过计算机仿真技术提出一种解决该问题的有效方法。该方法得出的实施策略能避免反直觉情况下的错误选择。赖新峰和陈志祥（2014）利用系统动力学方法对需求模式及其动态特征对生产—分销库存的影响进行仿真研究。第 1 个模型考虑三种不同的需求特征对生产—分销库存的影响，设置三种不同的需求函数，其中包括阶跃函数、正态函数和正弦函数。通过仿真比较不同需求函数的"牛鞭效应"。研究得出需求函数为阶跃函数时，其"牛鞭效应"最大，正弦函数下的"牛鞭效应"不大且当需求函数增加一倍时，"牛鞭效应"几乎没有变化。需求函数为正态函数的"牛鞭效应"适中且当随机函数增加时"牛鞭效应"变化比较明显。模型 2 在模型 1 基础上考虑了 Markov 随机过程等因素，模拟由于营销策略变化导致产品需求变化后的生产—分销库存变化过程。通过仿真研究，得出 Markov 随机过程中市场占有率的单调性与库存之间存在正相关关系的结论。王之乐和张纪海（2019）以原材料转化后的应急物资最终产品测度应急物资动员潜力，运用系统动力学建立了应急物资动员潜力评估模型。以我国石油产业链为实际背景，以成品油动员潜力为例，运用"情景—应对"的思想从总量、某一时点以及某个时间段等多个角度对成品油动员潜力进行了定量评估。研究发现，当需求量较低时，原油或者成品油储备对成品油动员潜力贡献最大；随着需求量逐渐增加，企业超常生产能力对成品油动员潜力的贡献逐渐增大。此外，成品油实际产能、原油储备量或成品油储备量以及原油转化系数这四个影响因素对成品油动员潜力的影响最大，应重点提高应急物资实际产能、原材料或应急物资最终产品储备量以及应急物资生产效率。

李景峰和张晋菁（2014）以中断概率为切入点，首先提出适合研究讨论的问题及其基本假设条件；其次利用系统动力学（System Dynamics，SD），针对问题描述建立基准模型，通过仿真试验模拟不同参数环境下运行状况，对所构建模型进行研究，比较分析各方案；最后加入随机需求扰动因素，建立需求扰动下的系统动力学模型，测试供应模式的抗干扰能力，提出不同环境下选择不同供应模式的理论依据。滕春贤等（2010）研究了由一个制造商和一个零售商组成的供应链系统。针对在需求扰动下进行供应链协调这一问题，考虑了随之产生的生产成本、采购价格等的变动；运用系统动力学方法，建立了两级供应链的系统动力学模型，并通过 Vensim 仿真，模拟了多种收益共享契约政策对需求扰动的应对效果。研究发现，在一定的固定批发价和利润分配比例下，收益共享契约可以对存在需求扰动的供应链系统起到协调的作用，并且具有抗扰动性。张以彬等（2019）研究了在市场需求可变的情形下，一个由原材料供应商、制造商和产品生产转包应急供应商组成的生产库存系统，该系统受到中断参数、市场需求流失率以及核心技术延迟时间等因素的影响。为了找到系统的最优应急策略，引入系统动力学模型对系统的运营进行仿真分析，以优化供应中断风险下的库存，并最大化厂商利润。研究发现，当中断周期长度不同时，市场流失率因交付中断周期长度不同而不同，影响厂商应对供应中断风险的应急策略选择；厂商的长期利润损失可以通过调整应急库存水平和缩短应急决策信息延迟等策略来减少。

2.2.2 供应链运营方面的系统动力学研究

黄桂红和贾仁安（2010）通过构建系统动力学反馈对策基模入树仿真建模法对生鲜农产品供应链系统进行研究。首先，从生鲜农产品供应链系统的统计数据中分析找出系统运行的核心变量，建立由核心变量构成的成长上限基模；通过农户、中间商、政府各子目标的实现来验证系统总目标，提出消除制约的管理对策并建立对策基模。其次，基于对策基模的六个核心变量，建立由六个流位及其流率构成的流位流率系及对策调控参数。再次，建立由六棵树构成的流率基本入树模型及其对应流图模型。最后，通过调控参数分类组合进行仿真实验，定量揭示所采取的对策的实施效果，为管理决策提供依据。此新四步建模法的建立及应用，有重要理论意义和实用价值。

张玉春和冯昱（2019）基于信号传递理论，构建闭环供应链回收品质量控制系统动力学模型，分析将回收比例和回收品质量预防水平作为传递信号的闭环供应链动态行为。结果显示，当销售商将回收品质量预防水平作为信号传递给制造商时，回收品质量预防水平的提高可提升再制造品质量，制造商会对销售商实施提高质量预防水平的正激励；当销售商将回收比例作为信号传递给制造商时，回收比例的增加可降低销售商道德风险，提升闭环供应链各成员收益，制造商会对销售商实施提高回收比例的正激励。因此，制造商有动机激励销售商传递真实回收信息，销售商为获得激励，会选择将高回收比例或者高质量预防水平作为信号传递给制造商，从而达到提升闭环供应链回收品质量水平的目的。田立平等（2020）通过对目前家电产品的保有量、淘汰率、回收途径、回收量、处理方式等的研究，发现家电回收处理体系中政府的环保化回收量很少，私人的非环保化的回收方式占主导地位。通过建立系统动力学模型研究促进废旧家电环保化回收的策略，以北京市废旧家电回收为例进行调研，绘制了废旧家电回收处理体系的存量流量图，给出了存量流量图的方程式，验证了模型的正确性；分析了政府实行政策调控并加强与家电品牌官方制造商、专业的回收处理企业合作的策略，得出该策略不仅能够增加政府环保化的回收量，而且能够实现整体利润增加的重要结论。

徐生菊和吉敏全（2020）基于我国农产品供应链特点，分析节点间知识共享影响链竞争力的主要中介因素与路径，构建理论模型，利用系统动力学方法建模，基于青海省菜籽油链的调研数据设定参数，在 Vensim PLE 软件环境下进行仿真。结果表明，农产品供应链节点间知识共享通过影响链的平均知识水平、学习能力、创新能力、运营能力、紧密度和稳定性，间接正向影响链的竞争力。提高链节点的共享意愿和共享能力有助于提升链的竞争力。岳庆如和张智光（2021）利用系统动力学方法建立相关因果关系图和系统存量流量图并进行仿真分析。结果证明，造林是林纸绿色供应链利益分配的关键环节，而营林主体收入是关键影响变量，营林主体收入决定森林培育投入，森林培育环节投入多寡影响造林面积的增减，而造林面积影响工业原料的供应量，从而影响林纸绿色供应链上各要素的流动性及其价值的增值；而提高原材料价格和由营林主体分配新增收益都可以非常有效地提高营林主体收入及增加造林面积等。根据分析，提出扶持营林主体、加大森林培育投入、合理调整原材料价格和营林企业的新增收益，以及制定公平合理的利益分配方案等对策建议，以保障林纸绿色供应链良性发展及整体和个体利益的实现。陈畴镛等（2022）基于系统动力学方法，首先分析传统制造和云制造的行为模式，利用 Vensim 软件构建传统制造模型和云制造模型；其次对模型进行一系列测试，证明模型的有效性和稳定性。通过分析不同需求函数情况下主要参考变量的对比结果和不同情况下云制造订单承接率发现，云制造模式可以有效降低供应链库存水平、提高订单满足率、充分利用企业剩余产能，从而促进供应链协同化运作。

李勇建等（2023）基于价值共创理论，从双模式价值共创系统结构出发，分析了双模式价值共创的内外动因及其实现机理。将作用机理关系化，形成系统整体因果回路图，以全面捕捉各因素之间的反馈影响。在此基础上，为了能从动态视角更深入地理解各因素对价值共创系统的影响路径与影响程度，进而识别影响双模式价值共创效果的关键因素，利用 Vensim 软件构建系统动力学模型并进行仿真实验。研究发现，资源、关系、网络结构动因对价值共创具有差异化促进作用，而技术创新间接影响价值共创。前期多样性资源流动与创新、互补性资源整合与协同率先激发共创价值的积累；中期平台显性关系搭建、隐性关系互动强化能有效保持多主体价值共创活力；而网络效应推动的主体规模扩张是最终形成双模式生态的关键因素。并且，提高焦点企业复合能力、平台技术投入和跨边网络效应能显著提高双模式价值共创效果和主体规模的积累；降低顾客学习成本对主体规模的增加有一定促进作用，但对共创价值量的影响不显著；而供方伙伴专业能力对双模式价值共创效果和生态建设的影响较弱。王莺潼等（2024）构建系统动力学模型，从经济、环境、可靠性等维度，分析动态不确定环境下基于多层级备份策略的供应链网络性能。研究表明，供应链网络运行时间越长，中断信度越大，多层级备份策略对供应链网络性能的提升效果越显著。且当中断信度较大时，若不采用多层级备份策略，相较于运输中断，供应商中断会更大程度地损害供应链网络的经济性能。此外，需求稳定性降低会导致供应链网络的经济、环境、可靠性维度的性能出现不同的波动。这为优化供应链网络结构及供应商选择提供依据，为供应链网络实现低碳、稳健发展提供理论支持。

2.2.3　供应链演化下的系统动力学研究

慕静和马丽丽（2015）从加强食品供应链信息共享角度出发，运用演化博弈理论和系统动力学方法，在分析食品供应链信息共享影响因素的基础上，建立了无政府惩罚下食品供应商和加工商之间的演化博弈模型，接着在模型中加入"政府惩罚"这一外部参数，通过动力学仿真表明，信息共享概率与共享成本、单独不共享收益反向变动；与共享超额收益、单独共享收益和政府惩罚力度同向变动。同时证明了用系统动力学方法研究博弈问题的可行性。余福茂等（2016）围绕电子废弃物回收处理渠道的特点，综合考虑正规渠道的激励因素与非正规渠道的制约因素，建立回收处理渠道演化的系统动力学模型。以电视机、电冰箱、洗衣机、空调、计算机为例进行研究，结果表明，对电子废弃物正规回收处理企业的政策支持、正规回收处理企业的技术创新、将正规回收处理企业的利用率作为指标调控回收处理状况、加强对二手家电市场的监管等，对增加电子废弃物的正规回收处理量及促进回收处理渠道的规范化具有积极影响。程永伟和穆东（2018）利用博弈论建立了补贴政策下新能源汽车供应链生产决策模型，解析了新能源汽车补贴机制及其影响，求解并证明了最优补贴强度及退坡临界点的存在，设计并提出了政府补贴效率、消费者补贴获得率等指标，进而针对有限次博弈、决策周期不一致、信息不对称、关键决策参数变异等实际问题，基于"反应函数"将传统博弈论与系统动力学相结合，分析补贴退坡下新能源汽车市场的博弈均衡与演化规律。研究结果表明，SD 动态博弈模型能够较好地呈现传统博弈论的分析结果，证明新能源汽车企业对政府补贴存在着高依赖性；政府补贴强度一旦突破合理区间，补贴策略将失效或面临财政资金缺口的困境。新能源汽车技术进步与消费者偏好对补贴政策均有显著的替代效应；决策周期不一致将对补贴政策造成短期扰动，但不会改变长期效应；信息不对称和关键决策参数变异均会加剧系统博弈震荡，甚至导致市场退化。此外，对补贴退坡下我国新能源汽车市场的发展前景进行了综合预测。

封红旗等（2019）通过对绿色采购供应链的内部关系以及"政府补贴"这一外部环境变量的分析，构建绿色采购供应链的因果关系图，进而分析其存量流量关系图，探讨和分析政府补贴政策与绿色采购供应链之间的机制运作。研究表明，起初政策补贴对回收率能够起到激励的效果，但是后期鼓励政策的效果会慢慢缩减，找寻到"拐点"可以帮助政府更好地实施鼓励政策。政府需要实施"弹性"政策，实现刚柔并进，以刚性的法律规定践行绿色社会责任，同时结合柔性鼓励性的支持补贴政策，为绿色采购供应链的发展提供保障。程慧锦和丁浩（2022）采用演化博弈模型和系统动力学相结合的方法探讨不同治理措施情境下的供应链企业社会责任决策问题，并进行了仿真分析。结果表明，供应链各环节企业决策之间相互影响，当制造商和零售商有一方具有较高的履行企业社会责任意识，另一方具有较低的履行意识时，具有较高意识的一方无论是否有激励措施，最终都会趋于履行企业社会责任，而另一方则选择不履行，除非有力度较大的激励措施出现。当二者以中性态度对企业社会责任的履行进行决策时，激励措施的实施对制造商更有效；相对于零售商，制造商对消费者偏好所带来的市场效应更加依赖；政府补贴在短期内是较为有效的激励方式；惩罚力度越强，激励作用越好，持续时间越久；若两种激励措施搭配使用，则可以更好地发挥激励作用。

付小勇等（2021）为探究政府管制在废旧电子产品处理商实施生态拆解中的作用，运用系统动力学方法构建了废旧电子产品处理问题中政府和处理商之间的一个混合策略演化博弈模型，并对政府管制策略选择与处理商实施生态拆解策略选择的互动机制进行了分析。演化博弈和系统仿真结果表明，处理商实施生态拆解和非生态拆解的收益、政府管制的有效性以及处理商实施非生态拆解受到惩罚等都直接影响系统的演化结果；政府和处理商在三种情形下存在演化稳定策略；在一定的条件下，系统演化呈现周期性特征。宁连举等（2020）从交易成本理论视角出发，认为商业生态系统具有解决信息不对称、多层决策和信任问题以应对产业链内部可操作性和外部环境不确定性挑战的重要优势。研究发现，降低产业链的内部交易成本是促进商业生态系统形成的关键因素，而降低外部交易成本是推动商业生态系统演化的关键因素；商业生态系统持续健康运营的重要条件是制定保护弱势企业收益的分配机制；随着商业生态系统生命周期的演进，嵌入性资源、网络效应、共生性和共同演化等商业生态系统的特点在解决信息不对称性、多层决策和信任问题中发挥了重要的作用。邵必林和胡灵琳（2021）为了深入探究政府与企业参与绿色供应链策略选择的动态过程，客观揭示绿色供应链各方利益主体参与行为的演化博弈关系，为政府合理制定补贴政策提供理论依据，在有限理性的假设前提下，通过构建演化博弈模型，分析双方的博弈关系和稳定策略，并运用系统动力学进行建模仿真，明晰了关键因素对绿色供应链政企参与行为的影响路径。研究结果表明，利益双方的参与意愿互相影响，政府积极的补贴政策、合理的补贴力度以及企业良好的绿色管理水平、绿色成果质量，对绿色供应链的健康发展均有正向作用；政府补贴存在有效区间，要合理把握力度防止因企业滋生逐利心理而出现负面效应。

王文宾等（2023）通过构建动力电池生产商（以下简称"电池商"）和新能源汽车制造商（以下简称"汽车商"）关于废旧动力电池回收决策的演化博弈模型，分别在政府不干预和实施补贴—惩罚政策两种情形下，分析了影响电池商和汽车商选择回收与否的因素以及二者均决定回收的条件，并运用系统动力学模型进行仿真。研究结果表明：①在政府不干预情形下，当电池商的回购价大于电池商及汽车商各自回收价和回收成本之和的最大值时，二者均回收废旧动力电池。②在政府实施补贴—惩罚政策情形下，电池商的回购价不受政府惩罚的影响。与不干预情形相比，政府单位补贴增加会使电池商的最低回购价降低。③政府实施补贴—惩罚政策时，当单位补贴大于阈值时，电池商和汽车商选择回收废旧动力电池。④政府实施补贴—惩罚政策能够明显缩短电池商和汽车商开展废旧动力电池回收的时间。此研究可以为政府促进电池商和汽车商回收废旧动力电池提供参考。

从以上的研究现状可以看出，有关供应链的系统动力学研究主要集中在供应链中断仿真、供应链运营仿真和供应链演化仿真方面。已有文献在食品供应链方面的研究还不足。基于此，本书从食品供应链中单一企业的生产性中断出发，还考虑了运输中断、供应链中断等方面的系统动力学仿真。在传统供应链的基础上，本书考虑了食品供应链的特殊性，利用系统动力学仿真方法进行了深入研究，研究结论和启示能够为食品供应链相关企业的决策者提供重要的管理启示。

2.3　跨国供应链的研究文献

2.3.1　跨国供应链中政府补贴研究

刘名武等（2019）针对出口国补贴下的跨国绿色供应链决策问题，构建了出口制造商和进口零售商间的 Stackelberg 博弈模型，比较了生产成本与绿色投入成本补贴策略的效应。结果表明，补贴和关税税率对绿色产品出口价格产生交叉影响，只有在高补贴比例或者低关税税率环境下，关税税率的增加不会损害绿色产品出口竞争力。两种策略都可以增加供应链的经济和环境效益。在相同的补贴支出下，两种补贴策略效应与关税税率水平无关，绿色投入成本补贴对产品绿色度水平、绿色绩效价格比这两个指标的提升效果都优于生产成本补贴策略，但是生产成本补贴策略对制造商利润的提高效果要大于绿色投入成本补贴策略，当绿色投入成本补贴比例大于 1/2 时，生产成本补贴策略对零售商更有利。伏开放和陈志祥（2021）研究了在随机需求下由一个境外集成制造商、一个国际运输服务提供商和一个供应商构成的生产网的跨国生产业务外包决策问题。考虑制造商所在国存在进口关税、供应商所在国存在补贴，因此定量分析制造成本、运输成本、关税成本和出口补贴对跨国生产业务外包决策的影响；依次建立三级独立主从决策模型和联盟主从决策模型，分析收益分享和成本分担对决策的影响。结果表明，对于跨国生产业务外包决策与优化，当关税成本计算考虑运输费用和保险费用时，跨国生产业务难以实现协调；联盟博弈可以压缩博弈层级进而改善跨国供应链绩效；关税税率提升使各方利润和整体利润减少，削弱供应商的领导地位、加强制造商的地位；出口补贴增加可以提高各方利润及整体利润，加强供应商的领导地位、削弱制造商的地位；各方仅进行收益分享可以改善供应链利润，但仅进行关税或运输成本分担会减少供应链利润。

孙彩虹等（2022）刻画了中欧班列跨国双向供应的运作特征，研究了政府补贴策略的退出路径选择问题，对比分析了政府直接补贴、激励补贴与物流平台合作的策略差异性。研究发现，市场化的物流平台合作是政府补贴退出的可能路径选择，其本质是提升跨国供应链的运作效率。同时，追求运量规模化与平衡性的激励目标存在降低供应链效率的隐忧；跨国双向供应链合作成员之间的责任分配，也会影响供应链效率。刘名武等（2023）讨论加征关税视角下的供应链决策及补贴策略问题。基于本国制造商、分销商与国外进口零售商所组成的三级跨国供应链，分别讨论了政府不补贴、政府补贴下的供应链决策，研究加征关税和补贴对供应链的影响，并分析保持产品销售价不变补贴策略（Ⅰ）、保持制造商利润不变补贴策略（Ⅱ）及社会福利最大化补贴策略（Ⅲ）的效应。结果表明，加征关税导致产品销售价提高和本国企业批发价、供应链各企业利润及社会福利的下降，但政府提高补贴使产品销售价下降和供应链各企业利润提高，而社会福利随着补贴的增加先提升后下降。随着加征关税税率的提高及补贴的增加，供应链更多地表现出补贴的作用，补贴能有效降低加征关税的影响。在较低关税税率下，策略（Ⅲ）激励产品出口作用显著，但政府补贴支出过高；策略（Ⅱ）比策略（Ⅰ）的激励效果显著，但补贴支出更高。在较高关税税率下，策略（Ⅱ）更能激励制造商出口，策略（Ⅰ）以较低的补贴支出激励制造商出口，更有利于维持国际市场稳定。

现有研究表明，绿色供应链管理的实践对供应链成员的利润有显著影响，但对政府补贴情况下的跨国绿色供应链治理问题，尤其是关税效应的传导效应以及关税效应与政府补贴之间的反补贴效应，缺乏深入探讨。Yi 和 Wen（2023）基于由出口国制造商和进口国零售商组成的两级跨国绿色供应链，建立了 Stackelberg 博弈模型。在无政府补贴和有政府补贴两种情况下，讨论了进口国关税、消费者绿色偏好和出口国政府补贴强度对跨国绿色供应链决策、最优利润和社会福利的影响。

2.3.2 跨国供应链决策研究

王锡琴和赵正佳（2012）在供应链税后总利润最大化的目标下，建立了多供应商、多分销商、多产品多计划期的跨国供应链最优生产与分销计划模型。模型考虑了汇率、税率、转让价格、运输成本分担比例以及生产能力约束、生产与分销库存约束、供应商分销商税后利润约束对供应链生产与分销计划的影响。算例分析表明，汇率、转让价格、运输成本分担比例对跨国供应链最优生产与分销计划及总利润有较大影响。刘春玲等（2012）在构建供应链跨国布局基本模型的基础上，通过引入跨国生产转移成本，将供应链企业所有权分配参数有机嵌入到基本模型中，从而考虑了国内销售合资/独资和海外销售合资/独资这两种情况下供应链跨国布局模型，并结合模型的实际，设计出基于 Benders 算法及其相应步骤。通过实例分析发现，所有权分配在供应链跨国布局中对所选择的供应商数量影响不大，但对所选择的生产商数量以及供应商跨国布局范围有着明显的影响。另外还发现，在税收、汇率以及所有权分配三个主要因素之中，所有权分配对供应链跨国布局所获得利润的影响最显著。黎继子等（2020）从供应链视角出发，以国内本土企业与外海企业股权合作为基础，将股权比例和股权控制作为股权合作分析的切入点，针对本土企业基于两阶段序贯决策模式，构建出本土企业供应链跨国股权合作的分析框架；基于 Nash Bargain 博弈，建立起供应链跨国整合下的股权配置决策模型，优化出各自股比；考虑跨国供应链本土企业与外海企业的股权争夺是一个多阶段动态博弈过程，引入股权控制因素，通过 Rubinstein Bargain 决策方法，进一步构建出基于股权控制和股权争夺的跨国供应链合作的动态博弈策略。在此基础上，优化出不同合作模式下双方的最优利润，并进一步推导出本土企业和跨国企业基于股权控制的股权最优比。通过研究发现，本土制造商和外海供应商股权合作的成功受到本土制造商自身盈利能力的影响，而是否进一步在外海建厂进行股权合作则受国内市场基本容量、两国所得税率差异和跨国供应链内部运作成本的影响。另外，在静态 Nash Bargain 博弈和动态 Rubinstein Bargain 博弈决策下，后者更能反映出海外供应商与本国制造商合作时双方对股权比例的敏感度，在双方股权配置比例差距不是很大的情况下，双方才有合作意愿，任何一方的绝对控股都将导致合作难以实现。

岳万勇和赵正佳（2012）研究了不确定需求下跨国供应链数量折扣问题。首先基于供应链系统的全局协调，得出了数量折扣率应满足的区间。其次分析了汇率和关税的变化对供应商和零售商利润所产生的影响。最后通过数值分析并得出结论：供应商提供数量打折扣后，供应商和零售商的利润有了明显的改进；汇率减少时，供应商和零售商的利润也相应减少；提高关税时，供应商和零售商的利润都相应减少。黎继子等（2015）在供应链全球化的背景下，研究跨国企业的对外投资活动。考虑到供应链不同的节点以不同股权的形式运作，建立了成本收入模型，并从股权合作的角度分析了不同阶段中跨国企业和当地企业以及东道国政府的动态博弈决策过程。通过分析发现，基于股权分配的跨国供应链各方在第一阶段能到达均衡条件和维系股权比例，但在第二阶段跨国企业有着扩大供应链合作股权比例的倾向，本地企业在合作中处于相对弱势地位，政府通过激励可以保持各方利益，维系动态均衡状态，确保不同股权结构供应链的效用最大化。周晓阳等（2022）考虑产品替代性，构建随机需求下受关税政策影响的跨国供应链成员利润最大化模型，利用互补系统，得到跨国供应链网络的均衡决策。研究表明：①随着国家提高进口关税，国内生产交易替代产品的企业利润会上升。②本土产品交易量以及制造商和经销商的期望利润均会随着该国进口产品需求不确定性的增加而降低。③若制造商提高其产品对进口产品的替代程度，那么本土产品交易量会增加，此外还会使本土制造商的利润和与其交易的经销商的期望利润增加，国家实施关税政策会放大这一积极影响。黎继子等（2018）在跨国企业进入东道国目标市场的决策流程基础上，以下游销售企业为切入点，将独资/并购（GF/MA）两种典型跨国进入模式有机整合到供应链决策中进行研究，并在此基础上引入 Hotelling 模型，考虑不同情况下的市场竞争因素对供应链跨国进入模式决策的影响，通过优化求解出在独资/并购两种进入模式下跨国供应链的动态均衡条件，并进一步根据不同跨国进入模式推导出跨国企业在不同组合阈值下的最优策略及其前提约束。

黎继子等（2017）在跨国公司以供应链方式在全球范围内整合资源的基础上，分析了海内外两市场间的跨链合作框架，探讨了跨国供应间的隐性利益输送前提条件。在此背景下，通过引入转移定价（Transfer Pricing，TP），建立海内外两单链无横向合作和有横向合作的跨国供应链隐性利益输送的决策模型；设计出在考虑隐性利益输送下的单 TP 模式和双 TP 模式；针对上述两种模型探讨了不同 TP 模式组合策略和实施条件；对模型进行优化求解，并对不同 TP 模式策略进行了敏感性分析，发现不同国家所得税的差异对通过转移定价来实现隐性利益转移起到很大作用。在单 TP 模式下，由于触发机理简单，更容易被监管和识别，需配合成本的增减来实现隐性利益输送；在双 TP 模式下进行利益转移时，转移价格反向变化比同向变化更加隐蔽，且在横向合作下隐性利益输送形成的利润率高于由需求增加所带来的利润率。

从以上的研究现状我们可以看出，有关跨国供应链的研究主要集中在跨国供应链决策和政府补贴方面，采用系统动力学进行研究的文献不多，采用系统动力学研究食品供应链的文献就更少了。基于此，本书采用系统仿真方法研究食品跨国供应链的供应中断和运输中断问题。有关管理启示能给食品供应链的管理者提供一定的参考，同时也将弥补这方面的文献空白。

2.4 关于中断的研究文献

2.4.1 有关供应中断的采购决策研究

牛保庄等（2022）针对芯片等关键零部件出现供应中断问题，研究如何通过本土替代和供应链结构调整应对不确定性，同时增强供应链稳健性，构建了由跨境供应商、本土供应商、两个相互竞争的品牌商组成的博弈模型，研究存在跨境供应中断可能性时，中国品牌商是否有动机与本土供应商合作，采取双源采购策略保障供应稳定。结果表明，订单分配比例和跨境供应中断概率会显著影响中国品牌商的采购策略偏好。当订单分配比例较均匀时，订单分散性诱使上游供应商制定更高的批发价格，从而增加了中国品牌商的采购成本，此时单源采购策略较优。进一步研究发现，其他供应链成员是否采用双源采购主要与跨境中断概率有关。曾能民等（2023）采用建模分析法研究了近年来运作实践中新出现的一种风险应对策略——与对手合作，并建立了供应链竞合模型，模型考虑一个产品制造商需向一个具有随机中断风险的供应商采购某种核心零部件以制成产品，并与对手在市场上展开竞争，其对手是一个能够自己生产该零件并制成产品的集成制造商；在产生供应中断后，产品制造商可以从竞争对手处进行补货。研究发现，在上游供应商获得订单且发生供应中断的前提下，两个制造商之间的补货合作一定会达成，这意味着补货合作选项具有风险应对效应。然而从总体上看，依赖于市场潜能、供应的可靠性、产品间的替代性以及成本的高低，两个制造商之间的竞争与合作既可能共存，也可能互斥（即只竞争不合作或只合作不竞争）。除此之外，区别于既往文献的经典研究结论——"下游企业紧急补货选项的存在使具有供应风险的（上游）主供应商获得的订货量减少"，该文引入供应链竞合之后发现，补货合作选项的存在竟然会使具有供应风险的上游供应商获得的订货量增加，即两个制造商之间的合作具有向上的溢出效应。而且还发现，与没有合作选项的情形相比，合作的存在使两个制造商投放到市场的产品总量增加，即两个竞争性制造商之间的补货合作还具有向下的溢出效应——降低了市场价格从而提高了消费者剩余。

景熠等（2024）针对由一个优质供应商、一个一般供应商和一个制造商组成的二级供应链系统，考虑两个供应商均存在中断风险且消费者对不同来源核心零部件及其产品存在不同偏好，分别构建了单源采购和多源采购的博弈模型，在最优均衡解的基础上，进行了对比分析和参数灵敏度分析。研究结果表明，双源采购始终是制造商的最优选择，但是当自身中断概率较小时，优质供应商倾向于接受单源采购；当价值感知系数较大或价值感知系数较小且自身中断概率较小时，一般供应商也倾向于接受单源采购。在双源采购策略中，制造商始终会针对优质核心零部件产品制定更高的销售价格，但是当价值感知系数较小且优质供应商中断概率较大时，优质核心零部件的批发价格反而低于一般核心零部件，其采购量也更高。价值感知系数和中断概率的增大均会引起两类核心零部件批发价格及其产品销售价格的上涨。如果两个供应商均能正常供货，随着一方供应商中断概率的增大，制造商将会增加其核心零部件采购量，并减少另一方供应商核心零部件采购量。当一方供应商中断概率小于一定阈值时，随着价值感知系数的增大，制造商会降低另一方供应商核心零部件采购量。王军进等（2024）针对高质量的制造商品牌相比低质量的零售商自有品牌更易遭受供应中断的现象，构建一个零售商"订购+销售"的两阶段博弈模型，考虑产品质量、采购成本及供应稳定的三维异质性，探究"制造商品牌+自有品牌产品"组合的定价与采购策略。研究结果表明，当制造商无法交付时，若产品质量差异较大，与两种产品均交付的情况相比，零售商通常会降低自有品牌产品的销售价格，采购更多的自有品牌产品与更少的制造商品牌产品从而减轻供应中断风险的负面影响。随着供应不确定性的升高，零售商对自有品牌产品的订购量进一步增大，可能会出现自有品牌产品库存大涨现象。有趣的是，当产品质量差异较小时，零售商会围绕制造商品牌产品制定销售策略，面对更高的供应中断风险时反而会增加对制造商品牌产品的采购量，通过提高自有品牌产品的销售价格，诱导消费者购买更多的制造商品牌产品。

胡韩莉等（2024）通过建立马尔科夫决策模型，研究了由两个供应商、一个制造商与两类零售商组成的供应链在应对供需中断与质量多重风险下的多期动态采购决策问题，并比较了检查与延期付款两种质量控制机制对采购决策的影响。研究表明，供应中断风险不会影响延期付款机制下的采购决策，但在检查机制下，供应中断风险越高，越倾向于采购高质量产品；区域需求中断风险与供应中断风险对采购决策的影响是一致的，不同的是区域需求中断会降低整体的采购量。同时，在高质量产品库存较少时，提高检查精度或延长付款期，会使制造商向低质量的供应商采购；而在高质量产品库存较多时，延期付款机制会使制造商向高质量供应商采购，但检查机制下制造商不会改变采购决策。王军进等（2024）针对具有不确定性供应中断风险的制造商采购问题，构建了一种供应可靠性信号博弈模型，制造商可以从初始不确定型供应商处进行单源采购，或额外从高成本供应可靠型供应商处进行双源采购，探究了不同信息条件下信号质量效应、不确定性效应及最优采购策略。研究结果表明，供应中断信息不对称下制造商需要向高可靠性供应商支付信息租金，防止高可靠性供应商模仿低可靠性供应商；提高信号质量或减少中断的不确定性并不一定对制造商有益，制造商可以通过调整采购策略减少信息不对称的负面影响。此外，当供应商成本差异中度时，较大的市场规模可以对冲信息差给采购策略转换造成的风险。

2.4.2　有关供应中断的应对研究

史文强等（2023）考虑各子系统修复环节和供应主体动员强度，建立多种中断事件耦合的应急物资动员链系统动力学模型。结合"5·12"地震中浙江省帐篷动员案例，仿真求解连续时间内的动员链弹性值，并探索关键变量对最优弹性的提升效果。结果表明，在多种中断事件耦合时，若对被损坏的子系统进行修复，能提升应急物资动员链的弹性，但仍然低于理想状态。提升各子系统的修复动员级别能在任务初期加快动员链的恢复速度，但在任务后期其影响力会下降。景熠和刘芹芹（2024）考虑零售商与其他同级企业进行横向联合，共同储备战略库存以抵御上游中断风险的情境，构建战略库存储备、产品采购、紧急调用的三阶段博弈模型，研究采购成本、可靠性系数、供货比例和市场缩减率对零售商战略库存水平、产品采购量、紧急调用量以及期望利润的影响。结果表明，随着制造商可靠性的增加，零售商的战略库存先增后减。零售商的期望利润只有在一定条件下才会随着制造商可靠性的增加而提高，如果战略库存的冗余度较高，需要满足市场规模较小且可靠性较高的条件；如果战略库存的冗余度较低，可靠性也需要超过一定阈值。

黄鑫等（2024）以复杂装备作为研究对象，探讨了协同研制的创新问题，以进行复杂装备协同研制的军（民）供应商作为切入点，探究类型不同供应商（军民）风险态度对协同创新策略的整体影响，同时探讨主制造商激励策略的影响问题。结果研究表明，供应中断发生概率较小时，主制造商与军（民）供应商协同参与复杂装备研制过程，军（民）供应商会自动选择承担协同创新的损失成本，这有利于实施协同创新，使供应链利润最大化。同时，军（民）供应商采用的风险规避策略越谨慎，越有利于最优工艺创新程度和装配创新程度的提高，也越有利于主制造商施行工艺创新成本分担战略。许浩楠和刘家国（2024）构建了基于竞合关系的多方博弈模型并求得均衡决策，进一步探析了规模经济、品牌优势等对供应链经营策略的影响。研究结果表明，即使合同制造商（CM）存在供应风险也会挤压原始设计制造商（ODM）收益，而原始设备制造商（OEM）通过上游竞争可获得收益提升。CM 供应中断后，OEM 品牌优势较小时 ODM 选择参与终端市场竞争以进一步提升收益；当品牌优势较大时 ODM 专注上游供应可以缓解终端竞争，但规模经济对 ODM 和 OEM 收益有异质性影响，厂商应警惕规模经济可能带来的负面作用。值得关注的是，ODM 与 OEM 决策始终处于"双输"状态，OEM 作为"跟随者"只能借助品牌优势等保证自身收益的实现，而 ODM 决策与社会福利可实现"双赢"。该研究不仅深入解构了供应风险对多元采购的冲击，也探索了供应中断对厂商决策的影响，为厂商面对风险经营环境进行决策提供了战略指导，也为政策管理部门应对供应风险、提升社会福利做了理论剖析。

景熠等（2023）针对三级供应链的供应中断问题，从事前预防和事后补救两个角度提出了基于储备纵向战略库存、签订应急期权、紧急加购、寻求后备供应商、产品设计变更的综合应对策略。结果表明，当发生供应中断时，该供应链响应计划方法能够有效帮助制造商止损，并尽可能将其生产运作维持在正常水平；单一应对策略只能解决短期供应中断问题，对于长期中断，需要在不同阶段采取不同的策略组合；虽然产品设计变更策略的投入成本可能较大，但如果中断时间持续延长或者为了降低订单延期交付率，制造商不得不启用这一策略。孟庆春等（2024）基于微分博弈理论，在静态恢复策略的基础上提出了动态恢复策略，考虑在有限恢复计划期内参考价格效应对动态需求的影响，分析最优供应恢复努力水平和参考价格最优轨迹，并进一步设计双向成本补贴契约实现供应链协调。研究表明，相比于静态恢复策略，动态恢复策略对各方更有利，其最优供应恢复努力水平随时间递降；对于持续时间较长的中断和忠诚度高且对参考价格敏感的消费者，供应链成员倾向于投入更大的恢复努力水平并采用契约来协调供应链；在双向成本补贴契约下，只有当供应商和制造商的边际利润占比差距较小时，双向成本补贴契约才能够实现双方的帕累托改进。

从以上的研究现状我们可以看出，有关中断的研究主要集中采购决策和应对策略方面，采用系统动力学进行研究的文献不多。基于此，本书采用系统仿真方法研究食品跨国供应链的中断问题。

2.5　多式联运的研究文献

程兴群等（2021）针对碳交易政策下的多式联运路径选择问题，考虑运输时间和单位运费率不确定且其概率分布未知的情况，引入鲁棒优化建模方法对其进行研究。先利用 box 不确定集合刻画分布未知的运输时间和运费率，然后在碳交易政策下确定模型的基础上，构建鲁棒性可调节的多式联运路径选择模型，并通过对偶转化得到相对易求解的鲁棒等价模型。实例分析表明，鲁棒模型能较好地处理参数概率分布未知的多式联运路径选择问题，方便决策者根据偏好调整不确定预算水平进行决策。运输时间和单位运费率的不确定性都会影响多式联运路径决策，但是作用机理有所不同。李晓东等（2021）采用熵权 TOPSIS 法求出目的城市集装箱需求量，然后构建成本最小的集装箱多式联运优化模型，设计铁路联运、海运中转、港口扩建等五种情境进行求解，并利用敏感性分析，研究公路单位运价和碳排放对整体的影响。研究结果表明，海运中转和提升铁路运输占比是低碳运输的关键；装卸成本对总成本的影响远大于相应碳排放的影响；相同腹地、相近区位的港口需要整合以实现港口协同效应；铁路运输企业需采用多种价格运输产品以提高竞争力；即使公路碳排放强度减少50%，单一运输方式仍然不如多式联运。

张旭等（2021）进行不确定性的模糊路径优化研究以满足高质量发展形势下市场、经济和环保等多方面的现实需要。针对需求与碳交易价格双重不确定下的多式联运路径优化问题，建立混合鲁棒随机优化模型，设计基于蒙特卡罗采样的灾变自适应遗传算法并进行有效性检验。以具有 15 个节点的多式联运网络为对象开展算例研究，比较不同模式下多式联运的运输方案及成本并分析不确定参数的影响。结果表明，受遗憾值约束的影响，需求不确定的鲁棒优化会增加多式联运总成本，而碳交易价格随机性的提高并不一定意味着成本的增加。合理设置碳交易价格，综合考量需求不确定的最大遗憾值与成本之间的关系等是提升双重不确定下多式联运运输效率与环保效益的有效方式。李兆进等（2022）研究了一种考虑订单合并和货物转运的零担多式联运路径优化问题。首先，以总运输成本为目标函数，以网络中的运输工具容量、可以提供的运输工具最大数量、运输工具服务的关闭时间以及订单时间窗为约束，构建混合整数规划模型，在模型中允许将多个订单进行合并运输并考虑运输过程中的转运成本。其次，由于多式联运路径优化问题是典型的 NP-hard 问题，为了快速求解该模型，开发了一种可以快速为该问题提供近似最优解和下界的列生成启发式算法。最后，生成并测试了大量算例，结果表明，所开发的列生成启发式算法可以在较短的时间内提供高质量的近似最优解。

张旭等（2022）针对低碳多式联运路径优化中需求和时间不确定的问题，综合考虑直接运输成本、转运成本、时间成本、碳排放成本，建立混合鲁棒随机优化模型，设计基于随机采样的遗传算法并进行有效性检验。通过算例研究比较不同不确定模式下低碳多式联运运输方案及成本，并分析不确定参数的影响。结果表明，不确定模式会影响低碳多式联运的运输决策，需求不确定的鲁棒优化会使总成本增加，时间的不确定性对总成本的影响呈现无明显规律的波浪形变化趋势。由此可见，多式联运承运企业可以通过综合权衡不确定性的影响、选择合适的最大遗憾值、关注和加强时间约束等方式提高对复杂市场情境的应变能力，降低成本，从而提高运营效率，促进运输服务高质量发展。王能民等（2023）以拥有海外仓与自建物流的 B2B 跨境电商为研究对象，以最小化成本与最大化顾客满意度为目标，建立考虑库存与道路中断的多式联运鲁棒优化模型。

郭放等（2024）面向"一带一路"背景下跨境电商企业运营实践，研究其多时段采购—多式联运协同优化策略，兼顾采购、运输、转运以及提前到货存储等成本因素。统筹安排采购、运输、存储策略，以企业整体运营成本最低为目标建立混合整数规划模型。提出了一种混合启发式算法 KIGALNS 来解决这个问题。结果表明，提前采购策略有助于节省运营总成本，鲁棒模型能较好地处理采购成本不确定下的多式联运路径优化问题。赵旭等（2024）建立以多式联运经营人利润最大化和运输中碳排放总量最小化为目标的多目标 0~1 规划模型。该模型不仅考虑节点及路径失效的不确定性，还考虑失效后的拥堵及托运人偏好等影响路径选择的因素。采用蒙特卡洛方法（Monte Carlo Method，MCM）结合带精英策略的非支配排序遗传算法（NSGA-Ⅱ）的混合算法（MCM-NSGA-Ⅱ）对模型进行求解，并以武汉到柏林的集装箱运输为例验证模型及算法的有效性。研究结果表明，托运人偏好、失效及失效后的拥堵会对运输方案的利润、碳排放量、时间产生影响。

从以上的研究现状我们可以看出，多式联运相关研究主要集中在路径优化方面。本书采用系统仿真方法研究食品跨国供应链的供应中断和运输中断问题可以有效地发现系统中错综复杂的关系，从而得到重要的管理启示。

2.6 关于国际贸易风险的研究文献

本节从关税和汇率两个方面对国际贸易风险相关研究进行综述。

2.6.1 关税研究

陈志祥等（2021）针对跨国供应商选择与订单分配问题，在考虑进口配额限制和需求不确定的情境下，构建了一个实现核心制造商利润最大化和供应商交货质量最大化的模糊多目标混合整数规划模型。该模型考虑汇率、关税等多个全球因素，采用一种交互式模糊多目标规划方法对模型进行求解。研究表明，存在进口配额限制时，制造商会优先考虑低成本、高质量的海外供应商，达到配额限制后再选择本土供应商补充剩余订单。人民币汇率正向影响制造的商海外采购，当人民币汇率上升时，制造商进口成本降低，其会将更多订单分配给海外供应商。关税负向影响制造商的海外采购，当关税上升时，制造商会减少向关税高的供应商进口，而选择替代供应商来满足其需求。由此获得如下管理启示：制造商企业在选择跨国供应商时，应重点关注本国的进口配额政策，使供应商多样化以减少针对单一供应商配额政策的剧烈波动对制造商采购成本和企业利润的不利影响；汇率时刻都在变动，制造商企业应关注本国和供应商所在国的长期汇率政策以及短期突发事件对汇率的影响，及时调整订单分配决策。赖新峰等（2022）研究一个产品面向国外市场的制造企业，其生产需要两种零部件，采用两种不同的垂直一体化模式进行生产。第一种模式为部分垂直一体化模式，在这种模式中一种零部件由自己制造，另一种零部件采用外包生产。第二种模式为完全垂直一体化模式，在这种模式中，两种零部件都由企业自己垂直制造。为了比较两种生产模式的不同特点，在市场需求和供应商的有效产出均随机的前提下，分别建立部分垂直一体化和完全垂直一体化生产模式的系统动力学模型。通过仿真分析发现，在关税税率一定的情况下，存在唯一的制造商最优行动分界点；当关税税率升高时，制造商最优行动分界点将降低。在垂直一体化模型基础上考虑劳动力成本因素后发现，劳动力成本对制造商决策也具有相同的影响。

张玉丽和冯燕（2023）考虑关税和补贴对跨境供应链的交叉影响来构建模型，运用 Stackelberg 博弈理论进行求解，同时分析政府补贴系数、国内代工厂风险厌恶系数、减排努力系数等对决策变量的影响。研究表明，在高税率情形下，代工厂可根据补贴力度调整碳减排程度来保证其利润；在低税率情形下，即使有一定补贴，代工厂的利润也不会一直稳定增长，其进行碳减排决策时要量力而行；在关税和补贴的综合作用下，单位产品的最终碳排放量会趋于平稳，代工厂或需考虑不再投入过多成本。吉如媚等（2023）考虑转口贸易的全球供应链网络拓扑结构，在可接受路径成本约束下，将每个起点至终点（OD 对）的不重复路径数量作为衡量 OD 对连通性的指标，建立了识别全球供应链网络关键节点的数学模型，并通过数值实验验证模型的有效性。结果表明，随着可接受成本水平的不断上升，全球供应链网络核心路段关键指数整体呈下降趋势，网络脆弱性呈波动下降的趋势。研究还发现，转口贸易配合成本控制措施可以极大地降低国际贸易争端对全球供应链网络的破坏。吉清凯等（2023）以海南自贸港"进口加工增值内销免税"政策为背景，针对具有生产规模不经济特性的行业（如汽车制造业等），研究跨国公司与内地制造商的产量决策问题。考虑跨国公司同时在海南和内地生产、仅在海南或内地生产的三种生产模式，基于博弈理论刻画了自贸港税率优惠政策下的纳什均衡和利润分配，并分析了税率、跨海运输成本等关键参数的影响。研究发现，跨国公司同时在海南与内地生产可以提高其利润及消费者剩余。此外，当进口材料成本较高且跨海运输成本较低时，跨国公司应将海南作为其主要生产基地；当进口材料成本较低且跨海运输成本较高时，应将内地作为其主要生产基地。李巍等（2024）构建了由母国 OEM 和东道国零售商组成的跨境闭环供应链博弈模型，对两种再制造模式和新产品产地组合情形下的最优决策及企业利润等进行了比较。研究发现，OEM 选择在不同国家生产新产品时，税收成本对供应链成员再制造模式偏好的影响不同，若新产品在东道国生产，那么经营税费差异成为 OEM 再制造模式决策的单一税收影响因素，但具体影响与消费者对再制造品接受程度的高低有关；无论 OEM 是否选择授权再制造，其与零售商的新产品产地偏好都是一致的，且都将同时受到两类跨境税收差异的影响；税收成本的降低并不一定会使 OEM 倾向于降低再制造授权专利许可费。吴一帆等（2024）利用三阶段博弈模型对竞争环境下跨国企业和本土企业的绿色产品创新以及政府关税设计问题进行研究，发现市场敏感度越低，关税越高。相较于跨国企业，本国企业的绿色创新意愿更强，且随着市场敏感度的变化而变化。当市场敏感度过高时，高关税将同时抑制两类企业的绿色创新意愿。研究还发现，政府在以市场绿色度最大为目标时，在高市场敏感度下实施零关税政策是最优决策；而政府以社会福利最大化为目标时，当市场敏感度较高时，政府反而会提高关税抑制企业间的竞争，并且关税随着市场敏感度以及绿色可替代系数的升高而提高。

赖新峰等（2023）建立了由一个 OEM 和两个 CM 组成的跨国供应链模型。基于绿色关税壁垒构建了供应链不同选择下的斯塔克尔伯格博弈模型，证明了在不同选择模型下供应链企业存在唯一最优决策。研究发现，关税过高时采取低碳技术能有效降低价格，提升利润；在关税较低时，不采纳低碳技术时企业的利润更高。同时，企业的利润随着关税的增加而减少，但是只有关税高于阈值时，企业选择采纳低碳技术是占优策略；而当关税低于阈值时，企业选择不采纳低碳技术为占优策略。这表明，在进行决策时，供应链各参与方处于动态博弈当中，做决策时需要考虑供应链中其他成员的行为和博弈。吴海翔和徐兵（2024）利用纳什均衡、变分不等式和 Lagrange 对偶理论建立多期国际供应链网络均衡模型，分析提高关税和限制技术扩散对技术进步、供应链成员利益和社会整体的经济及环境效益的影响。结果表明，在两国企业成本对称且两国采取限制技术扩散等措施下，加大关税增长的幅度将促进本土产品的生产和消费，消费者剩余增加，但企业利润和社会福利减少，产品技术水平降低。适当的技术补贴对消费者、企业和整个社会都有益，有利于技术水平的提高。限制技术扩散对消费者、企业和社会整体都不利，也不利于技术水平的提高。由此得出，经济实力和科技水平相当的国家或地区应加强自由贸易区的建设，以通过自由贸易和技术合作实现互利共赢。

2.6.2 汇率研究

赵正佳（2012）建立了跨国供应链的数量折扣模型，模型中考虑了汇率、国际运输成本分担比例等因素。通过分析得到了协调跨国供应链的数量折扣契约，在该契约下，供应商、销售商以及供应链系统的利润都得到了改善。通过实例验证了模型和有关命题，分析了汇率变化对契约参数及供应链各方、供应链系统利润的影响，结果表明，在汇率变化下，数量折扣率和国际运输成本分担比例具有稳定性，变化较大的契约参数是订购量。根据实例计算结果，从供应链管理的角度认为，应该保持人民币对美元汇率的稳定。于辉和王琪（2017）刻画了一个跨国二级供应链，引入了供应链运作的主导结构，探究汇率风险的承担机制给供应链决策与绩效带来的影响。对比了供应商与零售商主导下的汇率风险承担机制，研究发现，虽然供应商或零售商承担汇率风险时供应商主导下供应链不会有运作上的差别，但零售商主导下的汇率风险承担会对供应链运作产生实质影响与冲击。王雅琦等（2023）在一个市场渗透率内生决定的框架中讨论汇率波动对出口稳定的影响。基于包含企业异质性的理论分析发现，汇率波动会影响出口在不同企业之间的重新配置以及企业的进入、退出决策。平均来看，汇率波动会引起企业出口金额的下降以及更多（少）地退出（进入）市场。进一步分析发现，相较于其他企业，汇率波动对中间品进口更少的企业以及小规模出口企业的负向影响更明显，而中间品进口可以对冲汇率波动的负向作用。使用我国海关进出口交易数据对汇率波动如何影响出口稳定进行实证分析，结果支持了理论部分提出的假说。研究表明，只要企业能够更加深度地参加国际分工和全球供应链，那么汇率弹性增强就不会给其出口带来更大的汇率风险。

张灿（2019）建立混合整数随机规划模型，以包括管理成本、采购成本、运输成本、库存成本以及碳交易成本的总成本最小化为目标，研究碳减排交易机制下产品固定碳排放量与汇率波动对供应商选择与订单分配的影响。结果表明，碳价格上升或者碳限额下降，都会增加制造商的采购成本；产品固定碳排放量的增加会促使制造商向低碳排放供应商进行采购；汇率波动会使制造商更多地向基准货币相对占优的外国供应商进行采购，以获得短期收益。同时，汇率波动的不确定性也会改变制造商的采购决策，相较于固定汇率的结算方式，浮动型汇率对制造商更为有利。史金召等（2022）依据传统供应链金融模式分类，结合跨境电商特性，系统提出跨境电商仓单融资（进口—保税区型、出口—海外仓型）、跨境电商订单融资（进口—采购型、出口—生产型）、跨境电商保理融资"三类五种"跨境电商供应链典型金融模式。在分析各细分模式演进路径、业务运作流程等基础上，对相关风险要素进行提取，发现跨境电商供应链金融在入区/仓货物权属和合法性、货物境外监管与配送、跨境交易资金合法性、汇率变动等方面存在诸多"新风险"。

赵永亮等（2019）基于全球价值链视角，建立全球产出调整分析框架，应用世界投入产出数据库（WIOD）数据，对货币升值效应进行评估。研究发现，货币升值对国内外 GDP 具有不同的作用，批发贸易等行业对汇率升值敏感。研究创新在于推导建立了全球产出调整分析框架以及汇率变动下全球产出调整分析框架。杜娟（2019）研究了汇率风险对冲（外汇期货对冲）策略在全球供应链运作及风险管理中的作用。在无/有对冲策略两种情形下分别构建了上游制造商和下游零售商的动态博弈模型，并求解了均衡结果。两种情形下的均衡结果显示，汇率风险对冲策略可以增加供应链系统订货量、提高零售商收益的期望值、增加供应链系统的总收益。进一步讨论了在有对冲策略的情形下，两类外生风险对供应链均衡决策变量和营利性的影响方式。结果表明，汇率风险对冲策略对汇率风险起到了有效的隔离作用，避免了供应链下游的汇率风险向上游企业传递，并能实现供应链收益与风险的权衡。

从以上的研究现状我们可以看出，有关跨国供应链的国际贸易风险研究主要集中在关税和汇率方面，其中，采用系统动力学和博弈论结合的方法进行研究的文献较少。基于此，本书采用这两种研究方法研究食品跨国供应链的国际贸易风险问题，本书的研究将填补这方面的文献空白，也为相关企业应对此类风险提供有价值的策略与方法。

2.7　文献点评

综上所述，国内外学者分别从供应中断和国际贸易风险等角度，对跨国食品供应链的多种风险问题进行了多方面的拓展性研究。但是仍然存在一些研究空间，而这也正是未来可进一步研究的方向。

（1）食品供应链的生产性中断问题。已有文献虽然涉及供应链中断问题，但是很少研究生产性中断问题，而供应链本身是一个复杂的系统，供应中断很容易影响整个供应链系统的运作绩效，因此，分析具有两阶段制造过程的食品供应中断问题具有一定的理论和实践意义。

（2）多式联运下的食品供应链运输中断问题。众所周知，多式联运受到越来越多的关注，然而已有文献很少将系统动力学仿真方法和多式联运的中断问题结合起来考虑。系统动力学模型能够很好地展现系统长期、动态的变化。因此，多式联运模式下的跨国供应链运输中断问题有待于研究与解决。

（3）基于系统动力学视角的全球供应中断和国际贸易风险问题。现实中，供应中断和国际贸易风险具有不确定性，可是已有文献较少采用系统动力学仿真方法，也很少针对此类风险提出相应的应对策略。系统动力学能很好地刻画复杂的现实情境，因此，基于系统动力学来研究两类风险下的全球跨国生产决策具有一定的意义。

（4）基于博弈视角的全球供应中断和国际贸易风险问题。当前，全球化正面临诸多挑战，如何应对国际贸易风险越来越受到企业界和学术界的关注。因此，从博弈理论角度找到解决全球供应中断和国际贸易风险的策略与方法具有重要的研究意义。

本书以上述问题为研究的出发点，综合运用系统动力学、博弈理论和生产决策方法等，建立供应中断与国际贸易风险下的全球食品供应链模型，进一步完善跨国供应链理论研究，为在实践中找到解决两类重要风险的方法提供参考与借鉴。

第3章 出口导向型快消食品制造企业两级生产供应中断风险研究

3.1 引言

食品是人类赖以生存的基础，食品供应链比大多数行业的供应链更为复杂，它的源头是农业，历经初级生产、食品加工、食品营销以及物流等环节，最终面向消费者。食品的生产过程本身呈现了高度的复杂性（Zhao et al.，2020），并且疫情等会对食品供应链造成巨大冲击（Gholami-Zanjani et al.，2021；Höhler & Lansink，2021），例如，新冠疫情期间，美国最大的肉类商家创始者泰森表示，"美国的食品供应链或将中断"，国民将面临肉类严重短缺的问题。生产者和消费者面临"双输"局面。因此，从供应中断角度研究具有两阶段制造过程的食品生产问题具有重要的现实意义和理论价值。

1996年，Zuurbier等学者在一般供应链的基础上，首次提出食品供应链（Food Supply Chain）的概念。兰洪杰等（2012）建立了供应商与销售商协同补货策略下的食品冷链均衡模型，运用不动点思想求解了食品冷链中产品数量及价格的均衡状态。王晶等（2018）利用生鲜食品质量衰减原理，设计了基于温度控制的多产品分阶段生鲜食品冷链运营模式，建立数学模型对冷链配送网络选址、配送路线规划以及各环节温度选择进行优化研究。王道平等（2020）考虑供应商的保鲜努力水平和运输产品所需时间对食品新鲜度的共同影响。李贵萍等（2021）研究一个生鲜产品的订购、定价与保鲜技术投资联合决策问题。徐兵和邱芳（2021）构建了生鲜农产品两阶段定价决策模型，分析了单位产品单位时间存储成本、折扣期的效用折扣系数对最优定价和零售商利润的影响，给出了零售商实施两阶段定价的条件。王建华等（2021）基于互惠偏好视角对食品供应链激励机制进行了研究。

制造商往往会通过两阶段生产来实现利润最大化。周茵和李董辉等（2006）研究了具有两阶段生产模式的一类短生命周期产品的供应链协调问题，比起只采用第一阶段这一传统的生产模式相比，引入第二阶段的生产模式可以带来分销商和制造商利润的共同增长。李琰等（2012）研究了两阶段再制造供应链契约协调问题。Hishamuddin 等（2013）建立了一个具有运输中断的两阶段生产—库存系统修复模型。该模型采用启发式算法求解修复窗口期间的最佳订购量和生产数量。张李浩等（2020）针对单制造企业和策略型消费者低碳偏好的两阶段博弈问题，考虑企业两阶段生产是否采用低碳原材料，构建了均不采用低碳原材料、仅第一阶段采用低碳原材料、仅第二阶段采用低碳原材料，以及两阶段均采用低碳原材料生产下的收益模型，得出不同情境下的最优碳减排量、零售价格和收益。除此之外，也有一些制造商因为产品制造工艺的特点，必须将生产过程划分为多阶段，如方便面、罐头等快消食品，必须先对主食材进行加工处理，再对配料等辅助食材进行加工从而形成成品，本章的研究对象即为此类快消食品。

通过梳理大量关于供应中断风险的文献，我们发现，有些文献（Zhao et al.，2012；Huang et al.，2018；何青等，2020；杨洋等，2020；Chen et al.，2021）将供应中断风险假设为一种概率，以一个取值为 0~1 的参数来刻画概率，这种处理方法十分抽象，除此之外，基于博弈论的文献几乎都认为产品在各级供应链中自由流通，且当期供货量即为下期实际销售量，这往往与现实不符。同时，部分学者也使用运筹优化理论研究供应链中断的问题（Li et al.，2020；Jing & Chao，2021）。供应链本身是一个复杂的系统，供应链中断的一个很大的危害就是会影响整个供应链系统的运作绩效，系统动力学采用因果关系图和流图描述系统要素之间的逻辑关系，在动态模拟显示系统行为特征方面具有独特的优势。因此，供应中断风险相关文献中也有很多学者使用系统动力学进行研究（张玉春和周金华，2016；Mehrjoo & Pasek，2016；Olivares-Aguila & Elmaraghy，2021；Ali et al.，2021）。但是，梳理已有文献后发现，这些仿真文献都十分相似，它们大多以多级供应链作为研究对象，得到了几乎一致的结论：供应链下游发生中断所带来的危害要高于上游，缩短信息延迟可以降低危害。很少有文献关注到具有复杂生产制造流程的单一供应链成员的供应中断问题。考虑到这些，本书将研究视角转移至单一的制造商，以其生产制造流程为系统建立模型。

综上所述，国内外学者使用不同理论研究了食品制造供应中断问题，具有一定的借鉴意义，但仍存在以下不足：①对于一个两阶段制造的出口导向型食品企业来说，哪一个制造阶段出现生产性中断所带来的损失更大？这个问题看起来可能类似于以往研究中对两级供应链上下游供应中断危害的比较，但是，需要指出的是，本章所研究的两阶段制造系统是个交叉衔接的制造系统，原材料也由制造商同时采购，每一阶段的采购不存在信息延迟和信息差异，因此，两个制造阶段并不是两级供应链上下游的关系，而是生产性关系，这不同于以往供应中断研究中的多级供应链。同时，本章中三个供应商在供应链中是同级的，即便是将两个制造阶段拆分，这三个供应商仍然是同级供应链成员，它们仍会同时发货，这是因为生产一件产品同时需要三个供应商的原材料。②具有腐蚀性质的材料一般都采取 JIT 生产方式，而对于本章中具有供应中断风险的两阶段制造食品企业来说，是否应针对各原材料设立安全库存？③如果上一个问题的答案为是，那么每种原材料的最优安全库存是一样的吗，每种原材料的最优安全库存之间存在什么样的关系？④面对供应中断问题，快消食品企业可以通过提高冷链储藏技术水平来降低供应中断带来的影响，那么每种原材料所需的最优冷链储藏技术水平是一样的吗？⑤近年来，关税贸易壁垒（鲍勤等，2020；谢锐等，2020）和劳动力成本（郭也，2021）双重增加，对企业决策产生极大的影响，那么，对于出口导向型的快消食品企业来说，关税的外部冲击和劳动力成本的内部变化将对最优安全库存和最优冷链储藏技术水平产生什么样的影响？

为了深入分析具有两阶段制造过程的食品供应中断问题，本章将采用系统动力学仿真方法进行研究，首先构建具有两阶段制造过程的食品制造仿真模型；其次进行模型仿真与模型有效性的检验；再次通过设置不同的生产性中断模式，采用系统仿真和理论推导的方法进行模型分析；最后得出相关结论和管理启示。

3.2　问题背景和问题描述

本章考虑了一家面向随机市场需求的出口导向型快消食品制造企业，其生产产品具有两个制造阶段：第一制造阶段，也称为主食材制造阶段，在这个阶段，制造商向供应商 1 和供应商 2 分别采购原料食材 1 和原料食材 2，通过加工生产出主食材；第二制造阶段，也称为产品制造阶段，在这个阶段，制造商向供应商 3 采购辅助食材，与主食材一起加工生产出产品。事实上，现在的很多快消食品都具有多阶段制造流程，如我们所熟知的泡椒凤爪、牛肉、鱼肉罐头等，这些产品的制作都需要多种原材料，且存在制造工序。同时，随着生活水平的提高和旅游出行频率的增加，快消食品在居民消费中所占的比例越来越大，因此，本书的研究具有较强现实意义。此外，产品是销往国外的，但是本书的系统只是关于制造商的，而将供应端和销售端视为外生变量，这样也方便从制造商的视角出发研究这种特殊的供应中断问题。整个生产运作流程如图 3-1 所示。

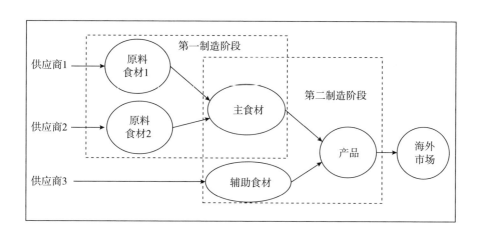

图 3-1　出口导向型食品制造企业两阶段生产运作流程

供应中断可能发生在第一制造阶段的原料食材 1 和原料食材 2 处，也可能发生在第二制造阶段的辅助食材处，这种供应中断十分特殊，第一制造阶段的供应中断将导致主食材出现生产中断，而第二制造阶段的供应中断将导致产品出现生产中断，事实上，由于第二制造阶段同时需要主食材和辅助食材来生产产品，第一制造阶段的供应中断也会间接导致产品出现生产中断，因此，我们把这种特殊的供应中断称为生产性中断。除此之外，我们仍需考虑的是，整个制造流程是密不可分的，每一个供应商出现生产性中断都会影响到制造商对其他供应商的采购量，冗余库存将导致产生较高的库存成本，而对于快消食品行业，另一个不能忽略的现象是产品原材料具有易腐性质，需要及时加工，因此这类企业出现生产性中断不仅会导致销售中断，还将引起严重的腐蚀过期现象，企业需要协调好每一个制造阶段原材料采购计划，同时企业也可以通过提高冷链储藏技术水平来减少腐蚀现象的发生。

为了方便模型的建立，我们给出如下的假设：

（1）第一制造阶段生产 1 单位主食材需要 1 单位原料食材 1 和 1 单位原料食材 2，第二制造阶段生产 1 单位产品需要 1 单位主食材和 1 单位辅助食材。

（2）第一制造阶段生产 1 单位主食材需要消耗 0.1 单位劳动力，第二制造阶段生产 1 单位产品需要消耗 0.15 单位劳动力。

（3）两个制造阶段都不存在不良产出，即有效产出率为 100%。

（4）快消食品的一大特点是用户忠诚度低，因此我们假设缺货将导致产品市场需求流失，我们将市场流失量来作为状态变量来衡量这种损失。

（5）产品向国外出售，企业需承担国外进口关税，关税按从价关税计算，假设本国无出口关税。

（6）假设无库存容量限制。

3.3 模型建立

具有两阶段制造食品企业的系统是比较复杂的，鉴于以上生产运作流程的分析，我们建立了如下系统动力学模型，其存量流量图如图 3-2 所示。模型的构建包括四个部分：第一制造阶段、第二制造阶段、市场需求和利润。

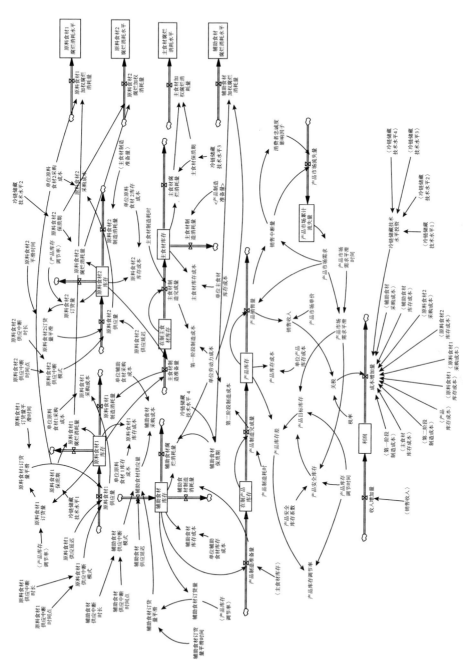

图 3-2 具有两阶段制造过程的出口导向型食品制造系统的存量流量图

（1）第一制造阶段。第一制造阶段包含原料食材1、原料食材2、主食材三个子系统，在原料食材1子系统中，我们将原料食材1的库存识别为状态变量，流入速率变量为供应商1所供应的原料食材1数量，流出速率变量有第一制造阶段生产主食材所消耗的原料食材1数量和因过期腐蚀掉的原料食材1数量。

原料食材1库存=INTEG（原料食材1供应量-原料食材1制造消耗量-原料食材1腐烂消耗量，25000）。

食品企业向供应商1订货，其订货量由产品库存调节决定，这种调节方式在一般的SD供应链库存系统中都可以见到，因此不再介绍。供应商1根据订货量进行供应，但具有供应延迟和供应中断风险。我们使用一个脉冲函数来表示供应中断。同时，为贴近现实，我们对订货量做平滑处理，即：

原料食材1供应量=DELAY1I（原料食材1供应中断模式×原料食材1订货量平滑，原料食材1供应延迟，0）；

原料食材1订货量平滑=SMOOTH（原料食材1订货量，原料食材1订货量平滑时间）；

原料食材1供应中断模式=1-PULSE（原料食材1供应中断时间点，原料食材1供应中断时长）。

在本模型中，一共存在三种类型的供应中断，即供应商i分别出现的中断，我们记为DM_i，其中，$i=1$，2，3。中断的模式由中断时间点和中断时长两个参数共同决定，我们将其记为$DM_i\{DT_i, DS_i\}$，其中，DT_i表示供应商i的供应中断时间点，DS_i表示供应商i的供应中断时长。

原料食材1制造消耗量由进入第一制造阶段生产过程的在制主食材数量决定，即：

原料食材1制造消耗量=主食材制造准备量。

原料食材2子系统的结构和变量方程式与原料食材1子系统是一致的，不同的是，供应商1和供应商2类型不同，在模型中表现为原料食材1供应延迟<原料食材2供应延迟，原料食材1保质期初始值=10<原料食材2保质期初始值=20。

我们针对主食材子系统建立了两个状态变量，第一个为在制主食材库存，用来进行第一制造阶段生产制造的过渡，第二个为主食材库存。

在制主食材库存＝INTEG（主食材制造准备量－主食材制造完成量，25000）；

主食材库存＝INTEG（主食材制造完成量－主食材制造消耗量－主食材腐烂消耗量，25000）。

主食材需要原料食材 1 和原料食材 2 按照 1∶1 的比例进行加工生产，因此，主食材制造准备量要由现有的原料食材 1 和原料食材 2 数量共同决定，此外我们采用 MIN 函数来实现，即主食材制造准备量＝MIN（原料食材 1 库存，原料食材 2 库存）。

第一制造阶段的生产制造耗时决定了主食材的制造速度，因此，每期的主食材制造完成量＝在制主食材库存/主食材制造耗时。主食材库存的两个流出速率变量方程也与原料食材 1 库存和原料食材 2 库存一致，不同的是，经过第一制造阶段加工制作的主食材保质期初始值＝30＞原料食材 i 保质期初始值，其中，i＝1，2。而主食材制造消耗量由进入第二制造阶段生产过程的在制产品数量决定，即主食材制造消耗量＝产品制造准备量。

（2）第二制造阶段。第二制造阶段包含辅助食材、主食材、产品三个子系统。主食材子系统在第一制造阶段已经介绍过，因此不再赘述。辅助食材子系统与原料食材 i 子系统（i＝1，2）的结构和方程也基本一致，不同的是，供应商 3 的供应周期最短，且辅助食材的保质期更长，为 30 天。

在产品子系统中，我们同样也加入了一个在制产品库存用来进行第二制造阶段生产制造的过渡，这个过渡过程的模型结构和变量方程式与第一制造阶段类似，但这里产品的流出速率为产品销售量，它由产品库存和市场需求共同决定，即产品销售量＝MIN（产品市场需求，产品库存）。

（3）市场需求。如前文所述，快消食品的消费者忠诚度较低，因此，产品的销售中断极易带来市场需求的流失。在我们的模型中，产品市场需求并不是一个单一的变量，而是一个关于销售中断水平的减函数，因此，我们首先需要衡量这种销售中断水平。我们将产品市场累计流失量作为状态变量，初始值为 0；将每期的产品市场流失作为速率变量，即产品市场累计流失量＝INTEG（产品市场流失量，0）。

每期产品市场流失量由每期销售中断量和消费者忠诚度共同决定，在这里，每期销售中断量＝MAX（产品市场需求－产品销售量，0）。消费者忠诚度是很难度量的，但是，实际生活中，当缺货量很小时，基本不会使需求发生改变，随着缺货数量的增加，需求会加快速度流失，因此，流失的需求应该是关于缺货量的递增凹函数（张以彬等，2019）。同时，系统动力学重在研究系统行为趋势，而不在于做精准的数据预测，因此，我们只要刻画好这种函数关系即可。当销售中断量，或者说缺货量为 0 时，无市场流失现象，销售中断量的取值范围应为［0，最大产品市场需求量］，本模型中我们设置市场需求的最大值为 25000，消费者忠诚度影响因子的取值应≥0，具体如表 3-1 所示。

表 3-1　消费者忠诚度影响因子表函数

销售中断量	0	5000	10000	15000	20000	25000
消费者忠诚度影响因子	0	0.01%	0.02%	0.04%	0.07%	0.11%

这样，一个关于市场流失的系统就构建完成了，市场需求应当是一个时刻变化的变量，不失一般性，我们将其设为均匀分布。同时，每期市场需求还需要减去一个当期的产品市场累计流失量，因此，产品市场需求＝RANDOM UNIFORM（20000，25000，22000）－产品市场累计流失量。

（4）利润。收入与成本的差值即为利润，在本模型中，收入增加量只有销售收入一种，销售收入＝产品市场单价×产品销售量，而成本增加量＝主食材制造成本＋主食材库存成本＋产品制造成本＋产品库存成本＋原料食材 1 库存成本＋原料食材 1 采购成本＋原料食材 2 库存成本＋原料食材 2 采购成本＋辅助食材库存成本＋辅助食材采购成本＋关税＋冷链储藏技术水平投资。

成本主要分为两个制造阶段的生产成本、所有原材料的采购成本、库存持有成本、关税成本、冷链储藏技术水平投资五类。每个制造阶段的生产成本由单位劳动力成本和每阶段生产数量决定，根据本章假设（2），可以得到第一阶段制造成本＝主食材制造完成量×单位劳动力成本×0.1，第二阶段制造成本＝产品制造完成量×单位劳动力成本×0.15，所有原材料的采购成本＝实际供应量×原材料单价，库存持有成本＝库存量×单位库存成本，关税＝税率×销售收入，冷链储藏技术水平投资＝（冷链储藏技术水平 1＋冷链储藏技术水平 2＋冷链储藏技术水平 3＋冷链储藏技术水平 4）×100000。

模型中的常量设置如表 3-2 所示。

表 3-2　出口导向型食品制造企业的系统动力学模型的常量

序号	常量名称	值
1	主食材制造耗时	1 天
2	产品制造耗时	1 天
3	产品安全库存系数	1
4	产品市场单价	5000 元
5	产品市场需求平滑时间	5 天
6	产品库存调节时间	8 天
7	单位主食材库存成本	30 元
8	单位产品库存成本	20 元
9	单位劳动力成本	3000 元
10	单位原料食材 1 库存成本	30 元
11	单位原料食材 1 采购成本	500 元
12	单位原料食材 2 库存成本	50 元
13	单位原料食材 2 采购成本	800 元
14	单位辅助食材库存成本	10 元
15	单位辅助食材采购成本	300 元
16	原料食材 1 供应中断时长	0
17	原料食材 1 供应中断时间点	50 天
18	原料食材 1 供应延迟	4 天
19	原料食材 1 订货量平滑时间	5 天
20	原料食材 2 供应中断时长	0
21	原料食材 2 供应中断时间点	50 天
22	原料食材 2 供应延迟	6 天
23	原料食材 2 订货量平滑时间	5 天
24	税率	0.2
25	辅助食材供应中断时长	0
26	辅助食材供应中断时间点	50 天
27	辅助食材供应延迟	3 天
28	辅助食材订货量平滑时间	5 天
29	冷链储藏技术水平 1	0

序号	常量名称	值
30	冷链储藏技术水平 2	0
31	冷链储藏技术水平 3	0
32	冷链储藏技术水平 4	0

3.4 模型检验

3.4.1 现实性检验

要保证模型是正确的，才能用来进行政策分析，我们通过改变模型中某些参数的值，对模型进行了现实性检验和极端性检验，来考察模型在不同情境下的表现。

在我们的问题中，存在两种不同性质的生产性中断模式：分离中断和混合中断。分离中断指的是不同的 DM_i 分别独立发生，而混合中断指的是不同的 DM_i 同时一起发生，我们用 "×" 将不同的 DM_i 连接，来表示这种混合中断。在以往的供应链中断文献中，制造商上游供应商只有一个，自然也就不存在混合中断情形，而本章的视角定位于一个需要多种原材料进行加工生产的制造商，其供应商有多个，这些供应商的原材料对于制造商的生产活动来说缺一不可，这些供应商在供应链网络中属于制造商的上游同级供应链成员，混合中断情形因此存在。在我们建立的初始模型中，生产性中断模式为 $DM_1\{50, 0\}×DM_2\{50, 0\}×DM_3\{50, 0\}$，这是一种混合中断，但此时三种原材料中断时长都为 0，意味着三种原材料都正常供应，无中断现象发生，现在我们将供应中断模式改变为 $DM_1\{50, 10\}×DM_2\{50, 10\}×DM_3\{50, 10\}$，即三种原材料同时发生了时长为 10 天的混合中断，得到产品库存，产品市场累计流失量变化，具体如图 3-3、图 3-4 所示。

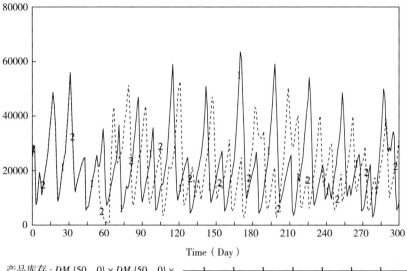

产品库存：$DM_1\{50, 0\} \times DM_2\{50, 0\} \times$
$DM_3\{50, 0\}$

产品库存：$DM_1\{50, 10\} \times DM_2\{50, 10\} \times$
$DM_3\{50, 10\}$

图 3-3　产品库存对比（1）

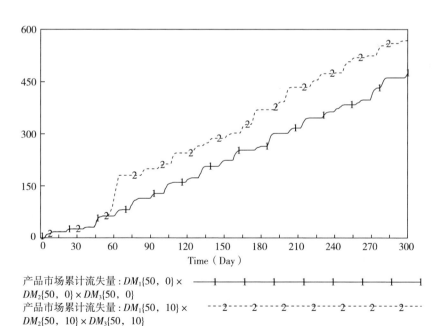

产品市场累计流失量：$DM_1\{50, 0\} \times$
$DM_2\{50, 0\} \times DM_3\{50, 0\}$

产品市场累计流失量：$DM_1\{50, 10\} \times$
$DM_2\{50, 10\} \times DM_3\{50, 10\}$

图 3-4　产品市场累计流失量对比（1）

这里需要指出的是，由于我们研究的是面向随机市场且具有复杂生产流程、不同供应提前期和不同原材料保质期的两阶段制造食品企业，即使不出现生产性中断，也会存在销售中断的现象。可以看到，在前55天，两条曲线完全重合，第50天曲线2发生生产性中断，产品库存在第55天左右急剧下降，基本接近零库存，产品市场累计流失量在第55天左右急剧上升，而产品库存骤降和产品市场累计流失量骤升的趋势在65天左右才放缓，这是因为出现生产性中断后需要一段时间才能影响到产品的库存和销售，第60天恢复供应后，企业也仍然需要一段生产制造的时间来填充产品库存。这一变化符合供应链系统的现实情况，模型通过现实性检验。

3.4.2 极端性检验

将产品市场需求设置为0，得到产品库存，利润曲线变化如图3-5、图3-6所示。

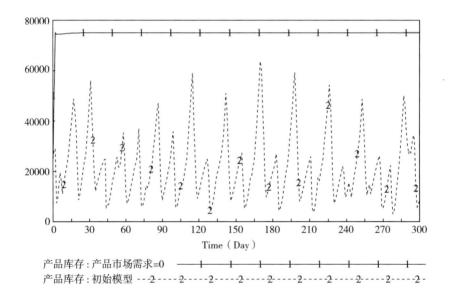

图3-5 产品库存对比（2）

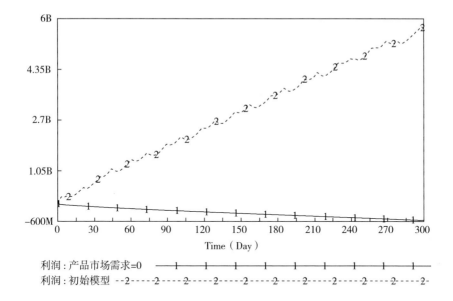

图 3-6 产品利润对比

当产品市场需求为 0 时，产品销售不出去，第一、第二制造阶段制造出来的产品积压在产品库存变量中。同时，模型中企业是按照需求进行采购的，无需求也就意味着无采购，因此，产品库存为恒定值，无需求自然也就无市场流失，企业没有销售收入，只存在产品库存成本，故利润曲线从 0 开始一直递减。模型通过极端性检验。

3.5 模型仿真分析

我们分别从不同制造阶段生产性中断损失对比、安全库存、冷链储藏技术水平、关税和劳动力成本对最优决策的影响等方面进行分析。

3.5.1 不同制造阶段生产性中断损失对比

由于具有多个制造阶段和多个供应商，因此，也存在多种生产性中断模式，我们需要设置不同的生产性中断模式来进行仿真对比。第二制造阶段只有一个供应商，我们将生产性中断模式设置为分离中断：$DM_3\{50，10\}$。而第一制造阶段比较特殊，拥有两个供应商，且两种原材料需要同时组合加工，因此第一制造阶段存在一种新的生产性中断模式，即混合中断：原料食材 1 和原料食材 2 同时发生中断。基于此，针对第一制造阶段的生产性中断我们设置了三种模式，分别为 $DM_1\{50，10\}$、$DM_2\{50，10\}$、$DM_1\{50，10\} \times DM_2\{50，10\}$，通过仿真，得到产品市场累计流失量变化，具体如图 3-7 所示。

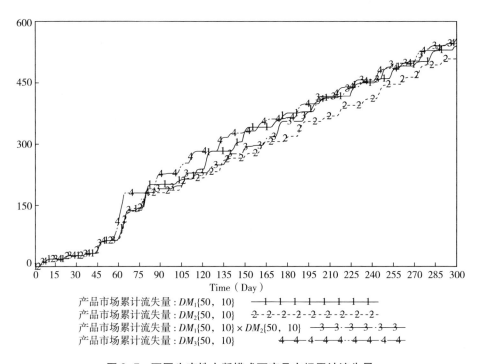

图 3-7　不同生产性中断模式下产品市场累计流失量

从仿真结果可以看出，$DM_3\{50，10\}$ 模式下的生产性中断在初期将会带来最高的损失，即销售中断对 $DM_3\{50，10\}$ 模式的反应最灵敏。但是，随着仿真时间的变长，$DM_1\{50，10\} \times DM_2\{50，10\}$ 模式下的产品市场累计流失量在逐步超越 $DM_3\{50，10\}$ 模式，而 $DM_2\{50，10\}$ 模式下所带来的损失是最低的。因此，我们可以得到如下启示：辅助食材虽然供应周期短、保质期长，在整个生产运作流程中占据次要地位，但是，当发生生产性中断时，辅助食材中断所带来的短期损失是最大的，而位于同一制造阶段的两种原材料中原料食材 1 发生生产性中断所带来的损失要大于原料食材 2。综上所述，我们对于前文中问题①的回答是，从短期生产角度来看，第一制造阶段的生产性中断危害要低于第二制造阶段；从长期生产角度来看，混合中断 $DM_1\{DT_1,\ DS_1\}\times DM_2\{DT_2,\ DS_2\}$ 模式下的第一制造阶段生产性中断危害高于第二制造阶段，而分离中断 $DM_1\{DT_1,\ DS_1\}$ 和分离中断 $DM_2\{DT_2,\ DS_2\}$ 模式下的第一制造阶段生产性中断危害要低于第二制造阶段。

3.5.2　安全库存分析

快消食品企业具有一个独特的问题，即前文中的问题②。一般来说，具有腐蚀性质的材料都采用 JIT 生产方式，减少腐蚀消耗量，但是，我们认为，对于具有供应中断风险、多阶段制造流程而消费者忠诚度较低的快消食品企业来说，采用 JIT 生产方式不一定是最佳选择，安全库存的存在是有必要的，为了证明我们的观点，我们在三种原材料的订货量方程中加上了一个安全库存，令安全库存为10000，得到初始模型和考虑安全库存的模型的企业利润对比情况，具体如图 3-8 所示。

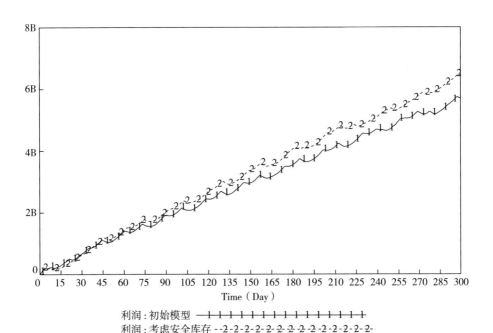

图 3-8　两种不同情况下产品利润对比

可以看到，在初期，初始模型的利润值较高，而到了后期，考虑安全库存的优势就显现出来了，它能够大大减少每个制造阶段中由于加工材料数量不对称所带来的损失。因此，设立一定的备用安全库存是有必要的，但是，每种原材料的备用安全库存应如何设置也是一个需要考虑的问题，即前文中的问题③。

问题③需要用到问题①的结论。问题①的结论告诉我们，在不同的时期和不同生产性中断模式下，两个制造阶段的中断危害是不一样的。一般来说，我们只需要衡量出不同原材料期望生产性中断损失大小，为损失较大的原材料设置较高的安全库存即可，但是，由于我们研究的这一多制造阶段生产企业具有特殊性，使原料食材 1 和原料食材 2 的期望生产性中断损失不好衡量，这是因为第一制造阶段比较特殊，因而我们不能只考虑 $DM_1\{DT_1, DS_1\}$ 模式或 $DM_2\{DT_2, DS_2\}$ 模式，还需要考虑可能出现的 $DM_1\{DT_1, DS_1\}×DM_2\{DT_2, DS_2\}$ 模式，这种模式下的生产性中断损失又是不一样的，而且同时涉及了原料食材 1 和原料食材 2。

在本章，我们采用一种概率加权的方式来度量这种损失，这里我们需要做一些不失一般性的假设：

（1）DT_i 和 DS_i 都是未知的，因此，DM_i 也是未知的。

（2）DT_1、DT_2 和 DT_3 独立同分布，DS_1、DS_2 和 DS_3 也独立同分布。

（3）当任意一种生产性中断模式 $DM_i\{DT_i, DS_i\}$ 发生时，所造成的损失用 $DA(DM_i\{DT_i, DS_i\})$ 表示，本章使用状态变量"产品市场累计流失量"来度量 $DA(DM_i\{DT_i, DS_i\})$。

（4）使用 $E(i)$ 表示原材料 i 的期望生产性中断损失，其中，$i=1$，2，3。

由以上假设，可以得到对于任意的一个中断时间点 DT_i^0 和中断时长 DS_i^0，中断模式 $DM_i\{DT_i^0, DS_i^0\}$ 出现的概率相等，即 $P(DM_1\{DT_1^0, DS_1^0\}) = P(DM_2\{DT_2^0, DS_2^0\}) = P(DM_3\{DT_3^0, DS_3^0\})$。

各原材料期望生产性中断损失为：

$$E(1) = \frac{P(A)×DA(A)+P(A×B)×DA(A×B)}{P(A)+P(A×B)} \tag{3-1}$$

$$E(2) = \frac{P(B)×DA(B)+P(A×B)×DA(A×B)}{P(B)+P(A×B)} \tag{3-2}$$

$$E(3) = \frac{P(C) \times DA(C)}{P(C)} \tag{3-3}$$

其中，$A = DM_1\{DT_1^0,\ DS_1^0\}$，$B = DM_2\{DT_2^0,\ DS_2^0\}$，$C = DM_3\{DT_3^0,\ DS_3^0\}$。

定理 3-1　对于短期生产，三种原材料需采用差别化安全库存，有 $E(3) > E(1) > E(2)$，辅助食材最优安全库存原料食材 1 最优安全库存>原料食材 2 最优安全库存。

证明：对于短期生产，由图 3-7 可知，发生生产性中断时企业损失为：

$$P(C) \times DA(C) > P(A) \times DA(A) > P(B) \times DA(B) \tag{3-4}$$

$$P(C) \times DA(C) > P(A) \times DA(A) > P(A \times B) \times DA(A \times B) \tag{3-5}$$

首先比较 $E(1)$ 和 $E(2)$，显然 $E(1)$ 和 $E(2)$ 的分母部分相等，分子部分由式（3-4）可知 $P(A) \times DA(A) > P(B) \times DA(B)$，因此，$E(1) > E(2)$。

其次比较 $E(1)$ 和 $E(3)$，对 $E(3)$ 分式上下同乘 $1 + P(C)$，做通分处理，得到 $E(3)$ 分式分子部分为 $P(C) \times DA(C) + P(C) \times P(C) \times DA(C)$，由假设条件 DT_1、DT_2 和 DT_3 独立同分布以及 DS_1、DS_2 和 DS_3 独立同分布，可得 $P(C) \times P(C) = P(A) \times P(A)$，联合式（3-5）可得出 $E(3) > E(1)$。证毕。

定理 3-2　对于长期生产，当满足条件<1>、<2>、<3>中任意一个时，三种原材料仍需采用差别化安全库存，有 $E(3) > E(1) > E(2)$，辅助食材最优安全库存>原料食材 1 最优安全库存>原料食材 2 最优安全库存。当满足条件<4>时，辅助食材和原料食材 1 应采用等额安全库存，有 $E(3) = E(1) > E(2)$，辅助食材最优安全库存=原料食材 1 最优安全库存>原料食材 2 最优安全库存。其中，

条件<1>：$\dfrac{DA(A) - DA(C)}{2DA(C) - 2DA(A \times B)} \geq 1$；

条件<2>：$\dfrac{DA(A) - DA(C)}{2DA(C) - 2DA(A \times B)} < 1$，且 $DA(A) + DA(A \times B) - 2DA(C) \leq 0$；

条件<3>：$\dfrac{DA(A) - DA(C)}{2DA(C) - 2DA(A \times B)} < 1$，且 $DA(A) + DA(A \times B) - 2DA(C) > 0$，$P \in (0,\ P_1)$；

条件<4>：$\dfrac{DA(A) - DA(C)}{2DA(C) - 2DA(A \times B)} < 1$，且 $DA(A) + DA(A \times B) - 2DA(C) > 0$，$P = P_1$。

证明：对于长期生产，由图 3-7 可知，只有式（3-4）成立，而式（3-5）不再成立，也就是说仍然可以得到 $E(1)>E(2)$，但 $E(3)>E(1)$ 不一定成立。

我们仍然对 $E(3)$ 分式做通分处理，采用作差法衡量 $E(1)$ 和 $E(3)$ 的大小，整理得到：

$$E(1)-E(3)=\frac{P(A)\times[DA(A)-DA(C)]+P(A\times B)\times[DA(A\times B)-DA(C)]}{P(A)+P(A\times B)}$$

$$(3-6)$$

显然，式（3-6）分母部分大于 0，由于 $P(A)=P(B)=P(C)$，因此，分子部分为一个关于 $P(j)$ 的二次函数，其中，$j=A$，B，C，记为 P，该函数我们记为 $f(P)$，P 的取值范围为（0，1），这个取值我们使用开区间，因为现实世界是充满不确定性的，没有人能够保证中断事件一定发生或一定不发生。那么，这个问题就转变为二次函数 $f(P)$ 在（0，1）上的取值正负问题，由图 3-6 可知，$f(P)$ 的二次项系数 $DA(A\times B)-DA(C)>0$，因此，$f(P)$ 图像开口向上，在 $P=\frac{DA(A)-DA(C)}{2DA(C)-2DA(A\times B)}$ 具有唯一极小值（在这里我们直接利用二次函数的特殊性质得到该点，除此之外，也可以对 P 求一阶、二阶导数，利用导数性质也可得出该结果，后文分析论证也都基于二次函数的性质）。

$\frac{DA(A)-DA(C)}{2DA(C)-2DA(A\times B)}$ 显然大于 0，因此，极小值在 $P>0$ 处取得，衡量 P 的取值范围（0，1）两端的函数值十分重要，由于 P 的取值范围为开区间，我们使用极限来度量两端的值，显然可得 $\lim\limits_{P\to 0}f(P)=0$，$\lim\limits_{P\to 1}f(P)=DA(A)+DA(A\times B)-2DA(C)$，由 $\lim\limits_{P\to 0}f(P)=0$ 和二次函数 $f(P)$ 在（0，1）上的连续性可知，函数的极小值 $f\left(\frac{DA(A)-DA(C)}{2DA(C)-2DA(A\times B)}\right)$ 必然小于 0，接下来，我们需要分类讨论：

（1）若 $\frac{DA(A)-DA(C)}{2DA(C)-2DA(A\times B)}\geqslant 1$，$f(P)$ 在（0，1）上恒小于 0，$E(1)<E(3)$。

（2）若 $\frac{DA(A)-DA(C)}{2DA(C)-2DA(A\times B)}<1$，且 $DA(A)+DA(A\times B)-2DA(C)\leqslant 0$，则 $E(1)<E(3)$。

（3）若 $\dfrac{DA(A)-DA(C)}{2DA(C)-2DA(A\times B)}<1$，且 $DA(A)+DA(A\times B)-2DA(C)>0$，$f(P)=0$

在 $\left(\dfrac{DA(A)-DA(C)}{2DA(C)-2DA(A\times B)},\ 1\right)$ 上有唯一最优解 P_1，当 $P\in(0,\ P_1)$ 时，$E(1)<E(3)$；当 $P\in(P_1,\ 1)$ 时，$E(1)>E(3)$；当 $P=P_1$ 时（这一情况一般仅在理论模型中实现，因为在现实生活中，我们很难确定中断事件准确发生的概率），$E(1)=E(3)$。这表明，在这种情况下，当中断概率较小时，应对辅助食材设立更高的安全库存；当中断概率较大时，应对原料食材 1 设立更高的安全库存。

讨论完毕，当 $E(1)<E(3)$ 时，自然也有 $E(3)>E(1)>E(2)$；当 $E(1)=E(3)$ 时，也可得到 $E(3)=E(1)>E(2)$。证毕。

而当 $E(1)>E(3)$ 时，我们仍需讨论一下 $E(3)$ 与 $E(2)$ 的关系。

定理 3-3 对于长期生产，若 $\dfrac{DA(A)-DA(C)}{2DA(C)-2DA(A\times B)}<1$，且 $DA(A)+DA(A\times B)-2DA(C)>0$，$P\in(P_1,\ 1)$。当满足条件<5>、<6>中任意一个时，三种原材料需采用差别化安全库存，有 $E(1)>E(3)>E(2)$，原料食材 1 最优安全库存>辅助食材最优安全库存>原料食材 2 最优安全库存。当满足条件<7>、<9>中任意一个时，三种原材料需采用差别化安全库存，有 $E(1)>E(2)>E(3)$，原料食材 1 最优安全库存>原料食材 2 最优安全库存>辅助食材最优安全库存。当满足条件<8>时，辅助食材和原料食材 2 应采用等额安全库存，有 $E(1)>E(3)=E(2)$，原料食材 1 最优安全库存>辅助食材最优安全库存=原料食材 2 最优安全库存。其中，

条件<5>：$P_1\times[DA(B)-DA(C)]+(P_1)^2\times[DA(A\times B)-DA(C)]<0$，且 $DA(B)+DA(A\times B)-2DA(C)\leq0$；

条件<6>：$P_1\times[DA(B)-DA(C)]+(P_1)^2\times[DA(A\times B)-DA(C)]<0$，且 $DA(B)+DA(A\times B)-2DA(C)>0$，$P\in(P_1,\ P_2)$；

条件<7>：$P_1\times[DA(B)-DA(C)]+(P_1)^2\times[DA(A\times B)-DA(C)]<0$，且 $DA(B)+DA(A\times B)-2DA(C)>0$，$P\in(P_2,\ 1)$；

条件<8>：$P_1\times[DA(B)-DA(C)]+(P_1)^2\times[DA(A\times B)-DA(C)]<0$，且 DA

$(B)+DA(A\times B)-2DA(C)>0$，$P=P_2$；

条件<9>：$P_1\times[DA(B)-DA(C)]+(P_1)^2\times[DA(A\times B)-DA(C)]\geqslant0$。

证明： 在定理2证明中，仍然剩下最后一节 E(3) 与 E(2) 的关系需要继续讨论，同理，使用作差法，得到：

$$E(2)-E(3)=\frac{P(B)\times[DA(B)-DA(C)]+P(A\times B)\times[DA(A\times B)-DA(C)]}{P(A)+P(A\times B)}$$

(3-7)

显然，式（3-7）分母部分同样大于0，分子部分同样为一个关于 P 的二次函数，我们记为 $g(P)$，但此时 P 的取值范围为（P_1，1）。那么，这个问题转变为二次函数 $g(P)$ 在（P_1，1）上的取值正负问题，但该问题加入了一个限制条件：$\dfrac{DA(A)-DA(C)}{2DA(C)-2DA(A\times B)}<1$。同样，$g(P)$ 的二次项系数 $DA(A\times B)-DA(C)>0$，因此，$g(P)$ 图像开口向上，在 $P=\dfrac{DA(B)-DA(C)}{2DA(C)-2DA(A\times B)}$ 具有唯一极小值。我们同样需要衡量 P 的取值范围（P_1，1）两端的函数值：

$$\lim_{P\to P_1}g(P)=P_1\times[DA(B)-DA(C)]+(P_1)^2\times[DA(A\times B)-DA(C)],$$
$$\lim_{P\to1}g(P)=DA(B)+DA(A\times B)-2DA(C)。$$

因为 $DA(B)<DA(A)$，所以 $\dfrac{DA(B)-DA(C)}{2DA(C)-2DA(A\times B)}<\dfrac{DA(A)-DA(C)}{2DA(C)-2DA(A\times B)}<1$。

由前文分析可知，P_1 在 $\left(\dfrac{DA(A)-DA(C)}{2DA(C)-2DA(A\times B)},1\right)$ 上取得，所以 $g(P)$ 在（P_1，1）上单调递增，我们仍需分类讨论：

（1）若 $P_1\times[DA(B)-DA(C)]+(P_1)^2\times[DA(A\times B)-DA(C)]<0$，且 $DA(B)+DA(A\times B)-2DA(C)\leqslant0$，则 $E(2)<E(3)$。

（2）若 $P_1\times[DA(B)-DA(C)]+(P_1)^2\times[DA(A\times B)-DA(C)]<0$，且 $DA(B)+DA(A\times B)-2DA(C)>0$，$g(p)=0$ 在（P_1，1）有唯一最优解 P_2，当 $P\in(P_1,P_2)$ 时，$E(2)<E(3)$；当 $P\in(P_2,1)$，$E(2)>E(3)$；当 $P=P_2$ 时（这一情况同样一般仅在理论模型中实现），$E(2)=E(3)$。这表明，在这种情况下，当中断概率较小时，应对辅助食材设立更高的安全库存；当中断概率较大时，应对原料食材2设立更高的安全库存。

(3) 若 $P_1 \times [DA(B) - DA(C)] + (P_1)^2 \times [DA(A \times B) - DA(C)] \geq 0$，则 $g(p)$ 在 $(P_1, 1)$ 上恒大于 0，$E(2) > E(3)$。

讨论完毕，当 $E(2) < E(3)$，可以得到 $E(1) > E(3) > E(2)$；当 $E(2) = E(3)$ 时，也可得到 $E(2) = E(3) < E(1)$；当 $E(2) > E(3)$ 时，则有 $E(1) > E(2) > E(3)$。证毕。

综上所述，我们得到了各种原材料期望生产性中断损失的大小关系，或者说各种原材料最优安全库存的关系，这对两阶段制造企业确定库存量、实施采购计划具有重要的参考意义。以上结论表明，短期生产战略下的差别化安全库存决策是唯一的；而长期生产战略下的差别化安全库存决策随着 DA 和 P 的改变而动态变化，呈离散现象。

3.5.3 冷链储藏技术水平分析

问题④是一个食品类企业特有的问题，提高冷链技术水平可以有效减少腐烂消耗问题，降低供应中断带来的损失，如何合理地对冷链技术进行投资以面对供应中断风险是目前食品类企业的一个共同问题。前文介绍过，快消食品的所有原材料都需要即时组配加工，任何一种原材料的中断，都将导致加工生产流程停止，致使其他原材料出现大面积腐蚀，因此，这是一个关于管理腐蚀消耗量的问题，故而我们从腐蚀消耗量角度来研究这个问题。在我们的模型中，原料食材1、原料食材2、辅助食材、主食材均具有腐蚀性质。我们需要衡量一下这四种材料在面对生产性中断时的腐烂消耗水平，这个水平我们需要进行加权处理，因为各个材料的保质期不同，各个材料的腐烂消耗水平差距可能不是生产性中断引起的，而是由保质期引起的。基于此，我们在模型中加入四个新的状态变量，对每个状态变量的流率除以相应的材料保质期以做加权处理：

原料食材1腐烂消耗水平=INTEG（原料食材1加权腐烂消耗量，0）；

原料食材1加权腐烂消耗量=原料食材1腐烂消耗量/原料食材1保质期；

原料食材2腐烂消耗水平=INTEG（原料食材2腐烂加权消耗量，0）；

原料食材2腐烂加权消耗量=原料食材2腐烂消耗量/原料食材2保质期；

主食材腐烂消耗水平=INTEG（主食材加权腐烂消耗量，0）；

主食材加权腐烂消耗量=主食材腐烂消耗量/主食材保质期；

辅助食材腐烂消耗水平＝INTEG（辅助食材加权腐烂消耗量，0）；

辅助食材加权腐烂消耗量＝辅助食材腐烂消耗量/辅助食材保质期。

为了衡量生产性中断给各种材料带来的腐烂消耗水平，我们设置全部中断的模式 $DM_1\{50，10\}\times DM_2\{50，10\}\times DM_3\{50，10\}$，得到四种材料的腐烂消耗水平，具体如图3-9所示。

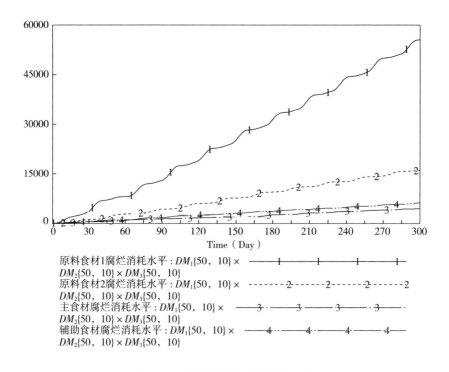

图3-9 四种材料的腐烂消耗水平

由图3-9可知，原料食材1腐烂消耗水平对生产性中断最为敏感，原料食材2次之，主食材最小，因此，需要针对各种材料采用差别化的冷链储藏技术水平，具体为：原料食材1最优冷链储藏技术水平>原料食材2最优冷链储藏技术水平>辅助食材最优冷链储藏技术水平>主食材最优冷链储藏技术水平。这表明，第一制造阶段较第二制造阶段拥有更高的腐烂消耗风险，应对第一制造阶段投入更多的冷链技术水平投资。

3.5.4　关税和劳动力成本对最优决策的影响

关税的外部冲击和劳动力成本的内部变化将对最优安全库存和最优冷链储藏技术水平产生什么影响？上文我们已经论证，应采用差别化安全库存和冷链储藏技术水平，下面我们以产品安全库存和原料食材 1 的最优冷链储藏技术水平为例来研究这个问题。

通过仿真得到图 3-10 和图 3-11，我们发现，当产品安全库存系数为 2、冷链储藏技术水平 1 为 10 时，企业利润达到最大，此时最优的产品安全库存系数为 2、冷链储藏技术水平 1 为 10。

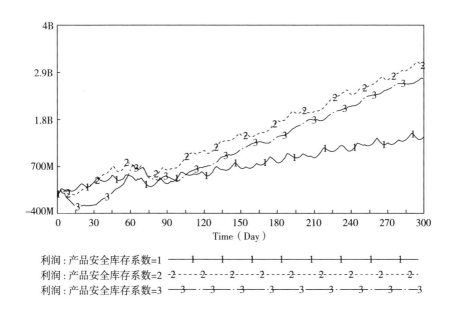

图 3-10　不同产品安全库存系数下的利润

提高关税，将税率从 0.2 变为 0.3 后重新进行仿真，容易发现，最优的产品安全库存系数和冷链储藏技术水平 1 已经变成 1 和 5（见图 3-12~图 3-13），因此，关税与企业最优安全库存系数及冷链储藏技术水平呈负向变动关系。

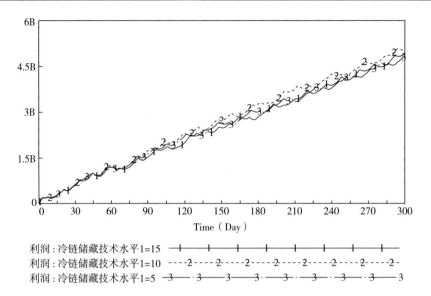

利润:冷链储藏技术水平1=15 —1——1——1——1——1——1——1——1——1—
利润:冷链储藏技术水平1=10 -2--2--2--2--2--2--2--2--2-
利润:冷链储藏技术水平1=5 —3——3——3——3——3——3——3——3——3

图 3-11　不同冷链储藏技术水平下的利润

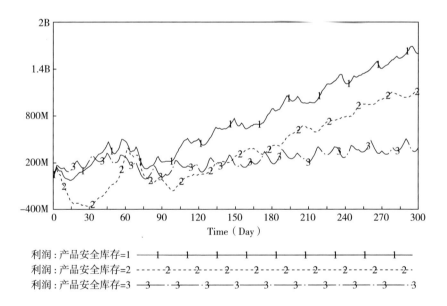

利润:产品安全库存=1 ——1——1——1——1——1——1——1——1——1—
利润:产品安全库存=2 ----2----2----2----2----2----2----2----2----2-
利润:产品安全库存=3 —3——3——3——3——3——3——3——3——3

图 3-12　不同产品安全库存系数下的利润

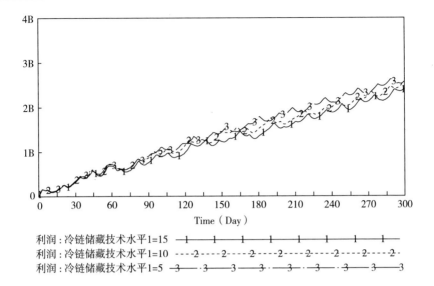

图 3-13　不同冷链储藏技术水平下的利润

同理，我们通过同样的方式，提高劳动力成本后进行仿真对比，发现劳动力成本也与最优安全库存系数及冷链储藏技术水平呈负向变动关系。当关税上升时，企业销售单位产品的获利减少，企业提高安全库存和冷链技术水平的动机也将降低，因此，最优安全库存必将下降。同理，劳动力成本上升也会间接导致企业销售单位产品的获利减少。

3.6　本章小结

本章从制造流程角度出发，建立具有两阶段制造的快消食品企业的系统动力学模型，研究出口导向型快消食品企业的供应中断风险问题，我们得到的结论和管理启示如下：

第一，从短期生产角度来看，第一制造阶段的生产性中断危害要低于第二制造阶段；从长期生产角度来看，混合中断模式下的第一制造阶段生产性中断危害高于第二制造阶段，而分离中断模式下的第一制造阶段生产性中断危害要低于第二制造阶段。因此，两个制造阶段在不同生产条件下面临不同的生产性中断，将会产生不同的损失，这要求企业制定合理的生产周期战略，依战略对不同制造阶段采取不同的管理方针，以降低生产性中断带来的损失。对于流行度较高、产品生命周期较短的企业，第一制造阶段要选择供应能力较强的供应商，而对于产品寿命周期较长的企业，如方便面制造企业，则需要重点为第二制造阶段选择供应能力较强的供应商。

第二，对于具有供应中断风险的快消食品制造企业来说，对原材料设立一定的安全库存是有必要的，应对每个阶段的每种原材料采用差别化安全库存策略，短期生产战略下的差别化安全库存决策是唯一的，而长期生产战略下的差别化安全库存决策变得多元离散化。因此，每个原材料的安全库存水平与生产周期、中断损失、中断概率密切相关，企业只有精确地衡量这些指标，确定企业的生产战略定位，才能正确地设立差别化安全库存。

第三，在面对生产性中断时每种原材料都有不同的腐烂消耗水平，因此，最优冷链储藏技术水平也应该是差别化的。企业要科学分析每种原材料对生产性中断的腐蚀灵敏度，进行对比，以确定每种原材料的最优冷链储藏技术水平。以降低变质水平为目标导向的企业，应当重点投资第一制造阶段的原材料冷储藏技术水平。

第四，关税和劳动力成本与最优安全库存和冷链储藏技术水平呈负向变动关系，对于出口导向型企业来说，必须时刻关注关税和劳动力成本变化情况，调整决策。对于目标市场关税和本国劳动力成本较高的企业，可设立较低的安全库存和冷链储藏技术水平。

本章仅考虑了具有复杂生产制造流程的制造商的供应中断问题，而食品供应链中还涉及供应端和销售端等诸多环节，考虑多方参与和多种因素影响的食品中断问题值得进一步探讨。

第4章　多式联运模式下跨国食品供应链运输中断风险系统动力学研究

4.1　引言

随着经济全球化浪潮的推进，越来越多的企业开始建立全球生产网络（Daniel & Hsin，2021），由于不同国家和地区之间的资源、成本和优势不同，在全球范围内进行采购、生产、加工和销售能够获得更大的利润和优势，跨国供应链应运而生。跨国供应链的特点是供应链系统涉及多个国家，由于国家和国家之间存在地理位置、交通网络结构等的差异，因而跨国供应链大多采用多式联运方式来运输物资。例如，对于新西兰和澳大利亚，海上轮船运输是两个国家进行物资运输的主要方式；而对于同为内陆国家且接壤的阿富汗和伊朗，公路运输、铁路运输扮演着更重要的角色。因此，跨国运输的特点是将同时使用海上运输、航空运输、公路运输等运输方式。综合上述分析可知，多个国家间运输原材料和产品不可避免地需要采用多式联运模式。同时，由于多式联运模式能够综合各个运输模式的优点，因而多式联运已经成为当今企业，尤其是跨国企业的主要运输方式。但是，近年来国际环境剧烈变化，政治、天气以及疫情加大了多式联运发生运输中断的风险，具有原材料腐蚀性质和市场流失性质的快消食品供应链发生运输中断时所带来的损害往往要高于普通产品供应链。快消食品是指具有就近购买、携带方便、食用方便等特点的食品，主要以肉菜水果加工品、乳品等速食食品为代表，而加工这些快消食品的原材料大多都具有易腐性。另外，快消类食品还具有一个十分重要的特点，即消费者忠诚度不高：消费者很容易在同类产品中转换不同的品牌。因此，快消食品供应链一旦出现中断，将导致市场需求流失。综上可知，研究快消食品跨国供应链的多式联运运输中断问题具有较强的现实意义。

Baykasolu 等（2021）通过建立综合混合整数线性规划模型，分析了多式联运运输模式中的车队规划问题，并证明了运用该模型可以提高船队利用率。李晓东等（2021）从实证研究的角度出发，以东北三省集装箱运输中的碳排放指标为例，研究了多式联运中的低碳问题，并发现即使公路碳排放强度减少50%，单一运输方式仍然不如多式联运。Cannas 等（2020）研究了乳品供应链的运营问题，发现多式联运可以有效减少乳品供应链运营中的二氧化碳排放。目前，国内对多式联运的研究多集中于多式联运路径优化方法方面。程兴群等（2021）引入鲁棒优化建模方法研究了碳交易政策下的多式联运路径选择问题，结果表明，多种低碳政策的组合能更好实现多式联运减排。郑斌等（2017）建立了震后应急物流动态选址—联运问题的双层规划模型，并通过一种混合遗传算法求解了最优解。魏航等研究了时变条件下运输有害物品的路径选择。李魁梅和郑波（2020）研究考虑运输成本的多式联运路径优化。

鲜有文献聚焦于快消食品企业的多式联运中断问题。新冠疫情暴发以后，食品供应链中断问题受到各方高度关注。因此，快消食品企业的供应链中断问题不容忽视。国内外关于供应链中断问题的文献有：陈崇萍和陈志祥（2019）在需求与供应不确定条件下，研究了制造商向具有供应中断风险的供应商采购原材料的采购决策问题；Li 等（2021）研究了供应中断时的动态补偿和采购问题；Ma 等（2021）研究了当发生供应中断时，制造商负责一般广告、零售商负责品牌广告的供应链决策问题；Gaur 等（2020）使用非线性规划研究了闭环供应链发生供应中断时的决策问题。

上述文献都是从博弈论和运筹学角度进行研究的，运用博弈论和运筹学研究供应链中断具有一定的局限性，因为其不能动态地演绎发生供应链中断时供应链各节点成员的当期库存、订单和后期库存、订单等的变化。供应链本身是一个复杂的系统，供应链中断的一个很大的危害就是会对整个供应链系统产生长期的、动态的影响，供应链任何一个环节的中断都会对其他环节产生不同的影响，系统动力学模型能够很好地展现这些长期的、动态的变化（王翠霞，2020）。系统动力学是一种从系统的角度考察系统的动态变化和行为趋势的仿真方法，系统动力学广泛应用于军事、农业、供应链等领域。赖新峰等（2022）建立了部分垂直一体化和完全垂直一体化的系统动力学模型，研究了出口导向型企业的垂直一体化国际决策问题，并发现了关税和劳动力成本对垂直一体化战略选择的影响。石永强等（2015）使用系统动力学模型研究了第三方直通集配中心的运营策略问题。李卓群和严广东（2017）利用系统动力学方法进行了 JIT 供货约束下差异化订货决策行为研究。在供应链中断方面的研究有：张以彬等（2019）建立理论模型，使用系统动力学进行仿真求解，研究了市场需求可变情况下的供应链运作策略；汪小京等（2016）运用系统动力学方法建立了第三方物流管理库存模型；陶俐言等（2022）利用系统动力学研究了低需求产品供应链中断后的政府补贴策略；Mehrjoo 和 Pasek（2016）使用系统动力学和 CVaR 度量方法评估了时尚服装企业的供应链中断风险；王宇奇和曲云玉（2019）建立了环境扰动下进口原油供应链网络柔性的系统动力学仿真模型。

综上所述，国内外关于多式联运和供应链中断的问题已经积累了一些研究，但是却鲜有人关注跨国快消食品供应链多式联运的运输中断风险问题。基于此，本章建立了跨国快消食品两级供应链系统动力学模型，研究了其供应中断问题，分析多式联运下全球供应链运输中断风险的特点、不同阶段不同中断模式对供应链的影响、规避中断风险的举措。通过研究得到有关管理启示，为企业从事全球供应链运输管理提供决策参考。

4.2 问题描述、基本假设与模型建立

4.2.1 问题描述和系统边界

本章考虑了一个全球生产网络下的快消食品原材料供应系统，研究视角

定位在由 A 国原材料供应商和 D 国产品制造商组成的两级供应链，整个生产运作流程或者说系统边界为：D 国制造商面向产品市场需求，根据产品市场需求调节库存，向 A 国供应商采购加工制造产品所需的原材料，A 国供应商按照 D 国制造商的订单来调节库存并向其上游企业订货。然而，本章研究的角度是 A 国供应商向 D 国制造商发货运输的过程中可能发生的运输中断风险，或者说物流中断风险对整个供应链绩效的影响。因此，需要重点介绍运输过程的系统结构。本章将目前使用频率较高的 3 种运输模式组合为整个运输过程中的多式联运模式：航空运输、海上运输、公路运输。原材料运输从 A 国供应商处出发，途经 B 国、C 国，最终达到 D 国制造商处，A 国到 B 国采用航空运输，B 国到 C 国采用海上运输，C 国到 D 国采用公路运输，即"航空运输→海上运输→公路运输"，需要指出的是，原材料在运输途中仅在 B 国、C 国的转运中心进行转运。整个两级供应链运作机理如图 4-1 所示。

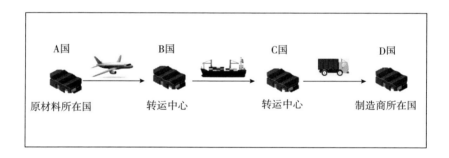

图 4-1　跨国快消食品两级供应链运作机理

本章所研究的供应链中断类型为运输型中断，它是指交通运输系统因遭受天气、自然灾害、疫情和道路封锁等不确定因素而瘫痪，无法进行货物运输工作。这种运输中断风险可能发生在航空运输处，也可以发生在海上运输和公路运输处。航空运输阶段发生运输中断风险时，供应商无法发运原材料；海上运输和公路运输阶段发生运输中断风险时，已经发运出去的原材料将堆积在 B 国与 C 国的转运中心处。航空运输、海上运输、公路运输各有其特点，一般而言，航空运输时效性强、货物运输环境较好、货损率较低，而公路运输时效性最低、货物运输环境最不稳定、货损率较高，海上运输的时效性介于上述两种运输方式之间。作为连接多式联运中各种运输方式的 B 国和 C 国转运中心，其同 A 国、D 国仓储中心相比也具有不同特点。一般而言，转运中心的主要功能是进行货物转运，而储藏货物的技术水平较差。对于本章所考虑的具有腐蚀过期性质的快消食品原材料来说，在转运中心储藏技术水平较差的情况下，将出现原材料过期现象。

4.2.2　基本假设

为便于模型的建立，做出如下假设：

（1）本章的研究视角仅为由供应商和制造商组成的两级供应链，将供应商的上游供应链成员和制造商的下游市场需求视为外生变量。

（2）假设供应商具有充足的供应能力，制造商拥有充足的生产能力。

（3）假设 B 国、A 国转运中心无库存限制。

（4）快消食品相较于其他类食品的一大特点是用户忠诚度低、可替代性极强，故假设缺货将导致产品市场需求流失。本章使用市场流失量作为流位变量来衡量这种损失。

（5）每一个运输阶段的物料在运输途中都会产生货损现象。其实，物流途中出现货损现象很常见，尤其是本章所研究的具有腐蚀性质的快消食品原材料，对运输条件的要求更高，极易出现运输货损情况。

（6）为贴合实际，对产品市场需求和制造商原材料订货率做平滑处理。

4.2.3　因果回路图

SD 方法区别于其他仿真工具和研究方法的一个重要因素是强调系统各要素之间的反馈作用，因果回路图能够非常直观地体现这种反馈关系。根据前文分析和假设，本章绘制了快消食品跨国供应链系统的因果回路图（见图 4-2）。

该系统共有 10 条平衡回路、2 条增强回路。为了刻画快消食品的消费者忠诚度低所导致的市场流失特性，本章使产品市场需求也进入反馈环，但对其变化

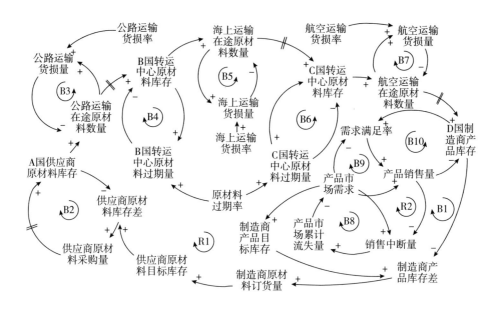

图 4-2　跨国快消食品供应链系统因果回路

范围设置上限，增强回路 R2 和平衡回路 B8、B9 描述了该反馈环作用原理。增强回路 R1 和平衡回路 B1 是两条受限于市场需求的典型成长上限基模的回路，同时也是两条反应迟缓的调节回路。平衡回路 B3、B5、B7 是本章多式联运系统中 3 个运输阶段的运输货损反馈环，平衡回路 B4、B6 是本章快消食品作用于多式联运转运中心的变质过期反馈环。上述反馈环影响着整个供应链系统的运作绩效，而运输中断风险则作为外生结构变量作用于以上反馈环的不同位置，给企业带来损失，本章的研究重点便是不同反馈环结构变量位置的运输中断风险水平。

4.2.4　跨国快消食品两级供应链 SD 流率基本入树模型

根据前文分析确定的系统边界及假设，提取系统中具有积累性质的变量，确定描述系统基本结构的 10 组流位、流率对。具体如表 4-1 所示。

表 4-1 跨国快消食品两级供应链系统结构流位流率

流位变量	对应流率变量
A 国供应商原材料库存 $L_1(t)$	供应商原材料采购量 $R_{11}(t)$-航空运输发货量 $R_{12}(t)$
航空运输在途原材料库存 $L_2(t)$	航空运输发货量 $R_{21}(t)$-航空运输到货量 $R_{22}(t)$-航空运输货损量 $R_{23}(t)$
B 国转运中心原材料库存 $L_3(t)$	航空运输到货量 $R_{31}(t)$-B 国转运中心原材料过期量 $R_{32}(t)$-海上运输发货量 $R_{33}(t)$
海上运输在途原材料库存 $L_4(t)$	海上运输发货量 $R_{41}(t)$-海上运输货损量 $R_{42}(t)$-海上运输到货量 $R_{43}(t)$
C 国转运中心原材料库存 $L_5(t)$	海上运输到货量 $R_{51}(t)$-C 国转运中心原材料过期量 $R_{52}(t)$-公路运输发货量 $R_{53}(t)$
公路运输在途原材料数量 $L_6(t)$	公路运输发货量 $R_{61}(t)$-公路运输货损量 $R_{62}(t)$-公路运输到货量 $R_{63}(t)$
D 国制造商原材料库存 $L_7(t)$	公路运输到货量 $R_{71}(t)$-产品制造量 $R_{72}(t)$
D 国制造商产品库存 $L_8(t)$	产品制造量 $R_{81}(t)$-产品销售量 $R_{82}(t)$
产品市场累计流失量 $L_9(t)$	产品市场流失量 $R_9(t)$
原材料累计过期量 $L_{10}(t)$	原材料过期量 $R_{10}(t)$

同时，$L_1(t)$-$L_8(t)$ 系统中，流位变量存在逐级流入的现象，即 $R_{12}(t)=R_{21}(t)$，$R_{22}(t)=R_{31}(t)$，$R_{33}(t)=R_{41}(t)$，$R_{43}(t)=R_{51}(t)$，$R_{53}(t)=R_{61}(t)$，$R_{63}(t)=R_{71}(t)$，$R_{72}(t)=R_{81}(t)$。在确定系统流位流率系的基础上，结合快消食品供应链实际，引入中间变量逐一建立以流率变量为树根、以流位变量或流率变量为树尾的 10 棵流率基本入树 $T_i(t)$（见图 4-3），将所有入树的相同顶点重合即可构成系统总体流图模型。图 4-4 为系统总体模型。

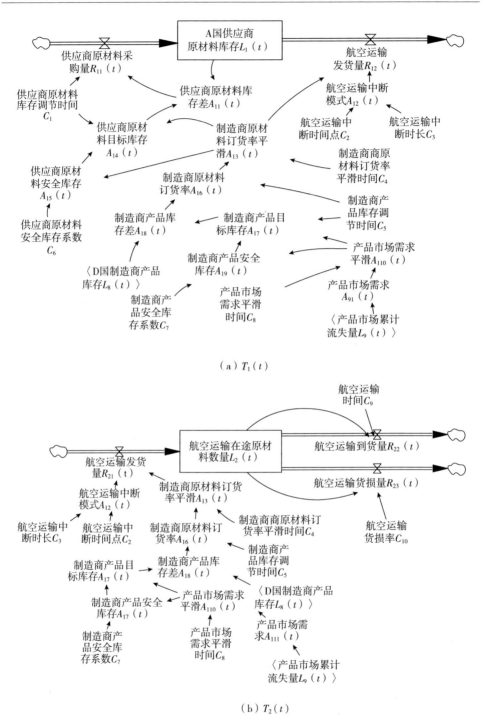

（a）$T_1(t)$

（b）$T_2(t)$

图4-3 跨国快消食品供应链系统流率基本入树模型

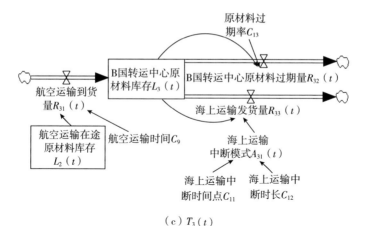

（c）$T_3(t)$

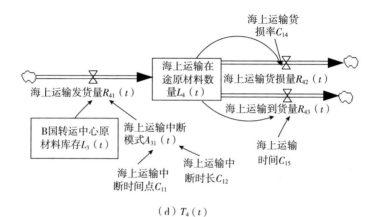

（d）$T_4(t)$

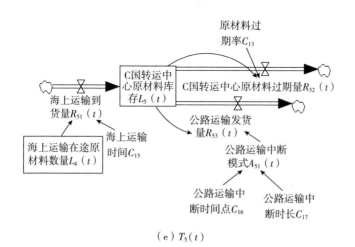

（e）$T_5(t)$

图 4-3　跨国快消食品供应链系统流率基本入树模型（续）

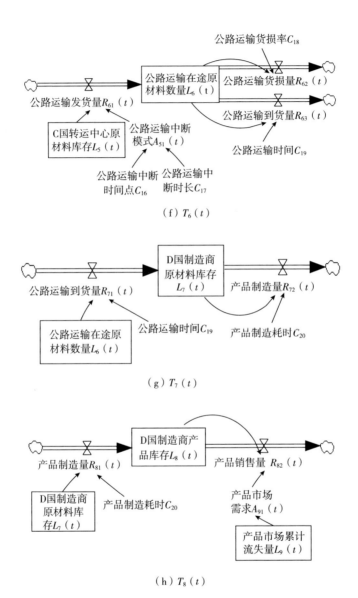

（f）$T_6(t)$

（g）$T_7(t)$

（h）$T_8(t)$

图4-3　跨国快消食品供应链系统流率基本入树模型（续）

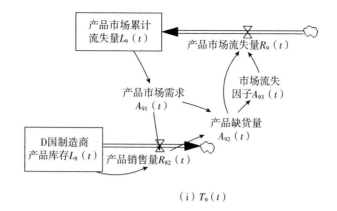

（i）$T_9(t)$

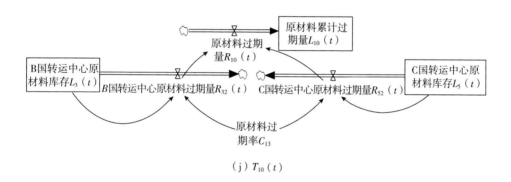

（j）$T_{10}(t)$

图4-3　跨国快消食品供应链系统流率基本入树模型（续）

4.2.5　仿真方程的建立

仿真方程是模型中各直接相关变量间相互作用关系的函数表达，本小节将系统划分为航空运输阶段、海上运输阶段、公路运输阶段、销售和增补变量5个部分对模型中的关键变量仿真方程进行阐述。流位变量、流率变量和辅助变量的取值都是由现实逻辑关系决定的，常量的表现形式为具体数值，因为SD模型的核心在于反馈结构，常量只会影响仿真结果数值的大小，而不会影响变化趋势，所以本小节不对常量的具体取值进行介绍。

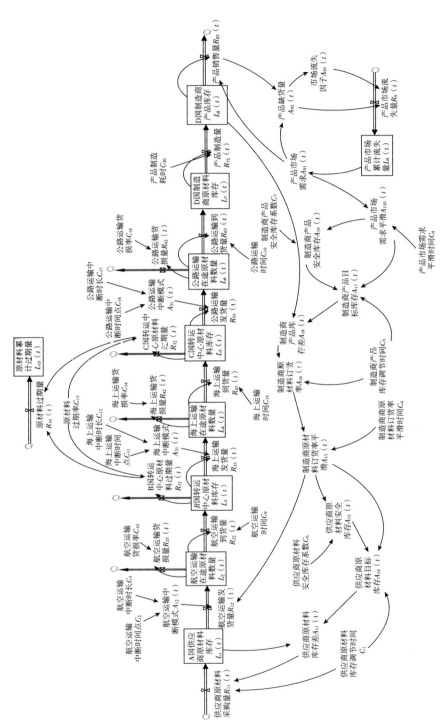

图 4-4 跨国快消食品两级供应链系统流图

（1）航空运输阶段。$L_1(t)$–$L_3(t)$ 为航空运输阶段，供应商向其上游供应端采购原材料，制造商对产品设立了一个安全库存，制造商按照目标库存、实际库存、产品库存调节时间来确定每期的产品缺额，然后向供应商采购原材料。而供应商面对订单，同样按照目标库存、实际库存、产品库存调节时间来确定每期向上游采购的原材料数量，以上的订货和产品库存调节方式在一般的 SD 供应链系统中都可见到。

本章研究视角定位在两级供应链，基于假设条件（1），本章认为，供应商上游具有充足的供应能力，供应商的每期原材料入库量即为按照库存调节的计划订货量，即：

$$R_{11}(t) = \frac{A_{11}(t)}{C_1} \tag{4-1}$$

航空运输可能遭受不确定因素而导致无法发运，即运输中断风险，因此，航空运输发货量方程式为：

$$R_{12}(t) = A_{12}(t) \times A_{13}(t) \tag{4-2}$$

本章认为，航空运输中断模式由航空运输中断时间点和航空运输中断时长共同决定，故使用脉冲函数来定义这种中断：

$$A_{12}(t) = PULSE(C_2, C_3) \tag{4-3}$$

在本章中，共存在两种类型的运输中断，我们称第 1 种运输中断为分离中断，第 2 种运输中断为混合中断。分离中断是指 3 个运输阶段分别发生运输中断风险，混合中断是指 2 个或 3 个运输阶段同时发生了运输中断风险。用 DM_i 表示第 i 运输阶段发生运输中断风险，其中，$i = 1$，2，3。中断的模式由中断时间点和中断时长两个参数共同决定，将其记为 $DM_i\{DT_i, DS_i\}$，DT_i 表示第 i 运输阶段的运输中断时间点，DS_i 表示第 i 运输阶段的运输中断时长。$DM_1\{DT_1, DS_1\}$ 便是一种分离中断，而 $DM_1\{DT_1, DS_1\} \times DM_2\{DT_2, DS_2\}$ 则是一种混合中断。

将航空运输货损量 $R_{23}(t)$ 定义为运输途中由运输不当而产生的货损，故添加一个常量货损率 C_{10} 表示这种货损程度：

$$R_{23}(t) = L_2(t) \times C_{10} \tag{4-4}$$

一般而言，航空运输的安全程度和运输环境更好，海上运输次之，公路运输最差，因此，在本章的模型中，$C_{10} < C_{14} < C_{18}$。

航空运输需要一定的运输时间，即具有运输延迟，使用一阶延迟函数定义每期航空运输到货量：

$$R_{22}(t) = DELAY(L_2(t)，C_9，0) \tag{4-5}$$

一般而言，航空运输的运输速度最快，运输延迟最低，海上运输次之，公路运输最慢。因此，在本章的模型中，$C_9 < C_{15} < C_{19}$。

由于转运中心的主要功能是实现货物转运，不具备储藏具有腐蚀性质的快消食品原材料的技术水平，一旦出现运输中断风险，原材料将积压在转运中心导致过期，故添加一个常量原材料过期率 C_{13} 作为度量原材料过期速度的指标。因此，有：

$$R_{32}(t) = C_{13} \times L_3(t) \tag{4-6}$$

B 国转运中心连接的是航空运输和海上运输，在 B 国转运的下一站为 C 国，海上运输同样具有运输中断风险，即：

$$R_{33}(t) = L_3(t) \times A_{31}(t) \tag{4-7}$$

海上运输中断模式 $A_{31}(t)$ 的定义方式与 $A_{12}(t)$ 相同。

（2）海上运输阶段。$I_3(t) - L_5(t)$ 为海上运输阶段，其中，$L_3(t)$ 子系统同属于航空运输阶段和海上运输阶段。

与航空运输相似，海上运输到货量 $R_{33}(t)$ 也由一阶延迟函数定义，而海上运输货损量 $R_{42}(t)$ 使用常量海上运输货损率 C_{14} 来度量：

$$R_{33}(t) = DELAY1I(L_4(t)，C_{15}，0) \tag{4-8}$$

$$R_{42}(t) = L_4(t) \times C_{14} \tag{4-9}$$

C 国转运中心连接的是海上运输和公路运输两种运输方式，因此，C 国转运中心原材料库存 $L_5(t)$ 的流入速率为海上运输到货量 $R_{51}(t)$，流出速率为 C 国转运中心原材料过期量 $R_{52}(t)$ 和公路运输发货量 $R_{53}(t)$，公路运输也具有运输中断风险。因此：

$$R_{53}(t) = L_5(t) \times A_{51}(t) \tag{4-10}$$

公路运输中断模式 $A_{51}(t)$ 的定义方式与 $A_{12}(t)$ 和 $A_{31}(t)$ 相同，而 C 国转运中心原材料过期量 $R_{52}(t)$ 的定义方式与 B 国转运中心原材料过期量 $R_{32}(t)$ 定义方式相同。

（3）公路运输阶段。$L_5(t) - L_7(t)$ 为公路运输阶段，其中，$L_5(t)$ 子系统同属于海上运输阶段和公路运输阶段。

公路运输在途原材料数量 $L_6(t)$ 的流率变量 $R_{61}(t)$、$R_{62}(t)$ 和 $R_{63}(t)$ 的定义特点和方程结构与航空、海上运输一样，但 D 国制造商原材料库存 $L_7(t)$ 的流出流率变量 $R_{72}(t)$ 结构与 B 国、C 国转运中心不同，制造商具有储藏具有腐蚀性质的快消食品原材料的技术水平，且制造商为运输终点。因此，$L_7(t)$ 没有原材料过期量和下一阶段的发运量，而存在一个产品制造量 $R_{72}(t)$。按照前文分析的生产运作流程，原材料到达制造商处后，制造商要将其加工制造成产品，然后销往市场，$R_{72}(t)$ 由产品制造耗时 C_{20} 决定。因此，有：

$$R_{72}(t) = MAX\left(\frac{L_7(t)}{C_{20}},\ 0\right) \tag{4-11}$$

（4）销售。销售单元的结构要由市场和产品两方共同决定，$L_7(t)$ 中，制造完成的产品将进入 D 国制造商产品库存 $L_8(t)$，当现有产品库存 $L_8(t)$ 大于产品市场需求 $A_{91}(t)$ 时，产品销售量 $R_{82}(t)$ 等于产品市场需求 $A_{91}(t)$；当现有产品库存 $L_8(t)$ 小于产品市场需求 $A_{91}(t)$ 时，产品销售量 $R_{82}(t)$ 等于现有产品库存 $L_8(t)$。因此，

$$R_{82}(t) = MIN(L_8(t),\ A_{91}(t)) \tag{4-12}$$

如前文所述，由于快消食品相较于其他类食品的一大特点是消费者忠诚度较低、产品可替代性强，产品的缺货极易带来市场需求的流失，故在本章的模型中，产品市场需求 $A_{91}(t)$ 并不是一个单一的变量，而是一个关于产品缺货量 $A_{92}(t)$ 的减函数。因此，需要先计算产品缺货量 $A_{92}(t)$。把产品市场累计流失量 $L_9(t)$ 提炼为流位变量，初始值为 0，每期的产品市场流失 $R_9(t)$ 作为速率变量。

每期产品市场流失量 $R_9(t)$ 由每期产品缺货量 $A_{92}(t)$ 和市场流失因子 $A_{93}(t)$ 共同决定，其中：

$$A_{92}(t) = MAX(A_{91}(t) - R_{82}(t),\ 0) \tag{4-13}$$

市场流失程度是很难度量的，但是在实际中，当缺货量很小时，基本不会影响需求发生改变。随着缺货数量的增加，需求会加快速度流失，故 $R_9(t)$ 应该是关于 $A_{92}(t)$ 的递增凹函数。同时，系统动力学重在研究系统行为趋势，而不在于做精准的数据预测，因此，只要平衡好这种函数关系即可。当 $A_{92}(t) = 0$ 时，无市场流失现象，$A_{92}(t)$ 的取值范围应为 $[0,\ MAX(A_{91}(t))]$，本模型中设置产

品市场需求 $A_{91}(t)$ 最大值为25000，$A_{93}(t)$ 的取值应≥0，具体如表4-2所示。

表4-2　市场流失因子 $A_{93}(t)$ 表函数

$A_{92}(t)$	0	5000	10000	15000	20000	25000
$A_{93}(t)$	0%	0.01%	0.02%	0.04%	0.07%	0.11%

这样，一个关于市场流失的流位系就构建完成了，市场需求应当是一个时刻变化的变量。不失一般性，将其设为均匀分布，同时，t 时刻的市场需求还需要减去一个 t 时刻的产品市场累计流失量，因此：

$$A_{91}(t)= \text{RANDOM UNIFORM}(20000,25000,22000)-L_9(t) \qquad (4-14)$$

（5）增补变量。以往的文献大多以库存变化作为供应链绩效指标，用库存的波动来度量中断风险，本章的关注重点不在库存，而在于食品类企业常见的问题——原材料过期风险和快消类食品的独特问题——产品市场流失风险。将产品市场累计流失量 $L_9(t)$ 作为度量产品市场流失风险的指标，同时，将原材料累计过期量 $L_{10}(t)$ 提炼为流位变量，用以度量原材料过期风险。其中：

$$L_{10}(t) = \int_0^t R_{32}(t) + R_{52}(t)\,dt \qquad (4-15)$$

系统流量方程如表4-3所示。

表4-3　系统流量方程

参数	值
A 国供应商原材料库存	INTEG（供应商原材料采购量-航空运输发货量，25000）
B 国转运中心原材料库存	INTEG（航空运输到货量-海上运输发货量-B 国转运中心原材料过期量，25000）
B 国转运中心原材料过期量	MAX（原材料过期率×B 国转运中心原材料库存，0）
C 国转运中心原材料库存	INTEG（海上运输到货量-公路运输发货量-C 国转运中心原材料过期量，25000）
C 国转运中心原材料过期量	MAX（原材料过期率×C 国转运中心原材料库存，0）
D 国制造商产品库存	INTEG（产品制造量-产品销售量，25000）

续表

参数	值
D 国制造商原材料库存	INTEG（公路运输到货量−产品制造量，25000）
产品制造耗时	1 天
产品制造量	MAX（D 国制造商原材料库存/产品制造耗时，0）
产品市场流失量	产品缺货量×市场流失因子
产品市场累计流失量	INTEG（产品市场流失量，0）
产品市场需求	RANDOM NORMAL（20000，25000，22000）−产品市场累计流失量
产品市场需求平滑	SMOOTH（产品市场需求，产品市场需求平滑时间）
产品市场需求平滑时间	5 天
产品缺货量	MAX（产品市场需求−产品销售量，0）
产品销售量	MIN（产品市场需求，D 国制造商产品库存）
供应商原材料安全库存	供应商原材料安全库存系数×制造商原材料订货率平滑
供应商原材料安全库存系数	1
供应商原材料库存差	MAX（供应商原材料目标库存−A 国供应商原材料库存，0）
供应商原材料库存调节时间	8 天
供应商原材料目标库存	供应商原材料安全库存+制造商原材料订货率平滑×供应商原材料库存调节时间
供应商原材料采购量	供应商原材料库存差/供应商原材料库存调节时间
公路运输中断时长	0 天
公路运输中断时间点	0 天
公路运输中断模式	1−PULSE（公路运输中断时间点，公路运输中断时长）
公路运输到货量	MAX（DELAY1I（公路运输在途原材料数量，公路运输时间，0），0）
公路运输发货量	MAX（C 国转运中心原材料库存×公路运输中断模式，0）
公路运输在途原材料数量	INTEG（公路运输发货量−公路运输到货量−公路运输货损量，25000）
公路运输时间	4 天
公路运输货损率	0.12
公路运输货损量	MAX（公路运输在途原材料数量×公路运输货损率，0）
制造商产品安全库存	产品市场需求平滑×制造商产品安全库存系数

续表

参数	值
制造商产品安全库存系数	1
制造商产品库存差	MAX（制造商产品目标库存-D国制造商产品库存，0）
制造商产品库存调节时间	8天
制造商产品目标库存	制造商产品安全库存+产品市场需求平滑×制造商产品库存调节时间
制造商原材料订货率	制造商产品库存差/制造商产品库存调节时间
制造商原材料订货率平滑	SMOOTH（制造商原材料订货率，制造商原材料订货率平滑时间）
制造商原材料订货率平滑时间	5天
原材料累计过期量	INTEG（原材料过期量，0）
原材料过期率	0.05
原材料过期量	B国转运中心原材料过期量+C国转运中心原材料过期量
市场流失因子	WITH LOOKUP（产品缺货量，（[（0，0）-（25000，0.0015）]，（0，0），（5000，0.0001），（10000，0.0002），（15000，0.0004），（20000，0.0007），（25000，0.0011））
海上运输中断时长	0天
海上运输中断时间点	0天
海上运输中断模式	1-PULSE（海上运输中断时间点，海上运输中断时长）
海上运输到货量	MAX（DELAY1I（海上运输在途原材料数量，海上运输时间，0），0）
海上运输发货量	B国转运中心原材料库存×海上运输中断模式
海上运输在途原材料数量	INTEG（海上运输发货量-海上运输到货量-海上运输货损量，25000）
海上运输时间	2天
海上运输货损率	0.08
海上运输货损量	海上运输在途原材料数量×海上运输货损率
航空运输中断时长	0天
航空运输中断时间点	0天
航空运输中断模式	1-PULSE（航空运输中断时间点，航空运输中断时长）
航空运输到货量	MAX（DELAY1I（航空运输在途原材料数量，航空运输时间，0），0）
航空运输发货量	MAX（制造商原材料订货率平滑×航空运输中断模式，0）

续表

参数	值
航空运输在途原材料数量	INTEG（航空运输发货量−航空运输到货量−航空运输货损量，25000）
航空运输时间	1 天
航空运输货损率	0.05
航空运输货损量	MAX（航空运输在途原材料数量×航空运输货损率，0）
INITIAL TIME	0 天
FINAL TIME	200 天
TIME STEP	1 天

注：上述为初始模型的完整仿真方程，新 SD 模型将航空运输子系统流位系 $L_1(t)$-$L_3(t)$ 和公路运输子系统流位系 $L_5(t)$-$L_7(t)$ 位置调换即可，方程范式同上。

4.3　模型有效性检验

模型检验是进行仿真分析前必不可少的一步，只有证明模型是正确有效的，才能用来分析结论，从而得到科学的管理策略。

4.3.1　现实性检验

现实性检验是改变模型中某些变量的值，考察模型行为是否会发生符合现实性的变化。DM_i 表示脉冲函数，DT_i 和 DS_i 表示脉冲函数的两个自变量，不同的 DM_i 即为不同的运输中断风险，或者说不同的政策模拟。在初始模型中，3 个运输阶段的运输中断模式都是 $DM_i\{0,0\}$，即不存在运输中断风险。现在，假设航空运输阶段出现运输中断风险，设置运输中断模式为 $DM_1\{30,5\}$，将其与 $DM_i\{0,0\}$ 下的初始模型进行对比，得到 A 国供应商原材料库存 $L_1(t)$ 和 D 国制造商产品库存 $L_8(t)$。曲线变化如图 4-5、图 4-6 所示。

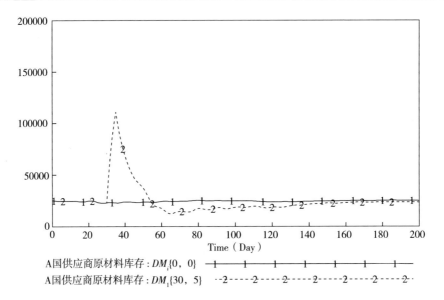

A国供应商原材料库存: $DM_i\{0, 0\}$ ————————————

A国供应商原材料库存: $DM_i\{30, 5\}$ --2----2----2----2----2----2----2-

图4-5　供应商原材料库存现实性检验

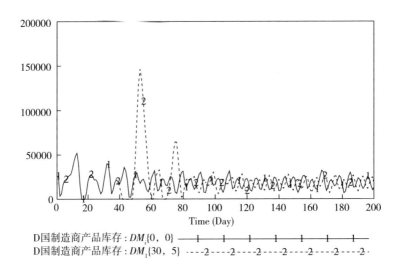

D国制造商产品库存: $DM_1\{0, 0\}$ ————————————

D国制造商产品库存: $DM_1\{30, 5\}$ ----2----2----2----2----2----2----2-

图4-6　制造商产品库存现实性检验

　　由图4-5、图4-6可以看出，当没有发生运输中断风险时，供应商和制造商的库存水平都比较稳定，供应商库存曲线较制造商更加平坦，这是因为前文假设供应商上游具有充分的供应能力，供货量等于订货量。当模型运行到第30天第一运输阶段发生时长为 5 天的运输中断时，因无法发运原材料，原材料堆积在供应商库存中，供应商原材料库存 $L_1(t)$ 从第 30 天开始直线上升，直到第 35 天恢复运输时，库存水平才开始慢慢下降，而制造商产品库存 $L_9(t)$ 在第 40 天左右才开始下降，这是因为航空运输阶段虽然没有发运原材料，但海上和公路运输阶段仍有在途原材料。第 40 天后，在途原材料全部到货，没有后续供应，制造商产品库存 $L_9(t)$ 开始下降，恢复运输初期，受到严重缺货和"牛鞭效应"的影响，制造商产品库存 $L_9(t)$ 曲线震荡幅度变大。模型行为符合现实性，模型通过现实性检验。

4.3.2　极端性检验

极端性检验时将模型中某些参数调整至极限值，检验模型在极端情况下的变化。下面将产品市场需求 $A_{91}(t)$ 调整为 0，得到其与原模型中 A 国供应商原材料库存 $L_1(t)$、D 国制造商产品库存 $L_9(t)$ 的对比，具体如图 4-7、图 4-8 所示。

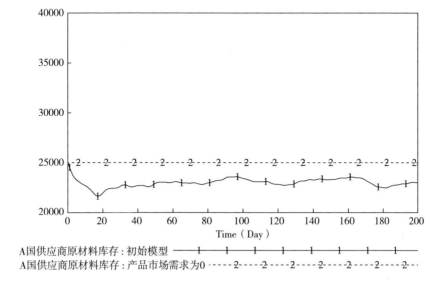

图 4-7　供应商原材料库存极端性检验

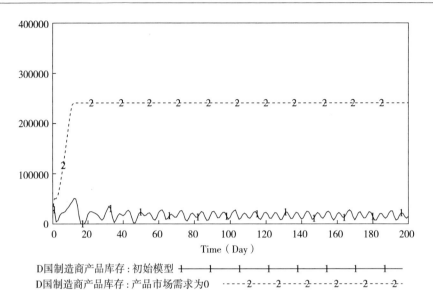

D国制造商产品库存：初始模型 ┼────┼────┼────┼────┼────┼
D国制造商产品库存：产品市场需求为0 ───2────2────2────2────2────2

图 4-8　制造商产品库存极端性检验

由图 4-7、图 4-8 可以看出，无产品市场需求也就意味着供应链没有订单，A 国供应商原材料库存 $L_1(t)$ 保持初始值 25000 件不变，而 D 国制造商产品库存 $L_9(t)$ 在初期处于上升态势。这是因为各个运输阶段和转运中心还存在在途原材料，当在途原材料全部到货时，$L_9(t)$ 也稳定在某一水平不再发生变化，这一现象符合极端情况下的模型行为，模型通过极端性检验。

4.4　模型仿真分析

食品供应链中断的一大危害是将导致原材料变质和过期，同时，由于快消食品可替代性强，缺货极易造成市场需求流失，故使用产品市场累计流失量 $L_9(t)$ 和原材料累计过期量 $L_{10}(t)$ 来衡量运输中断风险。SD 仿真的目的不在于得到具体的数值，而在于考察不同政策参数条件下系统的状态会发生什么样的变化，因此，观察的重点是不同运输中断模式下 $L_9(t)$ 和 $L_{10}(t)$ 的曲线变化行为。

4.4.1   不同运输阶段运输中断风险对比

不同的运输阶段发生运输中断时，对供应链的影响应当是不同的。例如，当航空运输阶段发生运输中断时，原材料堆积在 A 国供应商处，虽然没有发运，但是 A 国制造商具有充足的储藏能力，而海上、公路运输阶段发生运输中断时，原材料将堆积在转运中心，转运中心的储藏技术水平较差，将有大量原材料过期。为了得出每个运输阶段发生运输中断风险对供应链的绩效影响，设置了 3 种分离中断：$DM_1\{30, 5\}$、$DM_2\{30, 5\}$ 和 $DM_3\{30, 5\}$，从而得到原材料累计过期量 $L_{10}(t)$ 和产品市场累计流失量 $L_9(t)$ 的对比，具体如图 4-9、图 4-10 所示。

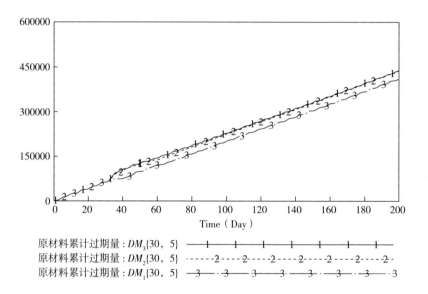

图 4-9   原材料累计过期量对比（1）

由图 4-9、图 4-10 可以看出，$DM_3\{30, 5\}$ 模式下的原材料累计过期量 L_{10} (t) 最高，$DM_2\{30, 5\}$ 模式下的原材料累计过期量 $L_{10}(t)$ 次之，而 $DM_1\{30,$ $5\}$ 最低。这是因为公路运输阶段发生运输中断风险时原材料将同时堆积在 B 国、C 国两个转运中心，具有最高的腐蚀过期风险；而海上运输阶段发生运输中断风险时原材料只会堆积在 B 国转运中心，腐蚀过期风险较小；航空运输阶段发生运

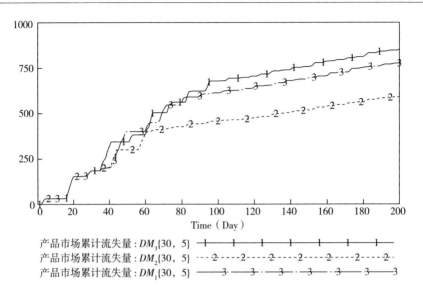

图 4-10　产品市场累计流失量对比（1）

输中断风险时原材料堆积在供应商处，腐蚀过期风险最低。而在市场流失方面，$DM_3\{30, 5\}$ 模式下的产品市场累计流失量最大，$DM_1\{30, 5\}$ 次之，$DM_2\{30, 5\}$ 最小。位于整个运输流程起点的航空运输中断具有最高的产品市场流失风险，位于运输流程中间位置的海上运输中断具有最低的产品市场流失风险。这是因为中间位置的中断可以同时缓和上游和下游的库存积累，将供应链的"牛鞭效应"降到最低。上述仿真结果表明，不同运输阶段发生运输中断风险时所带来的供应链损失是不同的，企业要差异化管理每个运输阶段，对中断损失较高的运输阶段投入更多的资金进行改善。除此之外，选择不同的指标作为绩效标准时，运输中断风险所带来的损失也是不同的，若企业的目标是减少过期量，那么对于 3 个运输阶段的管理重点顺序应为公路运输阶段>海上运输阶段>航空运输阶段；若企业的目标是减少市场流失，那么对于 3 个运输阶段的管理重点顺序应为公路运输阶段>航空运输阶段>海上运输阶段。因此，企业要根据自己的战略目标和利益导向，选择适合自身的管理方针。容易看出，无论选择哪个指标作为绩效标准，优先重点管理公路运输阶段都是企业的占优战略。

4.4.2　不同类型运输中断风险对比

由于采用多式联运运输方式，故存在两种不同类型的运输中断：分离中断和混合中断。实践证明，混合中断不容忽视，那么，它和分离中断相比，哪个具有更高的危害性呢？为了分析这个问题，本章设置分离中断 $DM_1\{30,5\}$、$DM_2\{30,5\}$ 和混合中断 $DM_1\{30,5\}\times DM_2\{30,5\}$，得到原材料累计过期量和产品市场累计流失量的对比，具体如图4-11、图4-12所示。

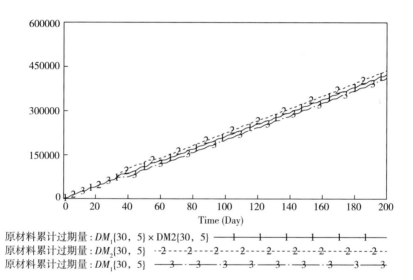

原材料累计过期量：$DM_1\{30,5\}\times DM2\{30,5\}$ ——1——1——1——1——1——1——1——1——
原材料累计过期量：$DM_2\{30,5\}$ -2----2----2----2----2----2----2----2--
原材料累计过期量：$DM_1\{30,5\}$ ——3——3——3——3——3——3——3——3——

图4-11　原材料累计过期量对比（2）

图4-11、图4-12仿真结果十分有趣，混合中断 $DM_1\{30,5\}\times DM_2\{30,5\}$ 模式下原材料累计过期量风险水平和产品市场累计流失量风险水平都介于分离中断 $DM_1\{30,5\}$ 和 $DM_2\{30,5\}$ 之间。这表明混合中断均衡了两种分离中断的风险损失水平。混合中断 $DM_1\{30,5\}\times DM_2\{30,5\}$ 模式下的原材料累计过期量低于 $DM_2\{30,5\}$ 模式；高于 $DM_1\{30,5\}$ 模式；而混合中断 $DM_1\{30,5\}\times DM_2\{30,5\}$ 模式下的产品市场累计流失量低于 $DM_1\{30,5\}$ 模式，高于 $DM_2\{30,5\}$ 模式，出现上述两个结果的原因是：①当海上运输阶段发生运输中断

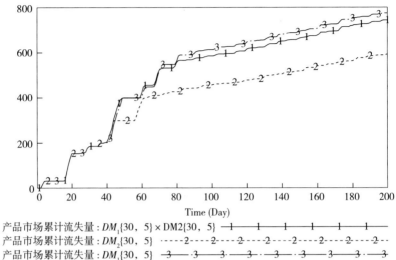

产品市场累计流失量：$DM_1\{30, 5\} \times DM2\{30, 5\}$ —1——1——1——1——1——1——1——1——1—

产品市场累计流失量：$DM_2\{30, 5\}$ ---2---2---2---2---2---2---2---2---2---

产品市场累计流失量：$DM_1\{30, 5\}$ —3——3——3——3——3——3——3——3——3—

图 4-12　产品市场累计流失量对比（2）

时，航空运输阶段如果继续发运货物，将使货物堆积在 B 国转运中心处，这将导致更多的原材料过期。②当公路运输阶段发生运输中断时，海上运输和公路运输将继续发运货物使其堆积在 D 国制造商处，这种过量堆积将导致供应链系统"牛鞭效应"放大，给供应链后期带来更高的损失。本章还可以进一步得出一些有趣的结论：当企业选择原材料累计过期量作为绩效指标时，若海上运输阶段不可避免地发生运输中断风险，航空运输阶段同时发生运输中断风险竟然是一件"好事"，因为 $DM_1\{30, 5\} \times DM_2\{30, 5\}$ 模式下的原材料累计过期量低于 $DM_2\{30, 5\}$ 模式；而当企业选择产品市场累计流失量作为绩效指标时，若航空运输阶段不可避免地发生运输中断风险，海上运输阶段同时发生运输中断风险竟然也是一件"好事"，因为 $DM_1\{30, 5\} \times DM_2\{30, 5\}$ 模式下的产品市场累计流失量低于 $DM_1\{30, 5\}$ 模式。这启示我们，有时多式联运中发生多处运输中断风险优于单处运输中断风险。

4.4.3　不同混合运输中断风险对比

由前文分析可知，混合中断模式下供应链绩效水平不同于分离中断，而对于具有 3 个运输阶段的多式联运模式来说，混合中断不止一种，因此，有必要分析一下不同混合运输中断下供应链的绩效。利用穷举法不难发现，混合中断模式共有 4 种：$DM_1\{30，5\}×DM_2\{30，5\}$、$DM_1\{30，5\}×DM_3\{30，5\}$、$DM_2\{30，5\}×DM_3\{30，5\}$ 和 $DM_1\{30，5\}×DM_2\{30，5\}×DM_3\{30，5\}$。我们分别将这 4 种混合中断进行仿真并对比，得到的结果如图 4-13、图 4-14 所示。

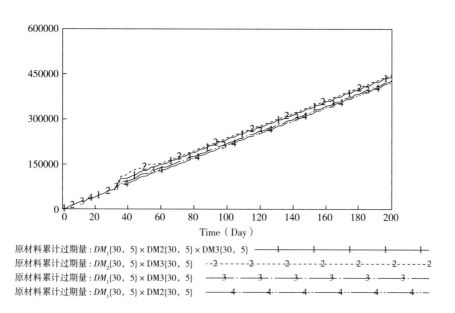

原材料累计过期量：$DM_1\{30，5\}×DM2\{30，5\}×DM3\{30，5\}$ ————1————1————1————1————1

原材料累计过期量：$DM_2\{30，5\}×DM3\{30，5\}$ -‐2-‐-‐2-‐-‐2-‐-‐2-‐-‐2-‐-‐2-‐-‐2

原材料累计过期量：$DM_1\{30，5\}×DM3\{30，5\}$ ——3————3————3————3————3————3—

原材料累计过期量：$DM_1\{30，5\}×DM2\{30，5\}$ ——4————4————4————4————4————4—

图 4-13　原材料累计过期量对比（3）

由图 4-13、图 4-14 可知，$DM_2\{30，5\}×DM_3\{30，5\}$ 模式具有最高的原材料累计过期量 $L_{10}(t)$，而 $DM_1\{30，5\}×DM_3\{30，5\}$ 模式的原材料累计过期量 $L_{10}(t)$ 最低。但是，在产品市场累计流失量 $L_9(t)$ 方面，$DM_1\{30，5\}×DM_3\{30，5\}$ 模式最高。这表明 $DM_1\{30，5\}×DM_3\{30，5\}$ 模式对于两个绩效指标的影响呈两极分化，对于只追求市场份额而对原材料过期量并无过多要求的企业来说，要严格统筹管理航空运输阶段和公路运输阶段，将它们出现同时中断的可能性降到最低；对于追求最低原材料过期量的企业来说，应当统筹管理海上运输阶段和公路运输阶段，防止这两者出现同时中断。

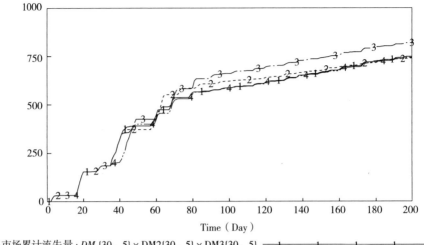

产品市场累计流失量：$DM_1\{30，5\} \times DM2\{30，5\} \times DM3\{30，5\}$ —— 1 —— 1 —— 1 —— 1 —— 1 ——
产品市场累计流失量：$DM_2\{30，5\} \times DM3\{30，5\}$ —— 2 ---- 2 ---- 2 ---- 2 ---- 2 ----
产品市场累计流失量：$DM_1\{30，5\} \times DM3\{30，5\}$ —— 3 —— 3 —— 3 —— 3 —— 3 ——
产品市场累计流失量：$DM_1\{30，5\} \times DM2\{30，5\}$ —— 4 —— 4 —— 4 —— 4 —— 4 ——

图 4-14　产品市场累计流失量对比（3）

4.5　新型多式联运模式下的新模型与仿真分析

在本章的初始模型中，多式联运模式为航空运输→海上运输→公路运输。但是，在实际中，多式联运的模式是多种多样的，上述结论分析是基于"航空运输→海上运输→公路运输"这一多式联运模式进行的，对于其他多式联运模式来说，上述结论会发生变化吗？鉴于此，本节调整初始模型，将航空运输子系统流位系 $L_1(t)$-$L_3(t)$ 和公路运输子系统流位系 $L_5(t)$-$L_7(t)$ 的顺序进行调换，形成新的多式联运系统动力学模型，其运输流程为公路运输→海上运输→航空运输。

4.5.1　新型多式联运模式下不同运输阶段运输中断风险对比

在新的多式联运 SD 模型中，使用同样的方法，设置了 3 个运输阶段分别中断的情境，将 3 种分离中断情境下的两个绩效指标进行对比，对比结果如图

4-15、图 4-16 所示。

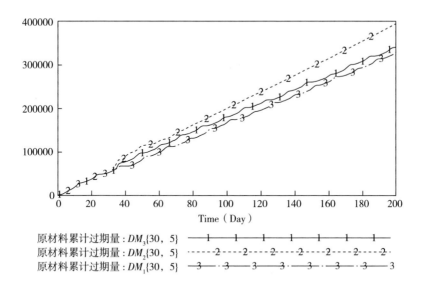

图 4-15　原材料累计过期量对比（4）

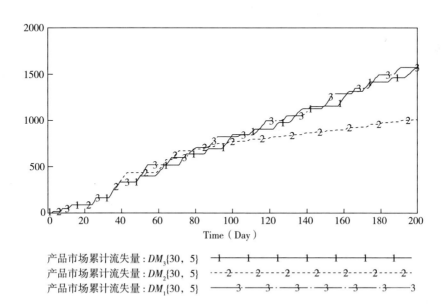

图 4-16　产品市场累计流失量对比（4）

由仿真结果可以看出，不同多式联运模式下，相同的分离中断模式下的风险水平也变得不同。"航空运输→海上运输→公路运输"多式联运模式下的分离中断原材料累计过期量风险水平为 $DM_3\{30, 5\}>DM_2\{30, 5\}>DM_1\{30, 5\}$，产品市场累计流失量风险水平为 $DM_3\{30, 5\}>DM_1\{30, 5\}>DM_2\{30, 5\}$；而"公路运输→海上运输→航空运输"多式联运模式下分离中断原材料累计过期量风险水平改变为 $DM_2\{30, 5\}>DM_3\{30, 5\}>DM_1\{30, 5\}$，产品市场累计流失量风险水平改变为 $DM_1\{30, 5\}>DM_3\{30, 5\}>DM_2\{30, 5\}$。这表明运输中断风险水平不只和发生中断的运输阶段位置有关，还和该运输阶段采取何种运输方式有关，航空运输、海上运输和公路运输作为不同的运输方式，发生运输中断时所产生的风险水平也是不一样的。除此之外，两种多式联运模式下，位于同一运输阶段即第一运输阶段的航空运输和公路运输发生中断时的原材料累计过期量风险水平都是最小的。这表明第一位置的运输阶段具有最低的原材料累计过期量风险，这种风险和采用何种运输方式无关。因此，无论何种多式联运模式，优先管理第一位置的运输阶段都是最小化原材料过期量目标导向企业的劣战略。

4.5.2 新型多式联运模式下不同类型运输中断风险对比

在新的多式联运 SD 模型中，使用同样的方法，设置了分离中断 $DM_1\{30, 5\}$、$DM_2\{30, 5\}$ 和混合中断 $DM_1\{30, 5\}×DM_2\{30, 5\}$ 3 种运输中断情境，得到原材料累计过期量 $L_{10}(t)$ 和产品市场累计流失量 $L_9(t)$ 的对比，具体如图 4-17、图 4-18 所示。

由图 4-17 和图 4-18 仿真结果可以看出，"航空运输→海上运输→公路运输"与"公路运输→海上运输→航空运输"两种多式联运模式下的分离中断和混合中断原材料累计过期量风险水平大小关系一样，而产品市场累计流失量风险水平大小关系发生了改变，"公路运输→海上运输→航空运输"多式联运模式下的混合中断产品市场累计流失量风险水平不再介于两种分离中断之间。这是因为航空运输具有最低的货损和运输延迟，当航空运输位于运输流程终点时，其低货损率和低运输延迟降低了分离中断发生后的库存积压水平和"牛鞭效应"，使缺货水平降低，产品市场流失减少。

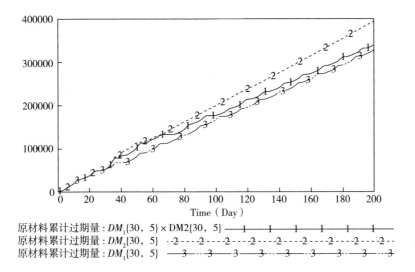

原材料累计过期量：$DM_1\{30,5\} \times DM2\{30,5\}$ ——1——1——1——1——1——1——1——1——

原材料累计过期量：$DM_2\{30,5\}$　-2---2---2---2---2---2---2---2---2-

原材料累计过期量：$DM_1\{30,5\}$　——3——3——3——3——3——3——3——3——3

图 4-17　原材料累计过期量对比（5）

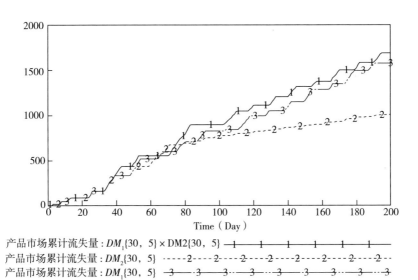

产品市场累计流失量：$DM_1\{30,5\} \times DM2\{30,5\}$ ——1——1——1——1——1——1——

产品市场累计流失量：$DM_2\{30,5\}$　----2---2---2---2---2---2---2---2-

产品市场累计流失量：$DM_1\{30,5\}$　——3——3——3——3——3——3——3——3

图 4-18　产品市场累计流失量对比（5）

4.5.3 新型多式联运模式下不同混合运输中断风险对比

在新的多式联运 SD 模型中，使用同样的方法，设置了 4 种混合中断情境：$DM_1\{30, 5\} \times DM_2\{30, 5\}$、$DM_1\{30, 5\} \times DM_3\{30, 5\}$、$DM_2\{30, 5\} \times DM_3\{30, 5\}$ 和 $DM_1\{30, 5\} \times DM_2\{30, 5\} \times DM_3\{30, 5\}$。分别将这 4 种混合中断进行仿真并对比，得到的结果如图 4-19、图 4-20 所示。

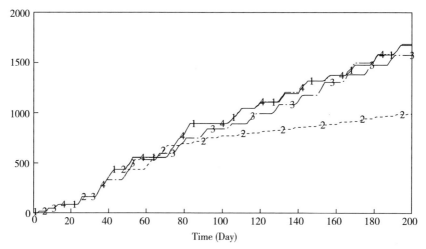

产品市场累计过期量：$DM_1\{30, 5\} \times DM2\{30, 5\} \times DM3\{30, 5\}$ —1—1—1—1—1—1—

产品市场累计过期量：$DM_2\{30, 5\} \times DM3\{30, 5\}$ ----2----2----2----2----2----2

产品市场累计过期量：$DM_1\{30, 5\} \times DM3\{30, 5\}$ —3—·—3—·—3—·—3—·—3—·—3

产品市场累计过期量：$DM_1\{30, 5\} \times DM2\{30, 5\}$ —4—·—4—·—4—·—4—·—4—·—4

图 4-19 原材料累计过期量对比（6）

由图 4-19、图 4-20 仿真结果可以看出，"航空运输→海上运输→公路运输"与"公路运输→海上运输→航空运输"两种多式联运模式下的不同混合中断模式原材料累计过期量风险水平大小关系是一样的，同时，产品市场累计流失量风险水平大小关系发生了改变，采用"公路运输→海上运输→航空运输"多式联运模式时 $DM_1\{30, 5\} \times DM_2\{30, 5\}$ 情境下的产品市场累计流失量风险水平最高的。这表明新型多式联运模式下，混合中断的管理策略已经发生了改变。

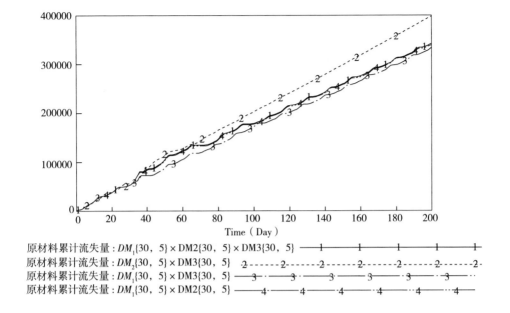

原材料累计流失量：$DM_1\{30, 5\} \times DM2\{30, 5\} \times DM3\{30, 5\}$
原材料累计流失量：$DM_2\{30, 5\} \times DM3\{30, 5\}$
原材料累计流失量：$DM_1\{30, 5\} \times DM3\{30, 5\}$
原材料累计流失量：$DM_1\{30, 5\} \times DM2\{30, 5\}$

图 4-20　产品市场累计流失量对比（6）

4.6　本章小结

随着经济全球化的推进，全球生产和跨国供应已经成为全球化浪潮中不可阻挡的趋势，不同国家具有不同的成本和资源优势，跨国供应链已经成为企业竞争的优势之一。但是，近年来，国际社会各种矛盾凸显，国际环境剧烈变化，全球生产网络变得极其不稳定，运输中断风险增加。随着生活水平的提高和旅游出行频率的增加，快消食品在居民消费中所占的比例越来越大，具有原材料腐蚀性质和市场流失性质的快消食品供应链发生运输中断时所带来的损害往往要高于普通产品供应链，基于此，本章以快消食品企业为背景，建立了运输过程涵盖 4 个国家的多式联运两级供应链系统动力学模型，通过仿真分析，得到以下结论以及相应的管理启示：

（1）选择不同的绩效指标作为标准时，管理决策也是不同的，在"航空运输→海上运输→公路运输"多式联运模式下，若企业的目标是减少过期量，那么对于3个运输阶段的管理重点顺序应为公路运输阶段>海上运输阶段>航空运输阶段；若企业的目标是减少市场流失，那么对于3个运输阶段的管理重点顺序应为公路运输阶段>航空运输阶段>海上运输阶段。除此之外，无论选择哪个指标作为绩效标准，优先重点管理公路运输阶段都是企业的占优战略。因此，这种多式联运模式下的企业投资改善公路运输阶段的运输能力，能够获得最大的效益。

（2）在"公路运输→海上运输→航空运输"多式联运模式下，对于3个运输阶段的管理重点顺序发生了变化，这表明运输中断风险水平不只和发生中断的运输阶段位置有关，还和该运输阶段采取何种运输方式有关，航空运输、海上运输和公路运输作为不同的运输方式，发生运输中断时所产生的风险水平也是不一样的。并且，此时企业不存在占优战略。但是，在两种多式联运模式下，优先管理第一位置的运输阶段都是最小化原材料过期量目标导向企业的劣战略，因此，不管采用何种多式联运模式，第一位置的运输阶段的管理都应该被两个目标导向的企业放到战略管理的次要地位。

（3）由于原材料堆积在转运中心会产生大量过期的现象，靠后的运输阶段发生运输中断时所带来的原材料过期风险总是要高于靠前的运输阶段，故以降低原材料过期量为目标导向的企业应该着力投资改善较为靠后的运输阶段的运输能力，降低其运输中断风险。

（4）不同类型的运输中断，即分离中断和混合中断所带来的风险水平也是不同的，在"航空运输→海上运输→公路运输"多式联运模式下，混合中断模式下原材料累计过期量风险水平和产品市场累计流失量风险水平都介于分离中断模式之间。因此，在这种多式联运模式下，航空运输或海上运输其中一个运输阶段发生运输中断风险时，企业要立即停止另一个运输阶段的货物运输工作。

（5）在"航空运输→海上运输→公路运输"多式联运模式下，追求最低原材料过期量的企业，应当统筹管理海上运输阶段和公路运输阶段，防止这两者出现同时中断，即混合中断；追求市场份额而对原材料过期量并无过多要求的企业，要严格统筹管理航空运输阶段和公路运输阶段，将它们出现混合中断的可能性降到最低。在"公路运输→海上运输→航空运输"多式联运模式下，这种混合中断的管理策略发生了改变。

（6）本章只探讨了"航空运输→海上运输→公路运输"与"公路运输→海上运输→航空运输"两种多式联运模式，事实上，若根据排列组合原理，将存在 6 种不同的多式联运模式。随着运输阶段或者运输工具的增加，多式联运模式将变得更多，由于篇幅所限，不再一一进行仿真分析。从两个多式联运模式可以看出，不同多式联运模式的相同运输中断将产生不同的风险水平，因此，企业更要根据自身供应链多式联运模式的特点，针对运输中断风险采取合适的管理方针。

本章研究丰富了快消食品企业跨国多式联运运输中断风险的研究，为跨国供应链实施运输中断风险管理提供了科学的决策支持。本章的不足之处是没有考虑每种运输方式的中断概率，一般而言，每种运输方式的中断概率是不一样的，因此，这将成为后续研究的方向之一。

第5章　基于系统动力学视角的全球供应中断和国际贸易风险研究

5.1　引言

当今世界动荡不安、逆全球化思潮等都让全球供应链变得越来越脆弱。根据世界贸易组织 2022 年报告的数据，2021 年第三季度全球商品贸易总量下降了约0.8%，同时预测全球经济的复苏可能会变得缓慢①。全球供应链的中断会导致供应链成员外部成本的增加，从而显著影响全球供应链各成员生产及市场价值（Lewis et al.，2013）。值得注意的是，新冠疫情对以离岸外包为基础的全球供应链产生了深远影响（Lin et al.，2021；Singh et al.，2021；Chen & Chang，2021）。在意大利举行的 2021 年 G20 峰会上，全球供应链中断是核心议题之一。而在业内，一些著名的制造公司经历了减产。比如，汽车制造商丰田公司削减了生产量②，这只是 2021 年全球半导体短缺的一个缩影（Leslie，2022）。此外，恶劣天气和其他自然灾害因素也经常扰乱全球供应链。因此，供应中断风险不可避免地成为全球制造网络一个非常重要的问题。与此同时，全球化正面临其他挑战。比如，汇率和关税的波动会影响全球供应链各成员的利益。正如 Dong 和Kouvelis（2020）所指出的那样，关税和汇率波动在与离岸外包的全球生产网相

---

① https：//www.wto.org/english/news_e/pres20_e/pr862_e.htm.

② https：//peoplesdaily.pdnews.cn/business/toyota-cuts-production-further-on-virus-issues-chip-woes-228219.html.

关的决策过程中起着更重要的作用。因此，贸易风险下离岸外包全球生产网络越来越受到关注。采用何种适当的方法来应对全球供应链中断和国际贸易风险已成为学术界和工业界的重要课题之一。

基于全球制造业生产网络中断和贸易风险的复杂性，本章将运用系统仿真分析方法，研究供应中断和贸易风险对全球生产网的影响。首先，我们使用系统动力学构建基于离岸外包的全球生产网系统动力学仿真模型，同时考虑供应中断和国际贸易风险。根据模拟结果，我们将设计一套降低这些风险的机制，并为从业者提供一些政策建议和管理启示。从理论角度来讲，我们的研究是最早研究全球外包装配供应链系统（即基于离岸的生产网络）的中断和贸易风险的研究之一。其次，我们将进行全球生产网络在独立中断和同时中断两种不同情况下的比较，为全球生产网相关研究做出贡献。从现实角度来讲，本章将为管理者设计一些有效的机制来缩短中断恢复时间，动态惩罚机制被证明是降低全球生产网中断风险的有效策略。同时，我们证明了在这种动态惩罚机制下，合同制造商（CM）存在唯一的最优原材料价格，原始设备制造商（OEM）存在唯一的最优产品价格。这项研究还意味着，实施成本分摊机制的公司可以有效减轻 GPN 的贸易风险。在这种成本分摊机制下，全球生产网还存在最优原材料价格和产品价格。全球生产网的所有成员都有动力实施这一机制，因为它们都可以从这一机制中受益。

尽管经济全球化带来了诸多便利，但是也面临一定的风险，全球制造加剧了这种风险（Barry，2004；Manuj & Mentzer，2008a，2008b）。相比本地制造，全球制造的不确定因素也受到越来越多的关注，此外，相关研究表明，中断事件的成本自 20 世纪 60 年代以来增长了 1000%（Tang，2006）。许多学者也对全球供应链中断问题进行了深入的研究。比如，Singh 等（2012）提出了一个多阶段全球生产网问题的模型，其中包含一组风险因素。Dillon 和 Mazzola（2010）调查了一个供应风险网络，以捕捉潜在的全球供应链中断。Lewis 等（2013）研究了全球供应链的入境口岸中断风险。Cruz（2013）研究了通过企业社会责任来降低全球生产网风险的问题。Hasani 和 Khosrojerdi（2016）考虑了中断和不确定性，并构造了一个强大的全球供应链网络的混合整数非线性模型。Yin 等（2017）研究了供应链中断的全球采购问题。Kwak 等（2018）研究了国际供应链现有结构中国际物流风险之间的相互作用。Chu 等（2020）提出了一个基于文本挖掘的全球生产网风险管理框架。Orlando 等（2022）使用欧洲公司数据的大规模样本，实证研究了内部供应链的中断风险。Sly 和 Soderbery（2022）分析了全球装配系统的中断风险。Ivanov（2020）通过模拟和优化软件研究了新冠疫情对全球供应链的影响。

同时，中断下全球供应链网络的涟漪效应吸引了学者的关注。Dolgui 和 Ivanov（2021）提出了涟漪效应和供应链中断管理的新趋势及研究方向。Hosseini 等（2020）构建了一个基于集成离散时间马尔可夫链和动态贝叶斯网络模型的新模型来量化涟漪效应。Sawik（2022）研究了涟漪效应下供应链弹性的随机优化，并提出了缓解和恢复战略以提高供应链的弹性。

由于全球生产供应链的环境比本地生产供应链更复杂，因此，系统动力学仿真方法非常适合分析全球生产网的复杂系统或全球供应链。然而，这一领域的相关文献并不多，只有少数文献关注系统动力学方法在全球供应链系统中的应用。例如，考虑到全球汽车工业国家之间的国际货物转移的复杂性和动态性，Choi 等（2011）考虑了汽车制造商的全球供应系统动力学模型。Bueno-Solano 和 Cedillo-Campos（2014）使用系统动力学分析了中断造成的破坏对全球供应链绩效的动态影响。

从现实背景出发，本章拟从全球装配生产网络的角度研究全球生产网的中断风险和贸易风险。首先，本章采用系统动力学方法全面描述了全球生产网的中断风险和贸易风险。特别是，目前还未发现有相关文献将系统动力学方法和博弈理论相结合来解决全球生产网的中断和贸易风险。而且本章提出的减少中断风险的缓解机制在实践中可以为管理者提供决策支持。其次，本章从系统动力学角度考察了全球生产网的贸易风险，并提出了降低贸易风险的成本分摊机制。本章旨在填补这方面的文献空白，并为全球制造业务的从业者提供一些启示。

5.2　符号说明及模型假设

在本节的模型中，我们考虑一个基于离岸外包的全球生产网。基于离岸外包的全球生产网具有成本低的优势，但企业需要应对许多风险，如中断和国际贸易风险。中断风险主要由外部不确定性引起。例如，新冠疫情的暴发使一些国家的国际运输受到影响，产生中断风险。国际贸易风险主要受国际贸易环境和宏观政策的影响，如关税和外汇汇率波动。因此，本章综合考虑了这两类风险因素，研究供应中断风险及其动态控制机制。同时，我们还分析并提供了应对国际贸易风险的机制。考虑到全球生产网的复杂性，本章运用系统动力学和博弈论，模拟和分析全球生产网的供给中断及国际贸易风险，为从业者提供启示。

总而言之，本章主要回答以下问题：

（1）全球生产网的供应中断和国际贸易风险会带来哪些危害？这些风险是如何传播给全球生产网中各成员的？

（2）从这项研究中可以得出哪些有效的机制来缓解供应中断和贸易风险？

（3）在应对全球生产网风险方面，能给从业者提供什么管理启示？

本章的模型结构，如图 5-1 所示。

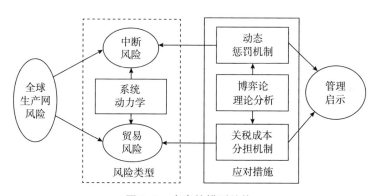

图 5-1　本章的模型结构

本章研究框架的独特之处在于，结合了两种定量方法来建模和评估与全球生产网相关的风险：系统动力学模拟用于理解和分析全球生产网中风险的动态行为，而博弈论用于分析降低风险的对策（即成本分担机制）。

为了方便模型的建立，我们给出如下的模型假设和符号：

模型假设：

（1）本章假设生产一种产品需要一个单位的类型 1 的原材料和一个单位的类型 2 的原材料。其中，CM S_i 独立生产类型 i 的原材料，$i=1$，2。

（2）CM、OEM 和产品销售市场位于三个不同的国家，其中，任何两个国家之间有不同的货币汇率和关税。

（3）在供应链中断期间，没有加急订单和应对需求损失的紧急供应。

（4）CM S_1 和 CM S_2 代表全球生产网中两类不同的供应商，其供应提前期和价格均不同。在不损失一般性的情况下，我们假设 CM S_1 的供应延迟（交货时间）比 CM S_2 长，并且 CM S_1 的采购价格要低于 CM S_2 的采购价格。

（5）两个 CM 的供应中断事件随时可能发生（具有随机性），并且可以在一定时间后恢复。

符号说明（按照字母顺序排列）：

i：GNP 系统的成员编号，$i=0$（OEM），1（CM S_1），2（CM S_2）。

t：系统仿真的周期数，$t=1$，2，…，T，（周）。

参数：

$ADT(i)$：不确定因素影响下 CM S_i 的平均中断恢复时间（CM S_i's average disruption recovery time affected by uncertain factors），$i=1$，2（周）。

$C(it)$：在 t 时刻 CM S_i 的消耗量（CM S_i's consumption at time t）（件）。

$D(t)$：在 t 时刻 OEM 的产品需求量（Product demand of OEM at time t）（件/周）。

$DRT(i)$：CM S_i 的中断恢复时间（CM S_i's disruption recovery time）（周）。

$DTI(it)$：在 t 时刻目标库存与现有库存量的差（Difference between target inventory and on-hand inventory at time t）（件）。

DLC：销售中断损失系数（Sales disruption loss coefficient）（无量纲）。

$DM(it)$：在 t 时刻 CM S_i 的供应中断影响因子（CM S_i's supply disruption impactor at time t）（无量纲）。

DST：需求平滑时间（Demand smoothing time）（周）。

$DS(t)$：在 t 时刻 OEM 的需求平滑（OEM's demand smoothing at time t）（件/周）。

$DT(i)$：CM S_i 的中断时刻（CM S_i's disruption instant）（周）。

$E(i)$：当 $i=0$，表示生产延迟（Production delay）；而当 $i=1$，2，表示 CM S_i 的供应延迟（CM S_i's supply delay）（周）。

FML：由销售中断导致市场损失的因子（Factors of market loss caused by sales

disruption）（无量纲）。

H：目标市场外币汇率的变化水平（The change level of the target market's foreign currency exchange rate）（无量纲）。

H_i：CM S_i 的外币汇率的变化水平（The change level of the CM S_i's foreign currency exchange rate），$i=1$，2（无量纲）。

$I(it)$：在 t 时刻的库存水平（Inventory at time t），$i=0$（OEM），1（CM S_1），2（CM S_2）（件）。

IAR：OEM 的库存调节率（OEM's inventory adjustment rate）（件/周）。

IAT：OEM 的库存调节时长（OEM's inventory adjustment time length）（周）。

$IC(it)$：在 t 时刻 i 的库存成本（Inventory cost for i at time t），$i=0$（OEM），1（CM S_1），2（CM S_2）（元）。

$LCSD(t)$：在 t 时刻因销售中断造成的损失成本（Lost cost of sales disruption at time t），$t=1$，2，…，T，（元/件）。

$MC(t)$：在 t 时刻的产品生产成本（Manufacturing cost of product at time t）（元）。

$MP(t)$：在 t 时刻的产品生产数量（The number of manufactured products at time t）（件）。

$ML(t)$：在 t 时刻的市场损失量（Manufacturing cost of product at time t）（件）。

$O(it)$：在 t 时刻的订单（Order at time t）（件）：当 $i=0$，它代表 OEM 的订单数量（OEM's order quantity）；而当 $i=1$，2，它代表 CM S_i 的原材料订单数量（CM S_i's raw materials order quantity）（件）。

$OD(it)$：在 t 时刻订单数量对 CM S_i 中断恢复时间的影响因子（The effect factor of order quantity on CM S_i's disruption recovery time at an instant of time t）（无量纲）。

$P(it)$：在 t 时刻的价格（Price at time t）：当 $i=0$，它代表产品的销售价格（selling price of product）；而当 $i=1$，2，它代表 CM S_i 采购原材料的采购价格（raw material procurement price of CM S_i）（元）。

$PO(t)$：在 t 时刻 OEM 的利润（OEM's profit at time t）（元）。

$PC(it)$：在 t 时刻 CM S_i 采购原材料 i 的采购成本（Procurement cost of raw material i at time t for CM S_i），$i=1$，2（元）。

  $PD(it)$：在 t 时刻单位采购价格对 CM S_i 中断恢复时间的影响因子（The effect factor of unit purchase price on CM S_i's disruption recovery time at time t），$i=1$，2（无量纲）。

  $Q(it)$：在 t 时刻 CM S_i 的供应数量（CM S_i's supplyquantity at time t），$i=1$，2（件）。

  $R(t)$：在 t 时刻 OEM 的收益（OEM's revenue at time t）（元）。

  $SDL(t)$：在 t 时刻销售中断水平（Sales disruption level at time t）（件）。

  $SL(t)$：在 t 时刻 OEM 的销售损失（Sales loss of OEM at time t）（件）。

  $SR(t)$：在 t 时刻销售收入（Sales revenue at time t）（元）。

  $SS(t)$：在 t 时刻 OEM 的安全库存（OEM's safety stock at time t）（件）。

  SSC：OEM 的安全库存系数（OEM's safety stock coefficient）（无量纲）。

  $TC(t)$：在 t 时刻 OEM 的总成本（OEM's total cost at time t）（元）。

  $TI(it)$：在 t 时刻 OEM 的目标库存（OEM's target inventory at time t）（$i=0$）（件）。

  $UIC(i)$：单位库存成本（Unit inventory cost）（元/件）。

  UMC：单位生产成本（Unit manufacturing cost）（元/件）。

  $USDP(i)$：CM S_i 的单位供应中断惩罚（CM S_i's unit supply disruption penalty）（$i=1$，2）（元/件）。

  $X(t)$：在 t 时刻的销售量（Sales at time t）（件）。

5.3 模型构建

  在本章中，我们假设全球生产网网络由两层构成：第一层是 OEM，第二层是 CM S_1 和 CM S_2。图 5-2 为整个模型的存量和流量图。此图从总体上概述了全球生产网每个层次之间的关系，并重点突出显示了主要反馈结构，但未显示具体的详细信息。

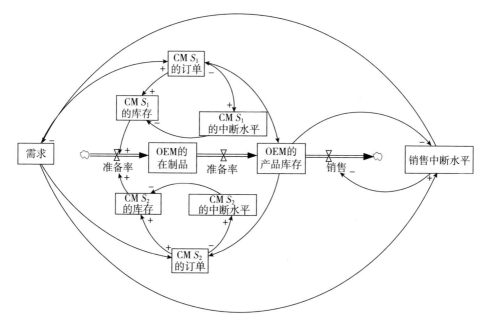

图 5-2　全球生产网络的整体结构

子系统和反馈回路如图 5-3 所示。在这个模型中，一共有 3 个子系统。其中，图 5-3（a）描述了需求、订单完成和库存的关系。在这个子系统中，市场

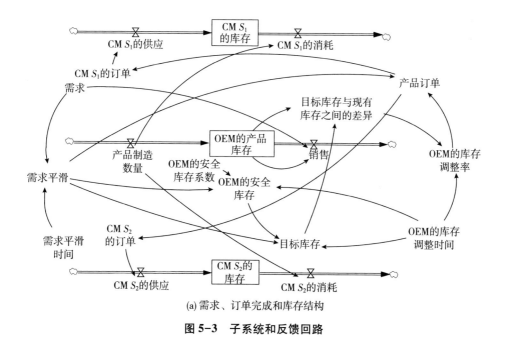

(a) 需求、订单完成和库存结构

图 5-3　子系统和反馈回路

需求、CM S_i 的供应和 OEM 的生产共同构成了一个复杂的全球生产网。图 5-3（b）描述了供应和中断的关系。在这个子系统中，反馈回路揭示了 CM S_i 的中断是如何影响 OEM 的生产的。图 5-3（c）描述了定价、成本和利润的关系。包含全球生产网络中所有层次的完整存量和流量图见附录 B。

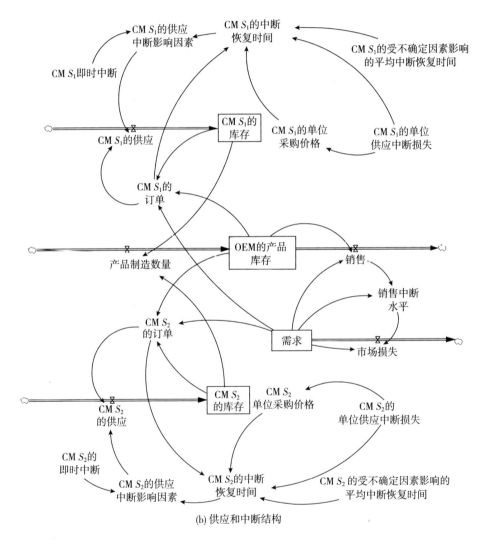

(b) 供应和中断结构

图 5-3　子系统和反馈回路（续）

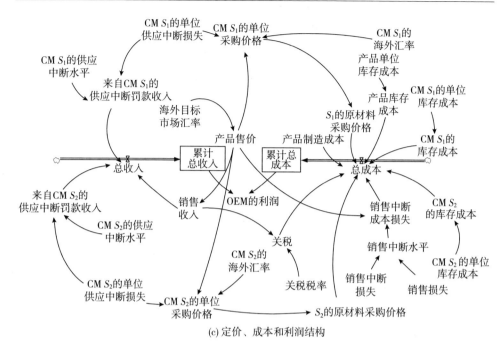

(c) 定价、成本和利润结构

图 5-3　子系统和反馈回路（续）

5.3.1　需求、订单完成和库存结构

（1）市场需求。我们首先假设在时刻 0 时的产品市场需求为一个满足正态分布的随机变量。正态随机分布是系统动力学仿真最常采用的分布之一。例如，Wilson（2007）、Gu 和 Gao（2017）也假设需求满足正态分布。销售过程中的中断将导致市场需求损失，市场需求在 t 时刻需要减去产品的市场损失，故市场需求在 t 时刻可以用式（5-1）来刻画。市场需求时刻在变，同时，市场需求的不确定性也是供应链管理中导致"牛鞭效应"产生的重要因素之一，因此，这个假设是合理的。

$$\begin{cases} D(t) = D(0) - \int_0^t ML(t)\,dt \\ D(0) \sim N(mean,\ standard deviation) \end{cases} \tag{5-1}$$

其中，需求的均值和标准差的初始值分别设置为 24000 件和 3000 件。在系统动力学仿真软件 Vensim DSS 中，我们采用以下表达式来刻画需求函数的方程：$D(0) = \text{RANDOM NORMAL}(20000, 30000, 24000, 3000, 25000)$。其中，表达式括号中的数字分别代表最小值、最大值、均值和标准差，以及需求的初始值。

为了描述供应中断对市场需求损失的影响，我们使用市场损失因子 $FML(t)$ 来代表市场份额的损失，因此，$FML(t)$ 是关于销售中断水平 $SDL(t)$ 的函数（式（5-2））。

$$\begin{cases} ML(t) = D(t) \times FML(t) \\ FML(t) = F(SDL(t)) \end{cases} \tag{5-2}$$

在式（5-2）中，$SDL(t) = DLC \times SL(t)$，其中，$DLC$ 为销售中断损失系数，它可以通过中断恢复时间和供应延迟时间（例如，供应提前期）计算得到，即

$$DLC = \frac{\dfrac{1}{2}\sum_{i=1}^{2} DRT(i)}{\dfrac{1}{2}\sum_{i=1}^{2} E(i)}$$

。这也意味着如果中断恢复时间等于供应延迟时间，那么就

不会产生中断损失，否则，就会出现中断损失。我们采用 $SL(t)$ 来表示销售损失，它可以通过式（5-3）计算得到。

$$SL(t) = MAX(D(t) - X(t), 0) = \begin{cases} D(t) - X(t), & D(t) - X(t) > 0 \\ 0, & \text{其他} \end{cases}, i = 1, 2$$

$$\tag{5-3}$$

$FML(t)$ 与 $SDL(t)$ 的函数关系可以设置为线性关系，即销售中断水平 $SDL(t)$ 越高，市场损失因子 $FML(t)$ 也越高，它的表达式如下：$FML(t) = 0.025 \times \dfrac{SDL(t)}{D(t)}$。

在这里，$\dfrac{SDL(t)}{D(t)}$ 代表缺货的比例，或者是缺货的概率。2.5% 是线性函数中表示由缺货引发损失程度的常数系数（或者由缺货引起消费者放弃或者转向购买其他产品的概率）。当然，不同产品的损失程度也不太相同。例如，在电子行业，由于替代产品的多样性，产品升级的频率也相对较高，因此，市场对于供应中断也非常敏感，而在品牌家具行业，由于消费者的忠诚度较高，消费者对于交货的中断并不会太过敏感。综上所述，我们也无法采用统一标准的常数系数来刻画所

有产品的损失。通过观察多种行业中产品的损失程度，在我们的模型中，我们采用折中值 2.5% 作为常数系数来刻画该损失程度。

由于市场需求的动态特征，任意周期的需求都与上一周期的需求有关。为了反映这种动态特征，平滑策略是一种预测市场需求的简单而有效的手段（Jacobs & Chase，2018），也就是说，当期预测的市场需求与前一周期实际的需求有关，我们定义平滑时间为 DST，而预测的市场需求可以通过式（5-4）获得：

$$DS(t) = \frac{\sum_{DST=1}^{DST} D(t-DST)}{DST} \tag{5-4}$$

在系统动力学仿真软件 Vensim 中，我们利用式 $DS(t) = SMOOTH(D(t)DST)$ 来表示平滑预测值。

（2）订单和 OEM 的库存。类似于 Mehrjoo 和 Pasek（2016）的研究，我们假设 OEM 以市场需求为导向，以现有库存量调整为库存策略。基于此，每期订货数量等于当期市场需求平滑和 OEM 库存调节率的和（式（5-5））。由于库存调节常常需要一定时间，故令 $DTI(it)$ 表示在 t 时刻目标库存和产品库存的差，而 IAT 表示库存调节时间。综上可知，我们可以通过式（5-6）得到平均库存调节率 IAR。

$$O(it) = DS(t) + IAR, \quad i=0 \tag{5-5}$$

$$IAR = \frac{DTI(it)}{IAT} = \frac{TI(it) - I(it)}{IAT}, \quad i=0 \tag{5-6}$$

由于需求具有随机性，为了防止出现缺货，OEM 通常会设置一定数量的安全库存，因此，在 t 时刻 OEM 目标库存水平等于在库存调节时间内的需求平滑 IAT 和安全库存的和。我们可以通过式（5-7）得到。参考 Wilson（2007）的研究，安全库存可以通过式（5-8）得到。

$$TI(it) = DS(t) \times IAT + SS(t) \tag{5-7}$$

$$SS(t) = DS(t) \times SSC \times IAT \tag{5-8}$$

在 OEM 层，只有当两种不同的原材料均到达时产品才可以被生产出来，因此，OEM 生产的产品数量与原材料合同制造商 CM S_1 和 CM S_2 的库存有关，在 t 时刻 OEM 生产的数量如式（5-9）所示。由于产品库存随着产品生产数量的增加而增加，同时随着市场销量的增加而减少，因此，在 t 时刻 OEM 生产产品的数量可以通过式（5-10）得到。

$$MP(t) = MIN(I(i(t-k)), I(j(t-k))), \quad i=1, \quad j=2, \quad k=E(0) \tag{5-9}$$

$$I(it) = I(i0) + \int_0^t (MP(t) - X(t))dt, \quad i=0 \tag{5-10}$$

式（5-9）表明，OEM 生产产品的数量和两个 CM 的最小库存有关。当 CM S_1 的原材料库存超过 CM S_2 的原材料库存时，生产的产品数量等于 CM S_1 的原材料库存，否则，它等于 CM S_2 的原材料库存。由于生产延迟的原因，且生产提前期为 $E(0)$，也就是说，在 t 时刻的生产产品的数量等于 $t-E(0)$ 时刻的原材料库存。在 Vensim 中，式（5-9）可以采用以下方程来实现：$MP(t) = DELAY1$ $(MIN(I(1t), I(2t)), E(0))$。而式（5-10）在 Vensim 中的方程为：$I(it) = IN-TEG(MP(t)-X(t), 0)$。

（3）订单和两个 CM 的库存。在 CM 层，CM S_i 订单取决于 OEM 的订单数量与 CM S_i 的库存之差。当 OEM 的订单数量大于 CM S_i 的库存时，CM S_i 立即对库存进行补货。当 OEM 的订单数量少于 CM S_i 的库存时，CM S_i 无须对库存进行补货即可满足 OEM 的订单需求（式（5-11））。不难发现，CM S_i 的库存随着它的供应（例如，生产数量）而增加，同时随着消耗而减少，具体如式（5-12）所示。

$$O(it) = MAX(O(0t) - I(it), 0) = \begin{cases} O(0t) - I(it), & O(0t) > I(it) \\ 0, & O(0t) < I(it) \end{cases}, \quad i=1, 2 \tag{5-11}$$

$$I(it) = I(i0) + \int_0^t Q(it) - C(it)dt; \quad i=1, 2 \tag{5-12}$$

在 Vensim 中，式（5-12）可以通过以下函数来实现：$I(it) = INTEG(Q(it) - C(it), 0)$。

5.3.2 供应和中断的结构分析

为了刻画现实情况，模型中考虑了两个 CM 发生中断的情形。通常来说，供应中断不一定等于销售中断，由于市场需求的不确定性以及供应链内部的信息反馈延迟和生产的不对称性，供应稳定的情况下也会出现销售中断的现象。而在制造商企业设立一定的安全库存的情况下，短期的供应中断也不一定会引起销售中断。同时，供应中断与销售中断往往不是同时发生的，销售中断具有一定的延迟性。产品缺货会给企业带来很多负面影响，如降低消费者的满意度、降低企业的品牌价值，且最关键的是会造成市场的流失，消费者可能会放弃该产品，转用其他替代品。因此，本章将销售中断带来的降低消费者满意度和降低企业品牌价值等负面影响统设为销售中断损失，将产品生产需求量设为流位变量，将销售中断带来的产品市场流失现象设为速率变量。主要的建模过程如下：

（1）供应中断影响因子。在模型中，我们使用供应中断因子 $DM(it)$ 来表示供应中断对 CM 订单的影响，同时如式（5-13）所示，CM S_i 的供应数量可以采用订单数量 $O(it)$ 乘以 $DM(it)$ 来得到。CM S_i 的中断因子取决于中断发生的时刻和中断恢复时间，具体如式（5-14）所示。

$$Q(it)=O(i(t-E(i)))\times DM(i(t-E(i))), \quad i=1, 2 \tag{5-13}$$

$$DM(it)=\begin{cases} 0, & DT(it)<t<DT(it)+DRT(i) \\ 1, & 其他 \end{cases}, \quad i=1, 2 \tag{5-14}$$

在 Vensim 软件中，式（5-13）可以用 DELAY 函数来实现，即 $Q(it)=DELAY3(O(it)\times DM(it), E(i), 0)$。同时，式（5-14）可以用 PULSE 函数来实现，即 $DM(it)=1-PULSE(DT(it), DRT(i))$。

（2）中断恢复时间。当供应中断发生时，紧急启动一定的供应恢复措施。在现实生活中，供应商在供应中断发生时恢复供应的动力与购买者的重要性有关，而购买者的重要性又与购买者从供应商处采购的价格和订单数量有紧密的关系。通常，购买者的采购价格越高以及订单数量越多，供应商恢复供应的动力也会越高（这是由于它们能从恢复供应中获取高额的利润）。因此，CM 的中断恢复时间 $DRT(it)$ 可以采用式（5-15）来表示，其中，$ADT(it)$ 表示平均中断恢复时间，$PD(it)$ 和 $OD(it)$ 分别表示单位订单价格和订单数量对于中断恢复时间的影响，而且它们是一个关于原材料的采购价格和 OEM 的订单数量的递减函数，具体如式（5-16）和式（5-17）所示。

$$DRT(it)=ADT(it)\times PD(it)\times OD(it), \quad i=1, 2 \tag{5-15}$$

$$OD(it)=f(O(it)), \quad i=1, 2 \tag{5-16}$$

$$PD(it)=g(P(it)), \quad i=1, 2 \tag{5-17}$$

在系统动力学模型中，将 $OD(it)$ 中的函数 $f(\cdot)$ 和 $PD(it)$ 中的函数

$g(\cdot)$ 设置为表函数，这两个表函数的取值如表 5-1 所示。与现实情况一致，订单数量 $O(it)$ 很显然是一个正数。订单 $O(it)$ 的最大值与安全库存和市场需求有关。考虑到安全库存的可调性和市场需求的随机变化性，将订单 $O(it)$ 的最大值设置为安全库存和市场需求之和的两倍。因此，$O(it) \in [0, 100000]$，而且 $OD(it)$ 又是一个无量纲的系数，代表着订单这个影响因素的重要性。故 $OD(it)$ $\in [0, 1]$。产品的市场销售价格 P 为一个随机变量，而且其分布函数的最大值设置为 3000 元，因此，$P(it) \in [0, 3000]$。

当 $O(it) = 0$ 时，意味着没有订单，同时 $OD(it)$ 对 CM 没有影响，因此，OD $(it) = 1$。当 $O(it)$ 增加时，CM 为了缩短中断恢复时间而做出努力的动力也会增加，故中断恢复时间也会变得更短。因此，影响因子 $OD(it)$ 以 0.99，0.97，0.94，…，0.70 的趋势下降。表 5-1 中第一行的值不和第二行的值一一对应。在这里，表 5-1 主要用来描述两个变量之间的负相关的关系（Ivanov，2020），也就是说，当 $O(it)$ 以 0、10000、20000、30000……的规律呈现上升趋势时，$OD(it)$ 则以 1，0.99，0.97，0.94，…，0.70 的规律呈现下降趋势。类似地，$PD(it)$ 的设置如表 5-1 所示。

表 5-1 $OD(it)$ 和 $PD(it)$ 的参数设置

$O(it)$	0	10000	20000	30000	40000	50000	60000	70000	80000	90000	100000
$OD(it)$	1	0.99	0.97	0.94	0.90	0.87	0.84	0.80	0.76	0.73	0.70
$P(it)$	0	500	1000	1500	2000	2500	3000				
$PD(it)$	1	0.99	0.97	0.94	0.90	0.85	0.8				

在这里，我们再来解释一下表函数。现实生活中，短期少量的缺货可能对市场流失的影响不大，但是，而随着缺货量的变大，市场流失的速度将越来越快。因此，本章将销售中断引起的市场流失作用因子设为关于销售中断数量递增的凹函数，通过表函数来体现这种关系。本章认为，供应中断现象是不可控的，而供应中断调整时间是可控的，供应商的供应中断调整时间是与其获得的利润，即制造商给予的原材料采购价格和制造商的订货量有关的，原材料采购价格和制造商订货量的增加会促使供应商积极恢复供应能力，供应商的供应中断调整时间应是

原材料采购价格和制造商订货量的减函数，本章引入了订货量对供应商中断调整时间的作用因子和原材料单位采购价格对供应商中断调整时间的作用因子，采用表函数来描述这种递减关系。

（3）销售中断的损失成本。由于 CM 的供应中断导致销售中断发生，我们使用式（5-18）来计算销售中断的损失成本，其中，损失成本与销售价格 $P(0t)$、销售中断损失系数 DLC、销售损失 $SL(t)$ 有关。同时，类似于 Mehrjoo 和 Pasek（2016）的研究，我们假设产品的市场价格是一个服从均匀分布的随机变量（式（5-19））。销售损失水平可以通过需求和销售量的差获得，具体计算方式如式（5-3）所示。

$$LCSD(t) = P(0t) \times DLC \times SL(t) \tag{5-18}$$

$$P(0t) \sim U(12000, 14000) \tag{5-19}$$

5.3.3　定价、成本和利润的结构分析

（1）OEM 的利润。在我们的模型中，OEM 的利润等于其收入减去所有的成本，表示如下：

$$PO(t) = R(t) - TC(t) \tag{5-20}$$

总成本包括原材料采购成本 $PC(it)$、原材料和产品的库存成本 $IC(it)$、生产成本 $MC(t)$、销售中断的损失成本 $LSD(t)$，表示如下：

$$TC(t) = TC(0) + \int_0^t \{ \sum_{i=1}^{2} [PC(it) + IC(it)] + IC(0t) + MC(t) + LSD(t)] dt;$$
$$TC(0) = 0 \tag{5-21}$$

在 Vensim 软件中，我们可以通过下面的函数来获得式（5-21）：$TC(t) = IN\text{-}TEG(PC(1t) + PC(2t) + IC(1t) + IC(2t) + IC(0t) + MC(t) + LSD(t), 0)$。由于在初始时刻并没有发生交易，故 $TC(0) = 0$。

原材料采购成本 $PC(it)$ 取决于 OEM 从 CM S_i 获得的订单数量 $Q(it)$ 以及原材料采购价格 $P(it)$（式（5-22））。库存成本主要由库存数量和单位库存成本决定（式（5-23））。而生产成本等于生产产品的数量乘以单位生产成本（式（5-24））。

$$PC(it) = Q(it) \times P(it) \tag{5-22}$$

$$IC(it) = UIC(it) \times I(it), \quad i = 1, 2 \tag{5-23}$$

$$MC(t) = MP(t) \times UMC \tag{5-24}$$

（2）OEM 的收益。OEM 的总收益可以通过式（5-25）、式（5-26）以及式（5-27）获得。

$$R(t) = R(0) + \int_0^t \left[SR(t) \right] dt; \ R(0) = 0 \tag{5-25}$$

$$SR(t) = X(t) \times P(0t) \tag{5-26}$$

$$X(t) = MIN(D(t) - I(0t), \ 0) = \begin{cases} D(t), & D(t) < I(0t) \\ I(0t), & D(t) > I(0t) \end{cases} \tag{5-27}$$

式（5-26）表明，销售收益由销售数量 $X(t)$ 和产品的销售价格 $P(0t)$ 共同决定。式（5-27）则表明，在 t 时刻的销售数 $X(t)$ 取决于市场需求 $D(t)$ 和产品的库存 $I(0t)$。

5.4　全球生产网的供应中断系统动力学仿真分析

在本节中，我们进行了若干个系统动力学仿真实验来比较不同中断情形下全球生产网的重要指标和关键参数的敏感分析。整个仿真实验的周期为 200 周。

为了分析全球生产网的各重要指标，在这里，我们考虑了全球生产网独立中断和同时中断下的多种不同情形，这些具体情形下的参数都在表 5-2 中。总体来说，我们设计了 11 种不同的情形，包括 1 个基准情形（Base case）和 10 个其他情形。在表 5-2 的第一行，列举了中断仿真中使用的 7 个重要的参数。例如，在基准情形中，CM S_1 和 CM S_2 都在第 30 周发生中断，并且平均中断恢复时间为 5 周，安全库存系数均为 0.45；在基准情形和情形 S1～S8 中，CM S_1 和 CM S_2 都有相同的平均中断恢复时间，同时它们发生中断的时刻是相同的，因此，它们都属于同时发生中断的情形。在情形 S9 中，CM S_1 中断发生在第 30 周，并且平均中断恢复时间是 5 周，而 CM S_2 并没有发生中断。在情形 S10 中，CM S_2 中断发生在第 30 周，并且平均中断恢复时间是 5 周，而 CM S_1 并没有发生中断，因此，S11 和 S12 属于独立中断情形。

考虑到预测的精度，平滑期通常为 3~5 个周期，故在这个模型中，设置 $DST = 5$ 周。OEM 的库存调整时间长度为 3~5 个周期，设置 $IAT = 5$ 周。参考 Schmitt（2011）的研究，中断导致一半的销售损失发生，因此，设置 $DLC = 0.5$。基于以上 11 种不同的情形，我们选择成本、利润和服务水平作为系统的重要性能指标。对情形 1~10（情形 S1~情形 S10）与基准情形也进行了对比，相关的重要指标对比分析结果如表 5-2 所示。

表 5-2　多种中断情形下的重要指标的对比分析

情形	DT(1)	ADT(1)	DT(2)	ADT(2)	SSC	成本	利润	服务水平
基准情形 （Base case）	30	5	30	5	0.45	14.34	21.01	51.14%
情形 S1	30	10	30	10	0.45	13.38	19.45	48.53%
情形 S2	30	15	30	15	0.45	12.49	18.04	46.61%
情形 S3	30	5	30	5	0.8	19.23	27.59	68.33%
情形 S4	30	5	5	5	1.2	24.35	31.62	84.76%
情形 S5	30	5	30	5	1.6	28.19	30.87	89.46%
情形 S6	30	5	30	5	2	30.99	28.12	89.84%
情形 S7	30	5	30	5	0.45	14.45	21.26	51.54%
情形 S8	30	5	30	5	0.45	14.62	21.77	51.77%
情形 S9	30	5	0	0	0.45	14.38	21.04	51.19%
情形 S10	0	0	30	5	0.45	15.03	22.44	53.39%
其他参数	DLC = 0.5	DST = 5	E(0) = 1 E(1) = 4 E(2) = 2	UMC = 150	IAT = 5	UIC(0) = 300 UIC(1) = 200 UIC(2) = 200	TIME STEP = 0.25	INITIAL TIME = 0 FINAL TIME = 200

表 5-2 对比了所有情形下的仿真结果。基于这些实验仿真结果，我们进行了以下效果分析：

（1）第一个效果分析主要是用来分析中断恢复时间对成本、利润和服务水平的影响。基于这些分析，我们比较了三种情形下的结果，并得出了结论。这三种情形分为基准情形、情形 S1 和情形 S2。

（2）第二个效果分析主要用来研究安全库存系数对成本、利润和服务水平的影响。基于这些分析，我们比较了五种情形下的结果，并得出了相关结论。这五种情形分别为基准情形、情形 S3、情形 S4、情形 S5 和情形 S6。

（3）第三个效果分析主要用来分析 $PD(it)$ 和 $OD(it)$ 对成本、利润和服务水平的影响。为此，我们对比了三种情形，分别为基准情形、情形 S7 和情形 S8。这三种情形主要考察了不同的 $PD(it)$ 和 $OD(it)$ 对性能指标的影响。基准情形下这两个参数的设置如表 5-1 所示，而情形 S7 和情形 S8 下这两个参数的设置将在后续分析中给出。

（4）第四个效果分析主要是分析同时中断和独立中断对成本、利润和服务水平的影响。为此，我们对比了三种情形，分别为基准情形、情形 S9 和情形 S10。其中，基准情形主要考虑了同时中断的发生，而情形 S9 中只有 CM S_1 发生了中断，CM S_2 并没有发生中断；情形 S10 中只有 CM S_2 发生了中断，而 CM S_2 并没有发生中断。

根据仿真结果，我们进行进一步的分析：

（1）不同 CM S_i 平均中断恢复时间下的各指标对比。为了刻画 CM 的随机中断特性，令 CM S_i 的 $ADT(it)$ 分别为 5（基准情形）、10（情形 S1），以及 15（情形 S2）。OEM 的成本、利润及服务水平如图 5-4 所示。研究发现，CM S_i 的

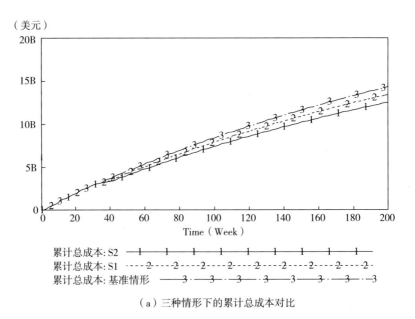

（a）三种情形下的累计总成本对比

图 5-4　中断恢复时间下的各指标对比

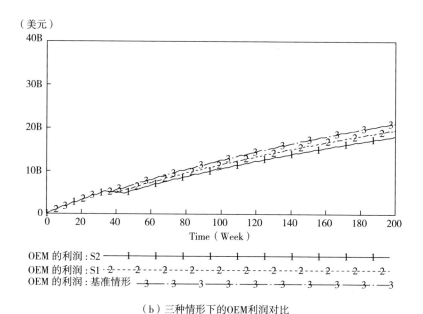

（b）三种情形下的OEM利润对比

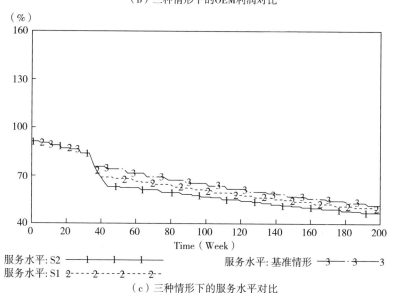

（c）三种情形下的服务水平对比

图 5-4　中断恢复时间下的各指标对比（续）

平均中断恢复时间越长，销售中断水平越高、市场损失越大，同时利润越低。然而，由于恢复时间较长，OEM 的成本会降低，这与现实情况相符。

（2）不同 OEM 的安全库存系数下的各指标对比。面对全球生产网供应链的不确定性，尤其是在中断发生的情况下，安全库存水平发挥着重要的作用。为了达到 67.36%、78.81%、88.49%、94.52% 和 97.72% 的服务水平，OEM 的安全库存系数分别设置为 0.45（基准情形）、0.8（情形 S3）、1.2（情形 S4）、1.6（情形 S5）和 2（情形 S6）。我们分别得到了四种情况下的成本、利润和服务水平，具体如图 5-5 所示。研究发现，OEM 的安全库存系数越高，销售中断水平越低。相关的管理启示为：提高安全库存水平能有效阻止销售中断的发生。因此，对于风险规避型企业，设置一个略高的安全库存水平非常有必要。但是，需要注意的是，过高的安全库存水平将带来过高的库存成本，并且，当库存水平超过一定的阈值时，利润将会下降。

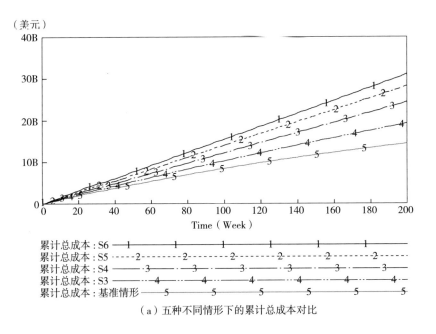

（a）五种不同情形下的累计总成本对比

图 5-5　不同安全库存下的各指标对比

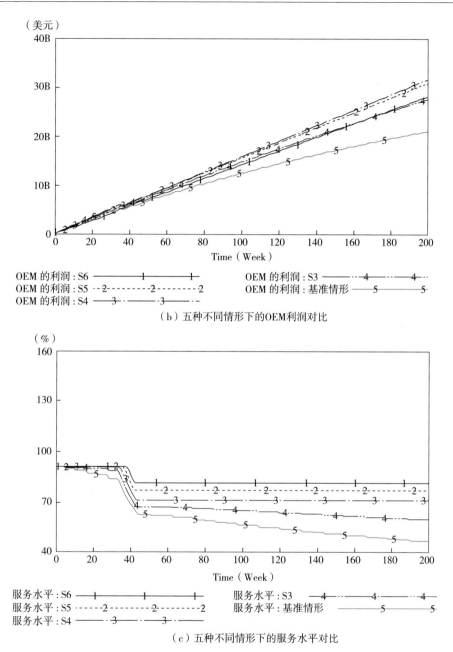

（b）五种不同情形下的OEM利润对比

（c）五种不同情形下的服务水平对比

图 5-5　不同安全库存下的各指标对比（续）

（3）不同 $PD(it)$ 和 $OD(it)$ 下的各指标对比。除了安全库存，$PD(it)$（原材料单位采购价格对 CM 中断恢复时间的影响的因子）和 $OD(it)$（原材料订单数量对于 CM 中断恢复时间的影响的因子）在供应链的稳定中发挥着重要的作用。为了考察这种因素对于各指标的影响，我们考虑了以下三种不同的情形：基准情形、情形 S7 和情形 S8。基准情形中 $PD(it)$ 和 $OD(it)$ 的设置具体如表 5-1 所示。参考基准情形后，我们设置了以下两种不同情形中 $PD(it)$ 和 $OD(it)$ 的下降率：在情形 S7 中，$PD(it)$ 的值为 1、0.9、0.85、0.8、0.75、0.7、0.65，同时，$OD(it)$ 的值范围为 0.99、0.97、0.94、0.9、0.87、0.84、0.8、0.76、0.73、0.7。在情形 S8 中，$PD(it)$ 的值为 1、0.99、0.97、0.94、0.9、0.85、0.8，同时，$OD(it)$ 的值为 0.9、0.85、0.8、0.75、0.7、0.65、0.6、0.55、0.5、0.45。在情形 S7 中，CM 对 OEM 的采购价格更加敏感。也就是说，原材料采购价格对于 CM 恢复供应能力积极性的提高要优于 OEM 订单数量。在情形 S8 中，CM 对 OEM 订单数量则更加敏感。这也意味着 OEM 的订单数量对于 CM 的恢复供应能力积极性的提高要优于 OEM 的采购价格。所有的仿真结果如图 5-6 所示。从以上仿真结果可以发现，当 $PD(it)$ 和 $OD(it)$ 上升时，供应链性能指标更好。在情形 S7 和情形 S8 中，OEM 的利润和服务水平比基准情形更高。在情形 S8 中，OEM 的利润和服务水平略高一点，因此，$OD(it)$ 比 $PD(it)$ 更加有效。因此，改善 $OD(it)$ 能够更好地降低供应中断的风险。

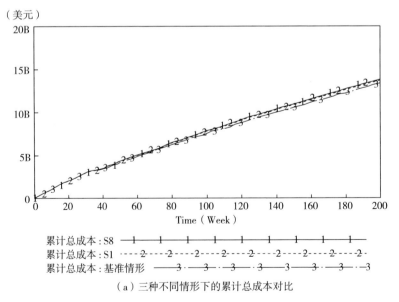

（a）三种不同情形下的累计总成本对比

图 5-6　不同 $PD(it)$ 和 $OD(it)$ 的各指标对比

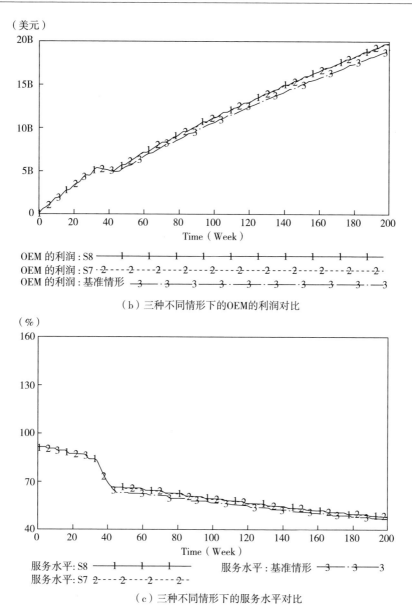

（b）三种不同情形下的OEM的利润对比

（c）三种不同情形下的服务水平对比

图 5-6 不同 *PD*(*it*) 和 *OD*(*it*) 的各指标对比（续）

从以上仿真结果可以发现，CM 对 OEM 的采购价格和订单数量更加灵敏，因此，OEM 采购价格的提高和订单数量的增加能更加有效地降低中断损失。

（4）独立中断和同时中断下的各指标对比。在这里，我们考虑两种不同的 CM 中断模式并对比它们的各指标效果。这两种中断模式包括独立中断和同时中断。为此，我们设置以下三种不同的情形：基准情形、情形 S9 和情形 S10，所有的参数如表 5-2 所示。在基准情形中，CM S_1 和 CM S_2 在第 30 周同时发生中断，同时，平均中断恢复时间都为 5 周。在情形 S9 和情形 S10 中，考虑了 CM S_1 或 CM S_2 独立发生中断的情况，而另一个 CM 则没有发生中断。具体而言，就是在情形 S9 中，CM S_1 的中断发生在第 30 周，同时，平均中断恢复时间为 5 周，而 CM S_2 没有发生中断。在情形 S10 中，CM S_2 中断发生在第 30 周，同时，平均中断恢复时间为 5 周，而 CM S_1 没有发生中断。图 5-7 显示，CM 同时中断情况下 OEM 的利润要低于当只有一个 CM 发生中断（独立中断）时的利润。另外，通过仿真对比我们发现，在情形 S10 中，OEM 的利润和服务水平要高于在情形 S9。我们还得到以下相关管理启示：当一个拥有较长供应提前期的 CM 发生独立中断时，它对于供应链整体性能的危害要高于两个 CM 同时发生中断的情况。

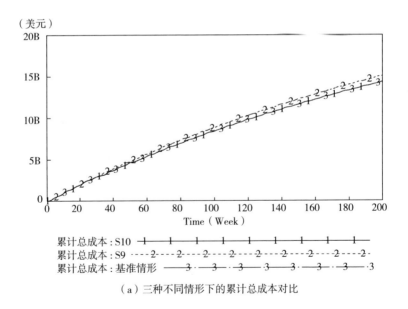

（a）三种不同情形下的累计总成本对比

图 5-7 独立中断和同时中断下的各指标对比

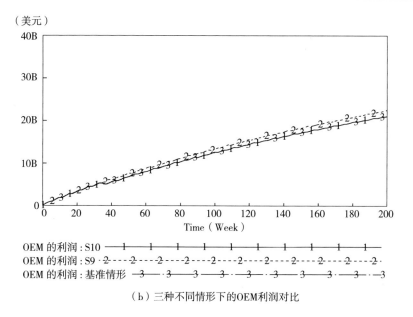

（b）三种不同情形下的OEM利润对比

（c）三种不同情形下的服务水平对比

图 5-7　独立中断和同时中断下的各指标对比（续）

从以上分析我们发现，当一个具有较长供应时延的 CM（CM S_1）发生中断时，OEM 的利润和服务水平要低于一个具有较短供应时延的 CM（CM S_2）发生中断时的利润和服务水平。因此，选择一个较短提前期的 CM 能够有效地减少供应链的中断损失并改善其服务水平。

5.5 本章小结

在本章中，我们构造了一个全球供应中断和贸易风险的系统动力学模型。从中断的视角出发，我们考虑全球生产网中的供应中断风险及其动态控制机制，所构建的模型既分析了影响供应中断的风险因素，又考虑了国际贸易风险因素。国际贸易风险因素主要包括关税和汇率的波动。在本章中，我们主要从系统仿真的视角进行研究。在整个逻辑框架中，我们还首次将系统动力学和博弈论进行了结合，下一章，将重点采用博弈论的研究方法研究全球生产网中的风险问题。因此，我们将综合运用交叉研究方法，模拟和分析全球生产网中的供应中断和国际贸易风险，寻求复杂背景下减少和减轻多种风险的措施，并找出影响这些风险的重要因素。

首先，我们构建了一个系统动力学仿真模型，其中，位于德国的 OEM 从位于意大利和匈牙利的两个 CM 采购所需的不同的两种原材料，并最终将生成的食品销往法国。不确定性因素导致这两个 CM 会随时发生供应中断，为此，我们进行了多次仿真实验：①通过比较不同 CM S_i 平均中断恢复时间下 OEM 的成本、利润及服务水平，我们发现，CM S_i 的平均中断恢复时间越长，销售中断水平越高，市场损失越大，同时利润也会越低。②通过比较不同 OEM 的安全库存系数下 OEM 的成本、利润及服务水平，我们发现，OEM 的安全库存系数越高，销售中断水平越低。③通过比较不同 $PD(it)$ 和 $OD(it)$ 下 OEM 的利润和服务水平，我们发现，当 $PD(it)$ 和 $OD(it)$ 上升时，供应链性能指标更好。而且相比于 $PD(it)$，$OD(it)$ 更加有效。这也意味着，改善 $OD(it)$ 能够更好地降低供应中断风险。研究还发现，CM 对 OEM 的采购价格和订单数量更加灵敏。

此外，我们还比较了独立中断和同时中断下的 OEM 的利润和服务水平，得到了如下结论：首先，当一个拥有较长供应提前期的 CM 发生独立中断时，它对于供应链整体性能的危害要高于当两个 CM 同时发生中断时的情况。其次，当一个具有较长供应时延的 CM（CM S_1）发生中断时，OEM 的利润和服务水平要低于一个具有较短供应时延的 CM（CM S_2）发生中断时的利润和服务水平。因此，选择一个较短提前期的 CM 能够有效地减少供应链的中断损失并改善其服务水平。

综上所述，本章通过多个系统动力学仿真实验，较为完整地进行了全球生产网中供应中断的研究，系统分析了独立中断和同时中断下 OEM 的利润和服务水平，得到了重要的管理启示，相关管理启示将为不同类型企业在应对供应中断风险时提供重要的理论参考和实践借鉴。

本章中的模型常量与参数设置如表 5-3 所示，考虑中断风险的全球生产网络的存量流量图如图 5-8 所示，考虑国际贸易风险的全球生产网络的存量流量图如图 5-9 所示。

表 5-3　模型常量与参数设置

常量	描述	值	单位
$ADT(i)i=1$	CM S_1 受不确定因素影响下市场平均中断调整时间（CM S_1 market average disruption adjustment time affected by uncertain factors）	5	周
$ADT(i)i=2$	CM S_2 受不确定因素影响下市场平均中断调整时间（CM S_2 market average disruption adjustment time affected by uncertain factors）	5	周
DST	需求平滑时间（Demand smoothing time）	5	周
$DT(i)$	CM S_1 中断时刻（Disruption instant of S_1）	30	周
$DT(i)i=2$	CM S_2 中断时刻（Disruption instant of S_2）	30	周
$E(i)i=0$	生产延迟（Production delay）	1	周
$E(i)i=1$	CM S_1 供应延迟（Supply delay of CM S_1）	4	周
$E(i)i=2$	CM S_2 供应延迟（Supply delay of CM S_2）	2	周
IAT	OEM 的库存调整时间（Inventory adjustment time of OEM）	5	周
SSC	OEM 的安全库存系数（Safety stock coefficient of OEM）	0.45	无量纲
$UIC(i)i=0$	产品的单位库存成本（Unit inventory cost of product）	300	美元/单元
$UIC(i)i=1$	CM S_1 的单位库存成本（Unit inventory cost of CM S_1）	200	美元/单元
$UIC(i)i=2$	CM S_2 的单位库存成本（Unit inventory cost of CM S_2）	200	美元/单元
UMC	单位生产成本（Unit manufacturing cost）	150	美元/单元
—	SAVERPER	TIME STEP	周
—	TIME STEP	0.25	周
—	FINAL TIME	200	周
—	INITIAL TIME	0	周

基于系统动力学的食品跨国供应链中断仿真研究

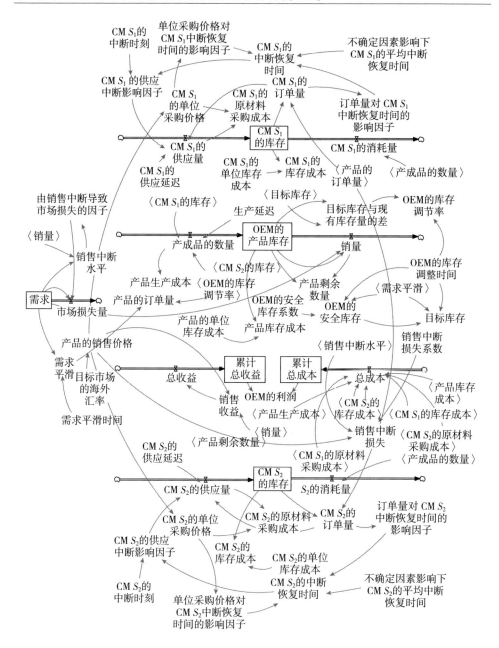

图 5-8　考虑中断风险的全球生产网络的存量流量图

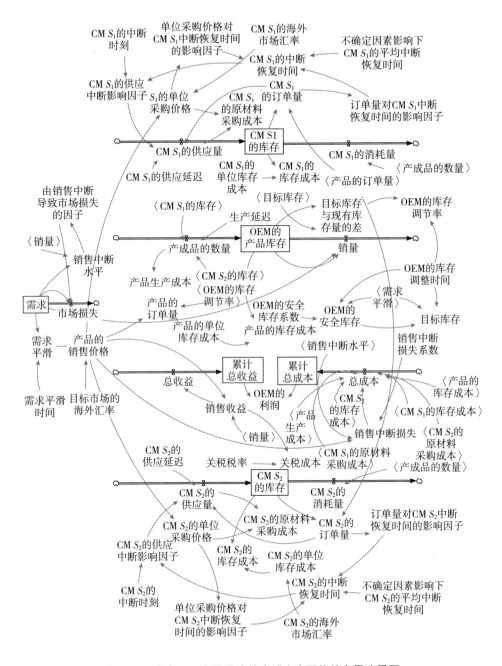

图 5-9　考虑国际贸易风险的全球生产网络的存量流量图

第6章　基于博弈理论视角的全球供应中断和国际贸易风险研究

6.1　引言

当前国际贸易风起云涌，逆全球化思潮时刻影响着脆弱的全球供应链。2024年前两个月，我国货物贸易进出口总值6.61万亿元，同比增长8.7%。中国经济的快速发展不仅有力地促进了世界的经济增长，也为完善全球治理、应对风险挑战做出了重要贡献，因此中国成为世界和平发展的"压舱石"。中国是世界经济增长的重要发动机。国际贸易壁垒、关税、汇率等贸易风险仍然影响着世界经济的发展。在经济全球化的今天，如何解决贸易风险对全球生产网中各制造企业的不利影响是我们目前亟须解决的重要问题，这不仅受到了制造企业的高度关注，也成为近年来学术界讨论和研究的热点问题之一。在上一章中，我们主要采用系统动力学仿真的方法解决不确定因素影响下的全球生产网中断问题。而这一章，我们将研究视角转向国际贸易风险，并研究由此给全球生产网带来的影响。基于全球制造业供应中断和国际贸易风险的复杂性，本章将采用博弈论研究方法，这也是研究国际贸易风险常用的方法之一。与系统动力学仿真的方法不同，博弈论的精髓在于策略性相互依赖基础上的理性换位思考。为此，我们在本章构建了由一个OEM和两个CM组成的博弈模型，提出了一种解决供应中断风险的动态惩罚机制，该机制相比于传统的静态惩罚机制，能更有效地提高OEM的总利润。同时，为了解决各国之间的关税和汇率波动带来的影响，我们还提出了一种成本分担合同，结果显示，该分担合同能有效改善关税和汇率波动下的各方利润，实现共赢。

许多学者研究了全球生产网络或全球供应链中的关税和外汇汇率风险。Ogunranti 等（2021）提出了几种买方—供应商外汇汇率合约，以对冲全球供应链中的外汇汇率风险。Dong 和 Kouvelis（2020）研究了关税对全球供应链网络配置的影响。Kalantari 和 Hosseininezhad（2022）在考虑外汇汇率波动风险的情况下，开发了一个可持续的全球食品供应链的多目标鲁棒优化模型。Li 等（2023）研究了全球再制造供应链中的外包决策，并考虑了税收和关税法规的影响。Feng 等（2022）从产品—市场链竞争的视角研究了贸易政策对全球供应链网络均衡的影响。Chen 等（2022）研究了本地制造产品的关税和价格溢价对全球制造商采购策略的影响。Mittal 和 Sarkar（2023）研究了外汇汇率对可持续全球生产库存决策的影响。

上述研究极大地丰富了我们对全球生产网的中断风险和贸易风险的理解。然而，已有文献存在两个方面的不足：

首先，尽管许多学者已经研究了全球供应链的中断风险，但较少考虑基于离岸外包的跨国组装全球生产网络。这种全球生产网络在实践中其实是相当普遍的。例如，丰田汽车的制造需要来自全球 60 多个国家的不同零件，这些零件的供应商都是制造商上游跨国供应链的成员。任何供应商的零部件供应中断都会影响所有其他零部件供应商的采购和制造计划。这种全球装配生产网络的中断风险更加复杂。

其次，关于全球生产网的中断风险和贸易风险的双重影响的研究有限。同时考虑全球生产网的中断风险和贸易风险的研究更加全面和现实。全面了解这两种不同的风险对于全球生产网的风险管理至关重要。目前大多数对全球供应链的研究仍然集中在一种风险上，只考虑中断风险或关税或外汇汇率。基于一种风险的研究无法完全掌握中断风险与贸易风险之间的相互作用（Handfield 等，2020）。

基于全球制造业生产网络中断和贸易风险的复杂性，本章将运用博弈论研究方法，设计一套降低供应中断和贸易风险对全球生产网的影响的机制，并为从业者提供了一些政策建议和管理启示。从理论上讲，我们将综合两种不同的研究方法研究全球外包装配供应链系统（即基于离岸的生产网络）的中断和贸易风险问题。从实践上讲，本章将为管理者应对两种不同风险而设计一套成本分摊机制，通过实施该机制，供应链各成员可以有效降低全球生产网的贸易风险。在这套成本分摊机制下，全球生产网还存在唯一的最优原材料价格和产品价格。全球生产网的所有成员都将有动机来实施这一机制，因为它们都可以从这一机制中受益。

本章的学术贡献在于：第一，从博弈分析的角度，针对全球生产网供应中断问题，设计了一套惩罚机制，同时从理论上证明了动态惩罚机制下的 OEM 利润将高于静态惩罚机制下的利润，这为作为强势一方的 OEM 面对多家 CM 的供应中断提供了决策参考。更为重要的是，在实施动态惩罚机制时，前期的惩罚水平要大于后期的惩罚水平，这样 OEM 可以获取更高额的利润。第二，在模型中，针对汇率风险和关税风险等国际贸易风险，构建了由一个 OEM 和两个 CM 组成的博弈模型，从理论上分析和证明了应对多种国际贸易风险的成本分担合同的可行性，求解了各方的分担比例以及最优利润。同时，还证明了 OEM 的利润会随着 CM 的分担比例的上升而上升的结论。第三，综合运用了系统动力学和博弈论研究全球生产网中的风险问题，研究了解决多种风险的最优决策问题，并为全球生产网中各成员的决策提供了理论依据。这些研究结论对于提高全球生产企业在应对日益复杂的风险时的管理和控制水平具有非常重要的理论和实际意义。

6.2　问题背景和问题描述

与上一章的背景类似，我们考虑一个全球生产网，具体如图 6-1 所示。假设位于 A 国的 OEM 生产的食品需要采购两种不同的原材料 S_1 和 S_2，并且，这两种原材料分别从位于 B 国的一个 CM（CM S_1）和位于 C 国的另一个 CM（CM S_2）处采购。最后生产的食品销往 D 国。近年来，由于供应中断和国际贸易的不稳定性，中断、关税和汇率的波动常常会对全球生产网中的各方决策产生很大的影响。

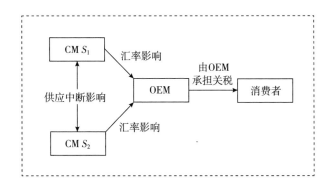

图 6-1 考虑多种风险的全球生产网

为了方便模型的建立，我们给出如下的模型假设和符号：

模型假设：

（1）本章假设生产 1 单位食品所需要 1 单位类型 1 的原材料和 1 单位类型 2 的原材料，其中，CM S_i 独立生产类型 i 的原材料，$i=1$，2。

（2）OEM、CM 和产品销售市场位于三个不同的国家，其中，任何两个国家之间有不同的货币汇率和关税。δ 代表关税税率，λ_1、λ_2 代表 CM S_1 和 CM S_2 的海外汇率波动率，其中，$0<\delta<1$，$0<\lambda_1<1$，$0<\lambda_2<1$。

（3）假设市场需求为 Q，其中，$Q=a-bP$，a 为市场潜在需求，P 为产品的销售价格，b 为需求对产品最终价格的敏感系数。

（4）CM S_1 和 CM S_2 代表全球生产网中两类不同的供应商，CM S_1 和 CM S_2 最先决定各自的原材料价格 ω_1 和 ω_2。

（5）OEM 观测到 CM S_1 和 CM S_2 各自的批发价格 ω_1 和 ω_2 后，再来决定面向海外市场的产品定价 P。

（6）当 CM 出现供应中断后，根据 OEM 与两个 CM 之前签订的合同，CM 需向 OEM 支付一定数量的罚金。

符号说明（按照字母顺序排列）：

Q：CM S_i 的供应数量，其中，$i=1$，2。

ω_1：CM S_1 的原材料采购价格。

ω_2：CM S_2 的原材料采购价格。

u_1：CM S_1 中断持续时间。

u_2：CM S_2 中断持续时间。

F_1：CM S_1 的惩罚水平（惩罚机制下罚金）。

F_2：CM S_2 的惩罚水平（惩罚机制下罚金）。

δ：关税税率。

λ_1：CM S_1 的海外汇率波动率。

λ_2：CM S_2 的海外汇率波动率。

c_1：CM S_1 的生产成本。

c_2：CM S_2 的生产成本。

U_1：CM S_1 中断单位惩罚量在不同时间点的效用。

U_2：CM S_2 中断单位惩罚量在不同时间点的效用。

6.3　供应中断下的惩罚机制分析

为了减轻供应中断风险带来的影响，我们设计了惩罚机制。

6.3.1　供应中断下惩罚机制的基本原理

（1）惩罚机制原理。为了更加清晰地展示供应中断下的惩罚机制原理，我们使用一张图来介绍该惩罚机制原理，具体如图 6-2 所示。实施该惩罚机制的基本思路可以分解为以下四步：第一步：当 CM S_i 的供应中断发生时，CM S_i 的供应将会减少。第二步：CM S_i 的中断将会影响 OEM 的生产，这也将导致需求损失的发生。第三步：为了减轻 CM S_i 的供应中断的影响，OEM 将会和两个 CM 签订一份正式合同。当 CM S_i 的供应中断发生时，OEM 将从发生供应中断的 CM S_i 处收取一定金额的罚金 F。第四步：由于受到带有罚金合同的影响，两个 CM 在发生供应中断时将会组织各自力量尽快恢复供应，以降低它们受到的损失。惩罚机制下的基本思想就是通过收取一定数额的罚金来激励两个 CM 尽快恢复供应。

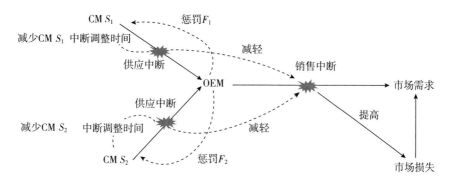

图6-2　惩罚机制的基本原理

根据惩罚机制下罚金 F 的取值来区分静态惩罚机制与动态惩罚机制。具体而言，当罚金 F 为一个固定的常数时，我们称该惩罚机制为静态惩罚机制，而当罚金 F 是一个关于时间的函数时，也就是一个随着时间变化的值时，我们称该惩罚机制为动态惩罚机制。

（2）惩罚机制的博弈分析。接下来，我们将进行惩罚机制下的博弈分析。我们构建了两阶段 Stackelberg 博弈模型。博弈的三方分别是 CM S_1、CM S_2 和 OEM。为了区别于上一章有关系统动力学模型，我们重新定义相关变量。CM S_1、CM S_2 和 OEM 的利润函数具体如下：

$$\pi_{CM_1} = (\omega_1 - c_1)Q - F_1 u_1 \tag{6-1}$$

$$\pi_{CM_2} = (\omega_2 - c_2)Q - F_2 u_2 \tag{6-2}$$

$$\pi_{OEM} = PQ - (\omega_1 + \omega_2)Q + F_1 u_1 + F_2 u_2 \tag{6-3}$$

其中，$Q = a - bP - (u_1 + u_2)$，Q 表示 CM 的供应数量，ω_i 表示 CMS_i 的原材料采购价格，u_i 表示 CMS_i 中断持续时间，而 F_i 代表惩罚水平。其中，$i = 1$，2，$a - bP > 0$，$a > 0$，$b > 0$。

式（6-1）和式（6-2）的第一项表示收益与成本之差，第二项表示惩罚成本。式（6-3）的第一项表示 OEM 的收益，第二项表示 OEM 的成本。

在博弈的第一阶段，CM S_1 和 CM S_2 各自决定其原材料采购价格 ω_1 和 ω_2。在第二阶段，OEM 在观察到 ω_1 和 ω_2 后，进而做出海外市场的产品销售价格决策。

定理 6-1　考虑由一个 OEM 和两个 CM 组成的跨国供应链，惩罚机制下的供应链各主体存在唯一最优决策：$\omega_1^* = \dfrac{a+b(2c_1-c_2)-u_1-u_2}{3b}$，$\omega_2^* =$ $\dfrac{a+b(2c_2-c_1)-u_1-u_2}{3b}$，$P^* = \dfrac{5(a-u_1-u_2)+b(c_1+c_2)}{6b}$，同时 OEM 和两个 CM 的利润如下所示：$\pi_{CM_1} = \dfrac{a^2+b^2c_1^2+b^2c_2^2-2au_1-18bF_1u_1+u_1^2-2au_2+2u_1u_2+u_2^2+2bc_2(-a+u_1+u_2)+2bc_1(-a+bc_2+u_1+u_2)}{18b}$，

$\pi_{CM_2} = \dfrac{a^2+b^2c_1^2+b^2c_2^2-2au_1-18bF_2u_2+u_1^2-2au_2+2u_1u_2+u_2^2+2bc_2(-a+u_1+u_2)+2bc_1(-a+bc_2+u_1+u_2)}{18b}$，

$\pi_{OEM} = \dfrac{a^2+b^2c_1^2+b^2c_2^2-2au_1-2au_2+36bF_1u_1+36bF_2u_2+u_1^2+u_2^2+2u_1u_2+2bc_2(-a+u_1+u_2)+2bc_1(-a+bc_2+u_1+u_2)}{36b}$。

证明：我们采用逆向归纳法进行求解，为了得出 OEM 的利润函数，分别对 OEM 的利润函数求 P 的一阶导数和二阶导数，进而得到：$\dfrac{d\pi_{OEM}}{dP} = a-2bP+b(\omega_1+\omega_2)-(u_1+u_2)$，$\dfrac{d^2\pi_{OEM}}{dP^2} = -2b$。已知 $b>0$，则 $\dfrac{d^2\pi_{OEM}}{dP^2}<0$，因此，$\pi_{OEM}$ 存在唯一最大值。令 $\dfrac{d\pi_{OEM}}{dP}=0$，我们可以得到：$P^* = \dfrac{a+b(\omega_1+\omega_2)-(u_1+u_2)}{2b}$。接着，把 P^* 的反应函数代入 CM S_1 和 CM S_2 的利润函数中去，我们可得：$\dfrac{d\pi_{CM_1}}{d\omega_1} = \dfrac{a-2b\omega_1-b\omega_2+bc_1-(u_1+u_2)}{2}$，$\dfrac{d\pi_{CM_2}}{d\omega_2} = \dfrac{a-2b\omega_2-b\omega_1+bc_2-(u_1+u_2)}{2}$，$\dfrac{d^2\pi_{CM_1}}{d\omega_1^2} = -b$，$\dfrac{d^2\pi_{CM_2}}{d\omega_2^2} = -b$。可以得到相应的二阶海塞矩阵 H，由于 $H_1<0$，$H_2>0$，因此，Hessian 矩阵是负定的，此时的 π_{CM_1} 和 π_{CM_2} 存在唯一最大值。令 $\dfrac{d\pi_{CM_1}}{d\omega_1}=0$，同时 $\dfrac{d\pi_{CM_2}}{d\omega_2}=0$，我们得到：$\omega_1^* = \dfrac{a+b(2c_1-c_2)-u_1-u_2}{3b}$，$\omega_2^* = \dfrac{a+b(2c_2-c_1)-u_1-u_2}{3b}$。我们把 ω_1^* 和 ω_2^* 代入 P^* 的反应函数，可以得到 $P^* =$

$\dfrac{5(a-u_1-u_2)+b(c_1+c_2)}{6b}$。然后，把 P^*、ω_1^*、ω_2^* 均代入利润函数，我们可以得到：

$$\pi_{CM_1}=\dfrac{\substack{a^2+b^2c_1^2+b^2c_2^2-2au_1-18bF_1u_1+u_1^2-2au_2+2u_1u_2+u_2^2+2bc_2(-a+u_1+u_2)+2bc_1\\(-a+bc_2+u_1+u_2)}}{18b},$$

$$\pi_{CM_2}=\dfrac{\substack{a^2+b^2c_1^2+b^2c_2^2-2au_1-18bF_2u_2+u_1^2-2au_2+2u_1u_2+u_2^2+2bc_2(-a+u_1+u_2)+2bc_1\\(-a+bc_2+u_1+u_2)}}{18b},$$

$$\pi_{OEM}=\dfrac{\substack{a^2+b^2c_1^2+b^2c_2^2-2au_1-2au_2+36bF_1u_1+36bF_2u_2+u_1^2+u_2^2+2u_1u_2+2bc_2(-a+u_1+\\u_2)+2bc_1(-a+bc_2+u_1+u_2)}}{36b}。$$

定理 6-2 CM 的原材料采购价格和 OEM 的产品销售价格随着中断时间的增加而降低。这是因为中断的发生将导致需求的下降，因此，整个供应链中的各个成员将会采取降低价格的策略来进一步刺激市场需求。同时，从均衡利润的分析结果来看，整个供应链的各成员利润也都随着中断时间的增加而降低，这也验证了以上关于价格的分析。CM 的利润随着惩罚力度的增加而降低，同时 CM 为了避免产生更多的惩罚成本，会更有动力来增加它们的供应能力。

面对供应中断引发的惩罚成本，CM 将会努力恢复供应能力，缩短 $DRT(i)$，从而减少产品市场需求带来的损失，这个结果也与事实相一致。通常来说，惩罚机制可以降低供应中断带来的危害。因此，大部分的 OEM 将有动机与 CM 签订供应中断惩罚合同。供应链的战略价值越高，惩罚合同中的惩罚水平 F_i 也就越高，这是因为供应中断引发的损失也更大。

在静态惩罚机制中，我们假设供应中断发生的时刻服从均匀分布，当供应中断发生时，OEM 将会向发生供应中断的 CM 收取固定值的惩罚成本。而在动态惩罚机制下，惩罚成本 F_i 是关于供应中断发生的时刻 t_i 的函数。这也意味着不同的中断发生时刻对应着不同的惩罚成本，而这也与现实相符合。假设合同时间长度为 a，供应链中断时间点为 $t_i(t_i=0,1,2,\cdots,a)$，CM S_i 在 t_i 时刻发生中断，而且它的密度函数定义为 $f(t_i)$，$i=1,2$。我们还定义 U_i 表示 CM S_i 中断单位惩罚量在不同时间点的效用，其中，$U_i(t_i) > 0$，$U_i(0) = U_{i0}$，$U_i(a) = 0$，同时有 $\dfrac{dU_i}{dt_i} < 0$。令 U_{i0} 表示单位惩罚的初始效用，也就是当供应中断发生在 0 时刻时，CM 单位惩罚的效用。令 F_i 表示动态供应中断下的惩罚成本，其中，$F_i(t_i) > 0$，$F_i(0) = F_{i0}$，$F_i(a) = 0$，同时有 $\dfrac{dF_i}{dt_i} < 0$。令 F_{i0} 表示初始惩罚成本，也就是在动态惩罚机制下 CM S_i 的供应中断发生在 0 时刻下的惩罚成本，同时 F_{i0} 为正值。与静态惩罚机制相比，动态惩罚机制将会更多地受到供应中断时刻 t_i 的影响。因此，在下一小节中，我们将通过比较分析法来证明相比静态惩罚机制，OEM 能从动态惩罚机制下获取更多利润。

6.3.2 静态惩罚机制与动态惩罚机制的比较分析

在静态惩罚机制下，做出准确的供应中断发生时刻的预测是非常困难的。我们只知道供应中断发生的时刻符合均匀分布，因此，OEM 将根据 t_i 的期望值来决定惩罚水平。在这种情况下，我们用 F_i^* 表示惩罚水平，同时 CM S_i 将基于 F_i^* 的值来决定其产品的销售价格。在动态惩罚机制下，OEM 同样无法预测何时会发生供应中断事件，但是我们可以得到 $\int_0^a F_i(t_i)\,dt_i = aF_i\left(\dfrac{a}{2}\right)$，而且 $F_i\left(\dfrac{a}{2}\right) = F_i^*$。于是，CM S_i 将根据 F_i^* 的值来决定产品的定价，其中，F_i 表示平均惩罚水平（见图6-3）。此外，我们还可以得到定理6-3。令 R_d 和 R_s 表示在动态和静态惩罚机制下的 OEM 的期望利润。

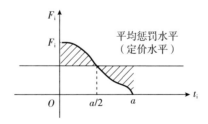

图6-3　平均惩罚水平

定理 6-3　当供应中断发生时刻 t_i 服从均匀分布时，同时其密度函数为 $f(t_i)$，其中，$i=1, 2$，我们有：

$$R_d = \sum_{i=1}^{2}\left\{\int_0^{\frac{a}{2}}\frac{1}{a}U_i(t_i)F_i(t_i)dt_i + \int_{\frac{a}{2}}^{a}\frac{1}{a}U_i(t_i)F_i(t_i)dt_i\right\}，且$$

$$R_s = \sum_{i=1}^{2}\left\{\int_0^{\frac{a}{2}}\frac{1}{a}U_i(t_i)F_i\left(\frac{a}{2}\right)dt_i + \int_{\frac{a}{2}}^{a}\frac{1}{a}U_i(t_i)F_i\left(\frac{a}{2}\right)dt_i\right\}$$

同时，在动态惩罚机制下 OEM 的期望利润要高于其在静态惩罚机制下的期望利润。

证明：首先，我们比较在两种不同惩罚机制下的 OEM 的期望利润。

$$R_d - R_s = \sum_{i=1}^{2}\left\{\int_0^{\frac{a}{2}}\frac{1}{a}U_i(t_i)\left[F_i(t_i)-F_i\left(\frac{a}{2}\right)\right]dt_i - \int_{\frac{a}{2}}^{a}\frac{1}{a}U_i(t_i)\left[F_i\left(\frac{a}{2}\right)-F_i(t_i)\right]dt_i\right\}$$

$$(6-4)$$

根据第二积分中值定理，我们可以得到：

$$\int_0^{\frac{a}{2}}F_i(t_i)dt_i - \frac{a}{2}F_i\left(\frac{a}{2}\right) = \frac{a}{2}F_i\left(\frac{a}{2}\right) - \int_{\frac{a}{2}}^{a}F_i(t_i)dt_i \qquad (6-5)$$

$$\int_0^{\frac{a}{2}}\left[F_i(t_i)-F_i\left(\frac{a}{2}\right)\right]dt_i = \int_{\frac{a}{2}}^{a}\left[F_i\left(\frac{a}{2}\right)-F_i(t_i)\right]dt_i \qquad (6-6)$$

由于 $U_i(t_i)>0$ 且 $\dfrac{dU_i}{dt_i}<0$，我们可以得到：

$$\int_0^{\frac{a}{2}}U_i(t_i)dt_i > \int_{\frac{a}{2}}^{a}U_i(t_i)dt_i > 0 \qquad (6-7)$$

综合考虑式（6-6）和式（6-7），我们得到 $R_d-R_s>0$。因此，在供应链合同期内发生供应中断时刻 t_i 服从均匀分布时，在动态惩罚机制下的 OEM 期望利润要高于其在静态惩罚机制下的利润。这个关系可以通过图 6-4 来呈现。证毕。

为了验证定理 6-1 的结论，我们采用仿真实验来进行比较。具体而言，就是构建多种风险因素下全球生产网中的动态惩罚模型。实验结果表明，动态惩罚机制的效果要优于静态惩罚机制。

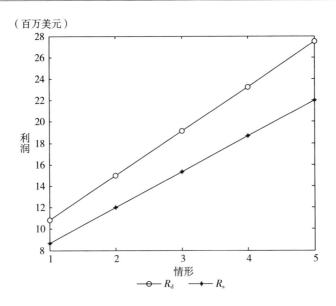

图 6-4 R_d 与 R_s 的比较分析

在数值仿真实验中，我们假设 $F_i(t_i)$ 是一个关于 t_i 的线性函数，而 $U_i(t_i)$ 是一个关于 t_i 的二次函数，同时 $a=200$。在这里，总共有 5 个算例。对每一个算例，我们将计算 R_d 和 R_s 的值。相应的结果如表 6-1 所示。

表 6-1 静态惩罚机制与动态惩罚机制的比较

$F_1(t_1)$	$F_2(t_2)$	$U_1(t_1)$	$U_2(t_1)$	R_d （百万美元）	R_s （百万美元）	R_d-R_s （百万美元）
$-t_1+200$	$-\frac{3}{2}t_2+200$	$-t_1^2+4\times10^4$	$-\frac{3}{2}t_2^2+6\times10^4$	10.833	8.666	2.167
$-\frac{3}{2}t_1+300$	$-2t_2+400$	$-t_1^2+4\times10^4$	$-\frac{3}{2}t_2^2+6\times10^4$	15	12	3
$-2t_1+400$	$-\frac{5}{2}t_2+500$	$-t_1^2+4\times10^4$	$-\frac{3}{2}t_2^2+6\times10^4$	19.166	15.333	3.833
$-\frac{5}{2}t_1+200$	$-3t_2+600$	$-t_1^2+4\times10^4$	$-\frac{3}{2}t_2^2+6\times10^4$	23.333	18.666	4.667
$-3t_1+600$	$-\frac{7}{2}t_2+700$	$-t_1^2+4\times10^4$	$-\frac{3}{2}t_2^2+6\times10^4$	27.5	22	5.5

从图 6-4 中我们可以观察到，动态惩罚机制下 OEM 的期望利润要高于其在静态惩罚机制下的期望利润。而且，从理论上说，当函数 $F_i(t_i)$ 的斜率越小，$R_d - R_s$ 就会越大。值得注意的是，从图 6-4 中我们还可以很直观地发现，从第 1 个算例到第 5 个算例，$F_i(t_i)$ 的斜率在逐渐变小，而此时图中的两根直线的间距则在不断扩大。这表明 OEM 能从动态惩罚机制下获得高额利润。我们还发现，当惩罚水平变大时，动态惩罚的优势将会更加明显。这个重要结论也与之前定理 6-2 中的理论分析相一致。

6.4 全球生产网的国际贸易风险分析

在这一小节中，我们构建了多种风险因素下的全球生产网模型，主要考虑国际贸易政策风险中的汇率风险和关税风险对决策的影响，得到重要的管理启示。

6.4.1 模型设置

在这个模型中，我们定义 CM S_i 的海外汇率的变化率为 $H_i(i=1, 2)$。当 H_i 增加时，CM S_i 的海外汇率也随着增加，同时，原材料的采购价格也会变得更加昂贵。令目标市场的海外汇率影响系数的变化率为 H，同时将它的初始值设置为 1。当目标市场的海外汇率影响系数的变化率增加时，目标市场海外汇率也会相应增加，同时产品的销售价格也会变得更高；反之亦然。在这个模型中，我们假设产品向海外出售，企业需承担海外进口关税，关税按从价关税计算，无本国出口关税。令 T_0 表示目标市场的关税税率，且假定关税均由 OEM 承担。

该供应链的完整存量流量图如图 6-5 所示。在这个模型中，H、H_1 和 H_2 初始值均设置为 1，同时，目标市场关税的初始值为 0.2，而其他所有的剩余参数均与之前模型的参数一致。

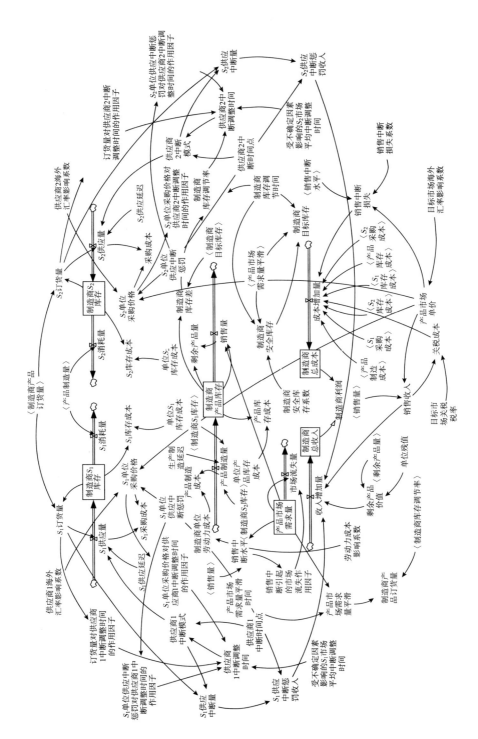

图 6-5 考虑多种风险因素的全球生产网存量流量图

6.4.2　仿真结果与讨论

（1）汇率（H、H_1、H_2）的敏感性分析。为了分析目标海外市场汇率和 CM S_i 的海外汇率对 OEM 的利润和销售中断水平的影响，我们让 H、H_1 和 H_2 从 1 以 10% 的增加率变化到 2，同时仿真出 OEM 的平均利润和平均销售中断水平的变化 情况，具体如表 6-2 所示。

表 6-2　H、H_1、H_2 的敏感性分析

（H、H_1、H_2）	$\Delta\%$	OEM 每周平均利润（百万美元）			每周平均销售中断水平 SDL（个）		
		H	H_1	H_2	H	H_1	H_2
1.0	0%	72.31	72.31	72.31	1879	1879	1879
1.1	10%	81.45	70.51	68.69	1864	1857	1848
1.2	20%	90.58	68.72	65.07	1839	1833	1806
1.3	30%	99.71	66.91	61.46	1812	1804	1749
1.4	40%	108.85	65.09	57.85	1784	1775	1694
1.5	50%	117.96	63.29	54.25	1756	1743	1655
1.6	60%	127.11	61.51	50.61	1733	1712	1616
1.7	70%	136.26	59.69	47.01	1712	1687	1582
1.8	80%	145.37	57.88	43.39	1692	1665	1555
1.9	90%	154.51	56.06	39.77	1671	1643	1531
2.0	100%	163.70	54.34	36.23	1668	1635	1527

表 6-2 表明，OEM 的利润随着 H 的增加而增加。这一点的解释为：一方面，当 H 增加时，目标市场的产品销售价格也会相应提高，因此，OEM 的销售额也会增加；另一方面，CM S_1、CM S_2 的采购价格和目标市场产品定价有关，因此，CM S_1 和 CM S_2 的单位原材料采购价格也会随之增加。然而，根据式（6-22）可知，相比产品销售价格，原材料采购价格的增量则相对更少。在目标市场的产品销售价格变化 1 个单位的情况下，CM S_1 和 CM S_2 单位原材料采购价格的变化分别只有 0.1 个和 0.2 个单位，因此，OEM 的利润与 H 之间存在正相关关系，也

就是说，随着 H 的增加，OEM 的平均利润也会相应增加。从图 6-4 可以看到，与 OEM 平均利润不同的是，销售中断水平与目标海外市场汇率呈负相关关系。具体的解释如下：当汇率变化水平提高时，目标市场的产品销售价格和原材料采购价格都会随之上升，因此，两个 CM 都能获得更高的利润。对于 CM 来说，它们也有更大的动力来改善服务能力，$PD(it)$ 和 $OD(it)$ 就会变得更高。因此，销售中断水平将会降低，而且，销售中断水平的振荡幅度也是最小的。

与 H_1 的敏感性分析不同的是，当 H_1 和 H_2 增加时，OEM 每周的平均利润和每周的销售中断水平 SDL 都会呈现下降的趋势，这是因为随着 H_1 或 H_2 的增加，CM 的单位原材料的采购价格都会增加，因此，OEM 的采购成本也会随之上升。当供应中断发生时，CM 恢复供应的动力会增加。因此，它也会导致销售中断水平的降低。而且，相比销售中断对缺货损失的影响，单位原材料采购成本的增加对采购成本的影响则更为显著。因此，OEM 的利润也减少了。

（2）T_0 的敏感性分析。目标市场关税税率将导致产生外生成本。我们将目标市场关税税率 T_0 从 1 以 10% 的变化率变化到 2。从仿真结果可以看到，OEM 期望平均利润将从 7236.95 万元下降至 4293.59 万元。当 T_0 增加时，OEM 关税成本也将增加。因此，销售水平呈下降趋势。具体结果如表 6-3 所示。

表 6-3 T_0 的敏感性分析

T_0	ΔT_0%	每周平均利润 （百万美元）
0.20	0%	72.37
0.22	10%	68.69
0.24	20%	65.01
0.26	30%	61.33
0.28	40%	57.65
0.30	50%	53.97
0.32	60%	50.29
0.34	70%	46.62
0.36	80%	42.94

续表

T_0	$\Delta T_0\%$	每周平均利润 （百万美元）
0.38	90%	39.26
0.40	100%	35.58

为了更直观地显示不同参数对于结果的影响，我们基于表 6-2 和表 6-3 的数据，绘制了不同参数的敏感性分析对比图，具体如图 6-6 和图 6-7 所示。

如表 6-2、表 6-3 以及图 6-6 所示，OEM 的平均利润对于参数 H_1 的变化不太敏感，对于参数 T_0 和 H_2 的变化敏感，而对于参数 H 的变化则非常敏感。总体来说，OEM 的平均利润随着参数 H_1、T_0 和 H_2 的增加而减少，但随着参数 H 的增加而增加。与参数 H_1 相比，参数 H_2 对 OEM 的平均利润的影响则更大。因此，相关的管理启示是：OEM 应该更多地关注两个 CM 中供应延迟时间更短的 CM，这样更能维持 OEM 的平均利润。

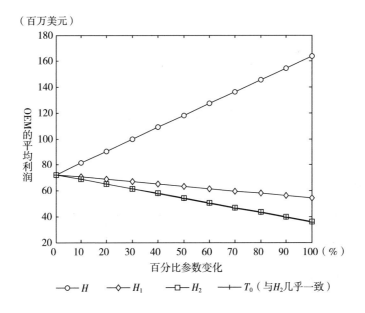

图 6-6　关税因素和汇率变化率对利润的敏感性分析

根据以上的仿真结果，我们可以总结如下结论：目标市场海外汇率的变化水平与 OEM 平均利润呈正相关关系，而 CM S_i 海外汇率的变化水平、关税均与 OEM 平均利润呈负相关关系。

从图 6-7 中我们可以得到不同参数对于平均销售中断水平的影响。很显然，平均销售中断水平对参数 H_1 和 H 的变化敏感，对参数 H_2 的变化非常敏感。同时，平均销售中断水平随着参数 H、H_1 和 H_2 的增加而减少。

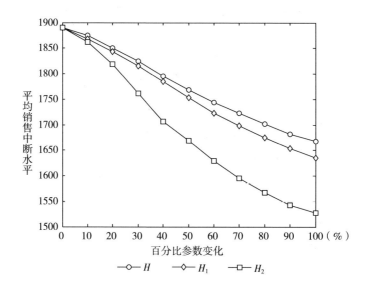

图 6-7　汇率变化率对销售中断水平的敏感性分析

这也表明 CM S_2 海外汇率的变化水平是影响平均销售中断水平中最重要的因素之一，因此，OEM 应该更加关注两个 CM 中较短供应周期的 CM，以确保维持在一个相对合适的销售中断水平上。同时，相比于目标市场海外汇率而言，OEM 的主要管理者应该更加关注 CM 的海外汇率，这对于保持合适的中断水平尤为重要。

6.5　应对国际贸易风险的机制分析

为了应对国际贸易风险，在这一小节中，我们提出了一种成本分担机制，同时进行了有效性的理论分析。首先，我们使用博弈论方法来分析全球生产供应链中各成员的决策；其次，提出了一种成本分担机制，该机制能有效降低国际贸易风险带来的影响。

6.5.1　汇率对全球生产网最优决策的影响

我们将考虑当汇率上升对全球生产网最优决策的影响。令 δ 表示关税税率，其中，$0<\delta<1$，同时令 λ_i 表示 CM S_1 和 CM S_2 的汇率波动率，在这里，我们只考虑汇率上升的情况。因此，$\lambda_i>1$，其中，$i=1,2$。

我们令 π_{OEM}、π_{CM_1} 和 π_{CM_2} 分别表示 OEM、CM S_1 和 CM S_2 的利润。因此，我们可以得到以下利润函数：$\pi_{OEM}=PQ-\delta PQ-(\omega_1\lambda_1+\omega_2\lambda_2)Q$、$\pi_{CM_1}=(\omega_1-c_1)Q$，$\pi_{CM_2}=(\omega_2-c_2)Q$，其中，$Q=a-bP$ 且 $a-bP>0$，$a>0$，$b>0$，$0<\delta<1$，$\lambda_1>1$，$\lambda_2>1$。

值得注意的是，博弈的顺序如下：在博弈的第一阶段，CM S_1 和 CM S_2 决定各自原材料的采购价格 ω_1 和 ω_2；在博弈的第二阶段，OEM 观察到两个 CM 原材料的采购价格 ω_1 和 ω_2 后，再决定面向海外市场产品的定价 P。

定理6-4　在一个 OEM 和两个 CM 组成的全球生产网中，供应链存在的唯一最优决策如下：$\omega_1^*=\dfrac{2bc_1\lambda_1-bc_2\lambda_2-a\delta+a}{3b\lambda_1}$，$\omega_2^*=\dfrac{2bc_1\lambda_1-bc_2\lambda_2-a\delta+a}{3b\lambda_2}$，$P^*=\dfrac{5a}{6b}-\dfrac{c_1\lambda_1+c_2\lambda_2}{6\delta-6}$，$\pi_{OEM}=\dfrac{(bc_1\lambda_1+bc_2\lambda_2+a\delta-a)^2}{36b(1-\delta)}$，$\pi_{CM_1}=\dfrac{(bc_1\lambda_1+bc_2\lambda_2+a\delta-a)^2}{18b\lambda_1(1-\delta)}$，$\pi_{CM_2}=\dfrac{(bc_1\lambda_1+bc_2\lambda_2+a\delta-a)^2}{18b\lambda_2(1-\delta)}$。

证明：我们采用逆向求解法来分析各方利润函数。首先，分别对 OEM 的利润函数关于 P 求一阶和二阶偏导，我们可以得到 $\dfrac{d\pi_{OEM}}{dP}=(1-\delta)(a-bP)-bP+b\delta P+$

$b\omega_1\lambda_1+b\omega_2\lambda_2$，$\dfrac{d^2\pi_{OEM}}{dP^2}=2b\delta-2b$。由 $0<\delta<1$ 可知，$\dfrac{d^2\pi_{OEM}}{dP^2}<0$，因此，$\pi_{OEM}$ 存在最

大值。令 $\dfrac{d\pi_{OEM}}{dP}=0$，我们可以得到 $P^*=\dfrac{-b\omega_1\lambda_1-b\omega_2\lambda_2+a\delta-a}{2b(\delta-1)}$。

其次，把 P^* 的反应函数代入 CM S_1 和 CM S_2 的利润函数中，我们可以得

到：$\dfrac{d\pi_{CM_1}}{d\omega_1}=-b\left(\dfrac{a}{2b}-\dfrac{\omega_1\lambda_1+\omega_2\lambda_2}{2\delta-2}\right)+a+\dfrac{b\lambda_1(\omega_1-c_1)}{2\delta-2}$，$\dfrac{d\pi_{CM_2}}{d\omega_2}=-b\left(\dfrac{a}{2b}-\dfrac{\omega_1\lambda_1+\omega_2\lambda_2}{2\delta-2}\right)+a+$

$\dfrac{b\lambda_2(\omega_2-c_2)}{2\delta-2}$，$\dfrac{d^2\pi_{CM_1}}{d\omega_1^2}=\dfrac{2b\lambda_1}{2\delta-2}$，$\dfrac{d^2\pi_{CM_2}}{d\omega_2^2}=\dfrac{2b\lambda_2}{2\delta-2}$。由于 $\dfrac{d^2\pi_{CM_1}}{d\omega_1^2}<0$ 且 $\dfrac{d^2\pi_{CM_2}}{d\omega_2^2}<0$，通过分

析其海塞矩阵，我们可知，π_{CM_1} 和 π_{CM_2} 存在最大值。令 $\dfrac{d\pi_{CM_1}}{d\omega_1}=0$，同时 $\dfrac{d\pi_{CM_2}}{d\omega_2}=0$，

我们可以得到：$\omega_1^*=\dfrac{2bc_1\lambda_1-bc_2\lambda_2+a(1-\delta)}{3b\lambda_1}$，$\omega_2^*=\dfrac{2bc_2\lambda_2-bc_1\lambda_1+a(1-\delta)}{3b\lambda_2}$。

由于 $a-bP>0$，因此，$-bc_2\lambda_2+a(1-\delta)>0$，同时 $-bc_1\lambda_1+a(1-\delta)>0$。故 $\omega_1^*>0$，

$\omega_2^*>0$。把 ω_1^* 和 ω_2^* 代入 P^* 的反应函数中，我们可以得到：$P^*=\dfrac{5a}{6b}+\dfrac{c_1\lambda_1+c_2\lambda_2}{6(1-\delta)}$。

将 P^*、ω_1^* 和 ω_2^* 代入利润函数中，我们可以得到：$\pi_{OEM}=\dfrac{(bc_1\lambda_1+bc_2\lambda_2+a\delta-a)^2}{36b(1-\delta)}$，

$\pi_{CM_1}=\dfrac{(bc_1\lambda_1+bc_2\lambda_2+a\delta-a)^2}{18b\lambda_1(1-\delta)}$，$\pi_{CM_2}=\dfrac{(bc_1\lambda_1+bc_2\lambda_2+a\delta-a)^2}{18b\lambda_2(1-\delta)}$。

从定理 6-4 可知，当关税税率 δ 增加时，OEM 在目标市场的销售价格 P^* 将

会增加 $\dfrac{\delta c_1\lambda_1+\delta c_2\lambda_2}{6(1-\delta)}$，与此同时，原材料采购价格 ω_1^* 和 ω_2^* 将会分别减少 $\dfrac{a\delta}{3b\lambda_1}$ 和

$\dfrac{a\delta}{3b\lambda_2}$。这也表明在供应链成员中承担关税成本的一方将采取提高产品销售价格的

方法来抵消所支付的关税成本。然而，过高的产品销售价格也将导致终端市场需

求减少。因此，当终端市场需求下降时，上游供应链的其他成员将选择降低原材

料采购价格的方式来刺激需求。当 CM S_1 和 CM S_2 的海外汇率的变化率分别为

λ_1 和 λ_2 时，OEM 的目标市场的产品销售价格 P^* 将会增加 $\dfrac{c_1(\lambda_1-1)+c_2(\lambda_2-1)}{6(1-\delta)}$，

同时原材料的采购价格 ω_1^* 和 ω_2^* 将会分别降低 $\dfrac{(\lambda_1-1)(a(1-\delta)-bc_2\lambda_2)}{3b\lambda_1}$ 和

$\dfrac{(\lambda_2-1)(a(1-\delta)-bc_1\lambda_1)}{3b\lambda_2}$。这表明汇率的增加将导致 OEM 的原材料采购成本的上升。因此，OEM 将采取提高目标市场的产品销售价格策略。这也必将导致终端市场需求的减少，CM S_1 和 CM S_2 采取的策略是降低原材料的采购价格来刺激需求。

推论 6-1　$\dfrac{\partial P^*}{\partial \delta}>0$，$\dfrac{\partial \omega_1^*}{\partial \delta}<0$，$\dfrac{\partial \omega_2^*}{\partial \delta}<0$，$\dfrac{\partial \pi_{OEM}}{\partial \delta}<0$，$\dfrac{\partial \pi_{CM_1}}{\partial \delta}<0$，$\dfrac{\partial \pi_{CM_2}}{\partial \delta}<0$；

$\dfrac{dP^*}{\partial \lambda_1}>0$，$\dfrac{\partial \omega_1^*}{\partial \lambda_1}<0$，$\dfrac{\partial \omega_2^*}{\partial \lambda_1}<0$，$\dfrac{\partial \pi_{OEM}}{\partial \lambda_1}<0$，$\dfrac{\partial \pi_{CM_1}}{\partial \lambda_1}<0$，$\dfrac{\partial \pi_{CM_2}}{\partial \lambda_1}<0$；

$\dfrac{\partial P^*}{\partial \lambda_2}>0$，$\dfrac{\partial \omega_1^*}{\partial \lambda_2}<0$，$\dfrac{\partial \omega_2^*}{\partial \lambda_2}<0$，$\dfrac{\partial \pi_{OEM}}{\partial \lambda_2}<0$，$\dfrac{\partial \pi_{CM_1}}{\partial \lambda_2}<0$，$\dfrac{\partial \pi_{CM_2}}{\partial \lambda_2}<0$。

证明：这些不等式具有相似的特征，因此，我们选择其中之一的不等式 $\dfrac{dP^*}{d\delta}>0$ 进行证明。对 P^* 关于 δ 求一阶和二阶偏导数，我们可得 $\dfrac{dP^*}{d\delta}=\dfrac{6(c_1\lambda_1+c_2\lambda_2)}{(6\delta-6)^2}>0$。故得证，其余证明不再赘述。

推论 6-2　关税和汇率的上升将导致 OEM 终端海外市场的产品销售价格的上升，以及 CM S_1 和 CM S_2 的原材料采购价格的下降。同时，很明显的是，虽然关税和汇率的上升仅影响了 OEM 一方，但是它们也会导致全球供应生产网的所有成员的利润下降。

6.5.2　解决国际贸易风险的机制研究

为了解决上述问题，我们设计了一种成本分担合同，该合同的主要目的是降低关税波动给全球生产网带来的风险。我们假设 CM S_1 和 CM S_2 承担 OEM 因关税上升而引发的成本的比例分别为 θ_1 和 θ_2，其中，$0<\theta_1<1$，$0<\theta_2<1$，$0<\theta_1+\theta_2<1$。

三方的利润函数分别如下所示：

$$\pi_{CM_1} = (\omega_1 - c_1)Q - \theta_1 \delta PQ, \quad \pi_{CM_2} = (\omega_2 - c_2)Q - \theta_2 \delta PQ,$$

$$\pi_{OEM} = PQ - (1 - \theta_1 - \theta_2)\delta PQ - (\omega_1 \lambda_1 + \omega_2 \lambda_2)Q_{\circ}$$

定理 6-5 在由一个 OEM 和两个 CM 组成的全球生产网中，基于成本分担合同下供应链各成员存在唯一的最优决策：

$$\omega_1^{TC*} = \frac{4b\delta\lambda_1\lambda_2(c_1\theta_2 - c_2\theta_1) + 2Ba\delta(\lambda_1\theta_1 - \lambda_2\theta_2) + 2Bb(2c_1\lambda_1 - c_2\lambda_2) - aB^2}{2b\lambda_1(2\theta_1\delta\lambda_1 + 2\theta_2\delta\lambda_2 + 3B)},$$

$$\omega_2^{TC*} = \frac{4b\delta\lambda_1\lambda_2(c_2\theta_1 - c_1\theta_2) + 2Ba\delta(\lambda_2\theta_2 - \lambda_1\theta_1) + 2Bb(2c_2\lambda_2 - c_1\lambda_1) - aB^2}{2b\lambda_2(2\theta_1\delta\lambda_1 + 2\theta_2\delta\lambda_2 + 3B)},$$

$$P^{TC*} = \frac{a}{2b} - \frac{b(c_1\lambda_1 + c_2\lambda_2) - aB}{b(2\theta_1\delta\lambda_1 + 2\theta_2\delta\lambda_2 + 3B)},$$

$$\pi_{CM_1}^{TC} = \left(\frac{a}{2} + \frac{b(c_1\lambda_1 + c_2\lambda_2) - aB}{2\theta_1\delta\lambda_1 + 2\theta_2\delta\lambda_2 + 3B} \right)$$

$$\left(\frac{4b\delta\lambda_1\lambda_2(c_1\theta_2 - c_2\theta_1) + 2Ba\delta(\lambda_1\theta_1 - \lambda_2\theta_2) + 2Bb(2c_1\lambda_1 - c_2\lambda_2) - aB^2}{2b\lambda_1(2\theta_1\delta\lambda_1 + 2\theta_2\delta\lambda_2 + 3B)} - c_1 - \right.$$

$$\left. \frac{\theta_1\delta a}{2b} + \frac{\theta_1\delta(b(c_1\lambda_1 + c_2\lambda_2) - aB)}{b(2\theta_1\delta\lambda_1 + 2\theta_2\delta\lambda_2 + 3B)} \right),$$

$$\pi_{CM_1}^{TC} = \left(\frac{a}{2} + \frac{b(c_1\lambda_1 + c_2\lambda_2) - aB}{2\theta_1\delta\lambda_1 + 2\theta_2\delta\lambda_2 + 3B} \right)$$

$$\left(\frac{4b\delta\lambda_1\lambda_2(c_2\theta_1 - c_1\theta_2) + 2Ba\delta(\lambda_2\theta_2 - \lambda_1\theta_1) + 2Bb(2c_2\lambda_2 - c_1\lambda_1) - aB^2}{2b\lambda_2(2\theta_1\delta\lambda_1 + 2\theta_2\delta\lambda_2 + 3B)} - c_2 - \right.$$

$$\left. \frac{\theta_1\delta a}{2b} + \frac{\theta_1\delta(b(c_1\lambda_1 + c_2\lambda_2) - aB)}{b(2\theta_1\delta\lambda_1 + 2\theta_2\delta\lambda_2 + 3B)} \right),$$

$$\pi_{OEM}^{TC} = \left(\frac{a}{2} + \frac{b(c_1\lambda_1 + c_2\lambda_2) - aB}{2\theta_1\delta\lambda_1 + 2\theta_2\delta\lambda_2 + 3B} \right) \left(\frac{c_1\lambda_1 + c_2\lambda_2 - \frac{a}{b}B}{2\theta_1\delta\lambda_1 + 2\theta_2\delta\lambda_2 + 3B} \left(\frac{B}{2} - 1 \right) - \frac{aB}{4b} \right),$$

其中，$B = 2((1 - \theta_1 - \theta_2)\delta - 1)$。

证明： 我们同样采用逆向求解法来求解。对 OEM 利润函数关于 P 分别求一阶和二阶偏导，我们可以得到：$\dfrac{d\pi_{OEM}}{dP} = (1 - (1 - \theta_1 - \theta_2)\delta)(a - bP) - bP + b(1 - \theta_1 -$

$\theta_2)\delta P+b\omega_1\lambda_1+b\omega_2\lambda_2$，$\dfrac{d^2\pi_{OEM}}{dP^2}=2b(1-\theta_1-\theta_2)\delta-2b$。由于 $(1-\theta_1-\theta_2)\delta<1$，故

$\dfrac{d^2\pi_{OEM}}{dP^2}<0$，再对其海塞矩阵进行分析，可知 π_{OEM} 存在最大值，再令 $\dfrac{d\pi_{OEM}}{dP}=0$，

我们可得 $P^*=\dfrac{b\omega_1\lambda_1+b\omega_2\lambda_2+a-a(1-\theta_1-\theta_2)\delta}{2b(1-(1-\theta_1-\theta_2)\delta)}$。将 P^* 的反应函数代入 CM S_1 和

CM S_2 利润函数中，再分别对 π_{CM_1} 和 π_{CM_2} 关于 ω_1 和 ω_2 求一阶和二阶偏导，我们可以得到：

$$\omega_1^{TC*}=\frac{4b\delta\lambda_1\lambda_2(c_1\theta_2-c_2\theta_1)+2Ba\delta(\lambda_1\theta_1-\lambda_2\theta_2)+2Bb(2c_1\lambda_1-c_2\lambda_2)-aB^2}{2b\lambda_1(2\theta_1\delta\lambda_1+2\theta_2\delta\lambda_2+3B)},$$

$$\omega_2^{TC*}=\frac{4b\delta\lambda_1\lambda_2(c_2\theta_1-c_1\theta_2)+2Ba\delta(\lambda_2\theta_2-\lambda_1\theta_1)+2Bb(2c_2\lambda_2-c_1\lambda_1)-aB^2}{2b\lambda_2(2\theta_1\delta\lambda_1+2\theta_2\delta\lambda_2+3B)},$$

其中，$B=2((1-\theta_1-\theta_2)\delta-1)$。通过把 ω_1 和 ω_2 代入 P^*，我们进而可得：$P^*=$

$\dfrac{a}{2b}-\dfrac{b(c_1\lambda_1+c_2\lambda_2)-aB}{b(2\theta_1\delta\lambda_1+2\theta_2\delta\lambda_2+3B)}$。之后，把它们代入利润函数中，可得：

$$\pi_{CM_1}^{TC}=\left(\frac{a}{2}+\frac{b(c_1\lambda_1+c_2\lambda_2)-aB}{2\theta_1\delta\lambda_1+2\theta_2\delta\lambda_2+3B}\right)$$

$$\left(\frac{4b\delta\lambda_1\lambda_2(c_1\theta_2-c_2\theta_1)+2Ba\delta(\lambda_1\theta_1-\lambda_2\theta_2)+2Bb(2c_1\lambda_1-c_2\lambda_2)-aB^2}{2b\lambda_1(2\theta_1\delta\lambda_1+2\theta_2\delta\lambda_2+3B)}-c_1-\right.$$

$$\left.\frac{\theta_1\delta a}{2b}+\frac{\theta_1\delta(b(c_1\lambda_1+c_2\lambda_2)-aB)}{b(2\theta_1\delta\lambda_1+2\theta_2\delta\lambda_2+3B)}\right),$$

$$\pi_{CM_2}^{TC}=\left(\frac{a}{2}+\frac{b(c_1\lambda_1+c_2\lambda_2)-aB}{2\theta_1\delta\lambda_1+2\theta_2\delta\lambda_2+3B}\right)$$

$$\left(\frac{4b\delta\lambda_1\lambda_2(c_2\theta_1-c_1\theta_2)+2Ba\delta(\lambda_2\theta_2-\lambda_1\theta_1)+2Bb(2c_2\lambda_2-c_1\lambda_1)-aB^2}{2b\lambda_2(2\theta_1\delta\lambda_1+2\theta_2\delta\lambda_2+3B)}-c_2-\right.$$

$$\left.\frac{\theta_2\delta a}{2b}+\frac{\theta_2\delta(b(c_1\lambda_1+c_2\lambda_2)-aB)}{b(2\theta_1\delta\lambda_1+2\theta_2\delta\lambda_2+3B)}\right),$$

$$\pi_{OEM}^{TC}=\left(\frac{a}{2}+\frac{b(c_1\lambda_1+c_2\lambda_2)-aB}{2\theta_1\delta\lambda_1+2\theta_2\delta\lambda_2+3B}\right)\left(\frac{b(c_1\lambda_1+c_2\lambda_2)-aB}{b(2\theta_1\delta\lambda_1+2\theta_2\delta\lambda_2+3B)}\left(\frac{B}{2}-1\right)-\frac{aB}{4b}\right)。$$

定理 6-6　在成本分担合同下，OEM 的利润随着 CM 的分担比例的增加而

增加。

证明： 因为在 OEM 函数中的参数 θ_1 and θ_2 非常类似，因此，我们只证明

$\frac{d\pi_{OEM}^{TC}}{d\theta_1}>0$。令 $Y=\frac{b(c_1\lambda_1+c_2\lambda_2)-aB}{2\theta_1\delta\lambda_1+2\theta_2\delta\lambda_2+3B}$，$\pi_{OEM}^{TC}=\frac{-2aY}{4b}+\frac{Y^2(B-2)}{2b}-\frac{a^2B}{8b}$。令 $f(\theta_1)=-4aY+$

$4(B-2)Y^2-a^2B$，其中，$B=2((1-\theta_1-\theta_2)\delta-1)<0$。由于 $b>0$，$\frac{d\pi_{OEM}^{TC}}{d\theta_1}$ 将和 $\frac{df(\theta_1)}{d\theta_1}$ 具

有相同的符号（正号或者负号）。

接着，我们对 $f(\theta_1)$ 关于求一阶 θ_1 偏导，我们可以得到：$\frac{\partial f(\theta_1)}{\partial\theta_1}=(4Y^2-a^2)$

$(-2\delta)+4(2(B-2)Y-a)\frac{dY}{d\theta_1}$。由于 $a-bp=\frac{a}{2}+Y$，我们进而得到：$a=2bp+2Y$。因

此，$4Y^2-a^2<0$，$\frac{dY}{d\theta_1}<0$。又由于 $B<0$，且 $Y>0$，因此，$4(2(B-2)Y-a<0$。因此，

$\frac{df(\theta_1)}{d\theta_1}>0$，且我们最后可以得到 $\frac{d\pi_{OEM}^{TC}}{d\theta_1}>0$。类似地，我们可以证明 $\frac{d\pi_{OEM}^{TC}}{d\theta_2}>0$，此

处不再赘述。

OEM 和两个 CM 都愿意选择成本分担合同必须同时满足两个必要条件：第一个条件是 OEM 的利润应该比没有签订此合同时的利润高；第二个条件是当 CM S_1 和 CM S_2 共同分担了因 OEM 关税增加引发的成本后，两个 CM 的利润都应该比未签订该合同时的利润高。只有当两个条件都同时满足后，OEM、CM S_1 和 CM S_2 三方才都有动力来共同签订该成本分担合同。我们已经证明了 $\pi_{OEM}^{TC}>\pi_{OEM}$，$\pi_{CM_1}^{TC}>\pi_{CM_1}$ 和 $\pi_{CM_2}^{TC}>\pi_{CM_2}$。这也充分证明了供应链上各方成员都能从这个成本分担受益。定理 6-5 表明了当两个 CM 的成本分担比例上升后，OEM 将获得更高的收益。

为了更进一步地验算该合同的实施情况，我们进行了数值仿真，具体参数如下：$a=100000$，$b=50$，$c_1=1$，$c_2=2$，$\lambda_1=0.2$，$\lambda_2=0.3$，$\theta_1=0.6$，$\theta_2=0.3$，$\delta=0.2$。我们得到以下结果：$\pi_{OEM}=4440001$，$\pi_{CM_1}=44400011$，$\pi_{CM_2}=29600007$，$\pi_{OEM}^{TC}=4910161$，$\pi_{CM_1}^{TC}=50662171$，$\pi_{CM_2}^{TC}=33879454$。当我们降低参数 θ_1 和 θ_2 后，如当 $\theta_1=0.5$，$\theta_2=0.2$ 时，我们重新进行了求解，并得到以下结果：$\pi_{OEM}^{TC}=4322136$，

$\pi_{CM_1}^{TC} = 49278376$，$\pi_{CM_2}^{TC} = 32993550$。这也充分说明了当两个 CM 都降低成分分担比例后，OEM 和两个 CM 的利润都将减少，具体如图 6-8 所示。

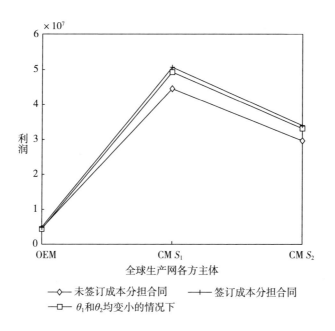

图 6-8　三种不同情形下全球生产网各方主体的利润对比

基于以上的数值实验结果与分析，我们得到相关管理启示如下：为了降低国际贸易风险，全球生产网的供应链各成员可以共同承担因国际贸易风险而产生的成本，签订这个合同不仅可以有效地降低国际贸易风险带来的影响，同时也可以协调供应链各方成员利益并达到一种理想的状态。

6.6　本章小结与展望

在本章中，我们分析了全球生产网的国际贸易风险问题。考虑了由一个 OEM 和两个 CM 组成的全球网，其中，OEM 生产一种产品并销往海外市场，该产品的生产所需要的两种不同原材料分别从位于两个不同国家的 CM 处进行采购。上一章主要采用系统动力学的研究方法分析了全球生产网的中断风险问题，这一章我们从博弈论的视角探讨了全球生产网的中断风险以及国际贸易风险问题。基于全新的研究视角得到了许多新的研究方案和重要的管理启示。全球生产网下的跨国供应链具有成本较低的优势，但同时也存在很多风险，如关税波动风险、汇率波动风险、劳动力价格波动风险、供应中断风险等，前三种风险主要受市场环境和宏观政策影响，而供应中断风险主要由外界不确定因素引起。因此本章认为，供应中断现象是不可控的，而供应中断调整时间是可控的，受到利益驱动时，供应商会积极恢复供应能力，缩短调整时间。为了应对供应中断风险，我们设计了一种带有惩罚机制的供应链合同。通过收取一定数额的罚金来激励两个 CM 尽快恢复供应。我们构建了两阶段 Stackelberg 博弈模型，求解了惩罚机制下供应链各方主体存在唯一最优决策，还提出了两种不同的惩罚机制，通过数值算例验证了研究结果。研究结果表明，动态惩罚机制下 OEM 的期望利润比静态惩罚机制下的期望利润要高。相应的管理启示是建议 OEM 采用动态惩罚机制，这样可以获取更高额的期望利润。数值仿真进一步发现当惩罚水平变大时，动态惩罚的优势将会更加明显。也就意味着当惩罚力度加大时，OEM 的期望利润将会更高。

在全球生产网的国际贸易风险方面，我们主要考虑了汇率风险和关税风险对供应链各方主体决策的影响。我们假设最终产品向海外出售，OEM 企业需承担国外进口关税，关税按从价关税计算，无本国出口关税。同样，我们也是采取系统动力学和博弈论相结合的研究方法。首先，通过系统动力学仿真，我们得到了以下管理启示：目标海外市场汇率与 OEM 的利润之间存在正相关关系，而与销售中断水平之间呈负相关关系。当两个 CM 所在国的汇率都增加时，OEM 每周的平均利润和每周的销售中断水平都会呈现下降的趋势。敏感性方面：OEM 的平均利润对参数 H_1 的变化不太敏感，对参数 T_0 和 H_2 的变化敏感，而对参数 H 的变化则非常敏感。同时，OEM 的平均利润随着参数 H_1、T_0 和 H_2 的增加而减少，但随着参数 H 的增加而增加。与参数 H_1 相比，参数 H_2 对 OEM 的平均利润的影响则更大。因此，建议 OEM 更多地关注供应延迟时间更短的 CM，以达到获取更高平均利润的目的。

为了应对汇率对全球生产网决策的影响，本章提出了一种成本分担合同，同时证明了该合同能同时激励 OEM、CM S_1 和 CM S_2。首先，证明了关税和汇率的上升将导致 OEM 终端海外市场的产品销售价格的上升，以及 CM S_1 和 CM S_2 原材料采购价格的下降。其次，证明了成本分担合同下供应链各成员存在唯一的最优决策。同时，证明了在成本分担合同下，OEM 的利润随着 CM 的分担比例的提高而增加。最后，通过数值算例证明了该合同存在的合理性。得到的相关管理启示是：为了降低国际贸易风险，特别是汇率风险，全球生产网中的供应链各成员可以签订合同来共同承担因此项风险产生的成本，该合同能有效地降低国际贸易风险带来的影响。

基于以上的仿真分析和博弈分析，我们得到了以下的主要发现，同时也提出了相关的管理启示：

（1）全球生产网的各个成员往往具有不用的特点。研究发现，在组装型全球生产网中，具有较短提前期的合同制造商具有更高的供应中断的风险，这也给 OEM 选择合同制造商时提供了理论参考，特别是把供应能力的改善作为优先考虑的因素。同时，CM 独立中断的危害比两个 CM 同时发生供应中断的危害要高，这是因为当一个零部件发生了供应中断，而其他零部件仍然供应时，产品最终不能完成组装生产，这必将带来高额的库存成本。对于全球生产网企业而言，相关的管理启示是：尽量避免单个 CM 发生供应中断的情况。

（2）为了降低供应中断风险的影响，全球生产网中核心企业（如 OEM）更应该采取有效措施来激励上游的合作伙伴（如多个 CM）缩短中断恢复时间。基于系统动力学的仿真分析，我们提出了一个长期的动态惩罚机制，并提出 OEM 的最佳策略是在合同初期设置一个较高的惩罚水平，而在合同末期设置一个较低的惩罚水平。我们还建议，相对于静态惩罚机制，OEM 应优先采用动态惩罚机制，因为动态惩罚机制能给 OEM 带来更大的利润空间。

（3）面对汇率风险和关税风险，OEM 更应该关注目标市场的海外汇率的变化情况，一个合适的 CM 海外汇率将会有助于 OEM 中断水平趋于稳定。

（4）为了降低关税风险，OEM 和两个 CM 都有意愿签署一份成本分担合同。同时证明了全球生产网中的所有成员均能从这份合同中受益。而且，当两个 CM 的分担比例提高时，OEM 能获益更多。

未来可以从三个方面进行进一步研究：首先，本章主要分析了供应中断对于

基于系统动力学的食品跨国供应链中断仿真研究

OEM 决策的影响，在现实环境中，两个 CM 和 OEM 可能存在不同的风险偏好，这种风险偏好也许对于决策有着重要的影响。因此，研究风险偏好下的全球生产网的决策具有重要的理论价值和实际意义。其次，本章的研究主要考虑了两级生产情形下的决策，多级生产下的全球生产网的决策研究具有更广泛的应用场景。当然，当供应中断发生时，全球生产网模型的构建与求解将会变得更加复杂。因此，更具有挑战性。最后，在本章的模型中并没有刻画供应中断的行为类型，在现实环境中，可能存在多种不同的中断形式与行为。因此，未来可以从不同中断行为类型对于全球生产网决策的影响方面进行研究。

· 176 ·

第7章 结论与展望

7.1 研究结论

　　各个国家的资源禀赋不同，全球跨国生产有利于节约社会资源和促进资源的合理配置。经济全球化也进一步促进了制造业的全球化发展。跨国生产因为成本较低，正成为拉动世界经济发展的主要动力。但近些年我们也发现跨国生产同样存在诸多风险，如关税波动风险、汇率波动风险、劳动力价格波动风险、供应中断风险等，前三种风险主要受市场环境和宏观政策影响，而供应中断风险主要由外界不确定因素引起。为了应对中断风险和国际贸易风险，本书从系统动力学和博弈论的视角研究了各种不确定风险下的全球生产中的决策问题，针对不同的风险，采取了相应的解决方案，旨在从理论高度解决全球生产中的风险。从全球生产网风险的分类来看，主要有供应中断和国际贸易风险。供应中断的发生确实很难避免，但是不同的合同制造商在中断恢复时间上存在差异，如何从机制设计的角度激励合同制造商尽快恢复供应能力是值得研究的问题。同样，国际贸易风险给全球生产制造带来了巨大的风险与挑战。近年来，国家之间的关税和汇率问题已经引起了学者的广泛关注，为了应对国际贸易之间不确定性给全球生产网企业带来的影响，学者进行了大量的研究，但是从系统动力学和博弈视角进行研究的文献还不多见。从实践中我们可知，有效设计一种成本分担是规避国际贸易风险的有效途径之一。以往的研究较少考虑由 1 个 OEM 和多个 CM 组成的全球生产网的国际贸易风险决策问题。事实上，随着经济全球化和制造全球化的加速推进，针对此类问题还需进行大量的理论创新。通过理论创新、激励机制与合同设计可以使企业不确定风险减少风险带来了的损失，从而为企业带来更多的收益，同时，这方面的研究可作为多种不同风险下全球生产网决策的重要参考。

本书主要采用的研究方法是系统动力学和博弈论。首先，采用博弈论研究供应中断问题具有一定的局限性，这类文献通常将供应中断风险假设为一种概率，以一个取值0~1的参数来刻画概率，这种处理方法十分抽象，除此之外，基于博弈论的文献几乎都认为产品在各级供应链中自由流通，认为当期供货量即为下期实际销售量，这往往与现实不符。供应链本身是一个复杂的系统，供应链中断的一个很大的危害就是会影响整个供应链系统的运作绩效，系统动力学采用因果关系图和流图描述系统要素之间的逻辑关系，在动态模拟显示系统行为特征方面具有独特的优势。同时我们也发现，针对供应中断风险，很多学者使用系统动力学进行了研究。其次，针对关税和汇率等国际贸易风险问题，我们采用了系统动力学和博弈理论进行研究，之所以采用系统动力学，是因为全球生产网中错综复杂的关系比较适用系统的视角来进行研究。而采用博弈论和契约设计更多的是考虑全球生产网中各参与者之间存在博弈关系。因此，本书从生产性中断、运输中断、供应中断与国际贸易风险等方面出发，分别建立生产性中断和多式联运中断下的系统动力学仿真模型。之后，针对全球生产网中的供应中断和关税、汇率风险问题，通过系统动力学和博弈论构建了全球生产网模型，并针对供应中断设计了动态惩罚机制，针对国际贸易风险提出了成本分担机制，为全球生产网企业的决策提供了理论上的依据。全书主要分为四个部分，每一部分的主要创新性工作和结论总结如下：

在第一部分内容中，我们考虑了具有两阶段制造过程的食品生产问题下的供应中断模型，研究视角从传统的食品供应链转移到了单一的制造商，以其生产制造流程为系统建立模型。系统地回答了以下五个问题：①对于一个两阶段制造的出口导向型食品企业来说，哪一个制造阶段出现生产性中断所带来的损失更大？这个问题看起来可能类似于以往研究中对两级供应链上下游供应中断危害的比较，但需要指出的是，我们所研究的两阶段制造系统是个交叉衔接的制造系统，原材料也由制造商同时采购，每一阶段的采购不存在信息延迟和信息差异，因此，两个制造阶段并不是两级供应链上下游的关系，而是生产性关系，这不同于以往多级供应链的供应中断研究。同时，本书中供应商在供应链中是同级的。②具有腐蚀性质的材料一般都采取 JIT 生产方式，而对于本书中具有供应中断风险的两阶段制造食品企业来说，是否应针对各原材料设立安全库存？③如果上一个问题的答案为是，那么每种原材料的最优安全库存是一样的吗，每种原材料的最优安全库存之间存在什么样的关系？④面对供应中断问题，快消食品企业可以通过提高冷链储藏技术水平来降低供应中断带来的影响，那么每种原材料所需的最优冷链储藏技术水平是一样的吗？⑤近年来备受关注的关税贸易壁垒和劳动力成本双重增加，给企业决策产生极大的影响，那么，对于出口导向型的快消食品企业来说，关税的外部冲击和劳动力成本的内部变化将对最优安全库存和最优冷链储藏技术水平产生什么影响？

针对以上五个问题，我们采用系统动力学仿真的方法进行研究，首先，构建具有两阶段制造过程的食品制造仿真模型；其次，进行模型仿真与模型有效性的检验；最后，通过设置不同的生产性中断模式，采用系统仿真和理论推导的方法进行模型分析。得出以下相关结论和管理启示：在不同制造阶段生产性中断损失对比中，辅助食材虽然供应周期短、保质期长，在整个生产运作流程中占据次要地位，但是，当发生生产性中断时，辅助食材中断所带来的短期损失是最大的，而位于同一制造阶段的两种原材料中原料食材 1 发生生产性中断所带来的损失要大于原料食材 2。因此，从短期生产角度来看，第一制造阶段的生产性中断危害要低于第二制造阶段；从长期生产角度来看，混合中断 $DM_1\{DT_1, DS_1\} \times DM_2\{DT_2, DS_2\}$ 模式下的第一制造阶段生产性中断危害高于第二制造阶段，而分离中断 $DM_1\{DT_1, DS_1\}$ 和分离中断 $DM_2\{DT_2, DS_2\}$ 模式下的第一制造阶段生产性中断危害要低于第二制造阶段。一般来说，具有腐蚀性质的材料都采用 JIT 生产方式，这样能够减少腐蚀消耗量，但是，在仿真分析中，我们尝试设立安全库存，之所以采用安全库存主要是考虑到具有供应中断风险、多阶段制造流程而消费者忠诚度较低特征的快消食品企业的特殊性。研究发现，在初期，未考虑安全库存情况下的食品企业利润是较高的，但是到了后期，考虑安全库存情况下食品企业的利润发生了逆转，安全库存的优势就显现出来了，它能够大大减少每个制造阶段中由于加工材料数量不对称所带来的损失。因此，研究结论是：具有多阶段制造流程的快消食品设立一定的备用安全库存是十分有必要的，但是，由于多阶段制造流程的复杂性，每种原材料的备用安全库存应如何设置需要重点进行研究。考虑到在不同的时期和第一制造阶段的不同生产性中断模式下，两个制造阶段的中断危害是不一样的，一般来说，我们只需要衡量出不同原材料期望生产性中断损失大小，为损失较大的原材料设置较高的安全库存即可，但是，由于我们研究的这一多制造阶段生产企业的特殊性导致原料食材1和原料食材2的期望生产性中断损失不好衡量，因此，我们提出了一种概率加权的方式来衡量这种损失。综上可知，我们得到了各种原材料期望生产性中断损失的大小关系，或者说各种原材料最优安全库存的关系，这对两阶段制造企业确定库存量、实施采购计划具有重要的参考意义。以上研究表明，短期生产战略下的差别化安全库存决策是唯一的，而长期生产战略下的差别化安全库存决策随着 DA 和 P 的改变而产生动态变化，呈离散现象。

由于食品类企业的特殊性，提高冷链技术水平固然可以有效减少腐烂消耗问题，降低供应中断带来的损失，但是如何合理地对冷链技术进行投资以面对供应中断风险是目前食品类企业的一个共同问题。研究发现，原料食材1腐烂消耗水平对生产性中断最为敏感，原料食材2次之，主食材最小，因此，需要针对各种材料采用差别化的冷链储藏技术水平，具体为原料食材1最优冷链储藏技术水平>原料食材2最优冷链储藏技术水平>辅助食材最优冷链储藏技术水平>主食材最优冷链储藏技术水平。这表明，第一制造阶段较第二制造阶段拥有更高的腐烂消耗风险，应对第一制造阶段投入更多的冷链技术水平投资。关税的外部冲击和劳动力成本的内部变化将对最优安全库存和最优冷链储藏技术水平产生以下影响：关税与企业最优安全库存系数及冷链储藏技术水平呈负向变动关系。劳动力成本也与最优安全库存系数及冷链储藏技术水平呈负向变动关系。当关税上升时，企业销售单位产品的获利减少，企业设立较高库存和较高冷链技术水平的动机也将降低，因此，最优安全库存必将下降。同理，劳动力成本上升也会间接导致企业销售单位产品的获利减少。相关的管理启示是：对于出口导向型企业来说，必须时刻关注关税和劳动力成本变化情况，调整相应的决策。对于目标市场关税和本国劳动力成本较高的企业，可设立较低的安全库存和冷链储藏技术水平。

第二部分的研究视角主要是跨国快消食品供应链多式联运的运输中断风险，

与以往的情况不同，这里我们主要采用了系统动力学方法，这是因为该方法能动态地演绎供应链中断发生时供应链各节点成员的当期库存、订单和后期库存等的变化。因为供应链本身是一个复杂的系统，供应链中断的一个很大的危害就是会对整个供应链系统产生长期的、动态的影响，供应链任何一个环节的中断都会对其他环节产生影响，而系统动力学模型能够很好地展现这些长期的、动态的变化。基于此，第二部分的研究角度是 A 国供应商向 D 国制造商发货运输的过程中所可能发生的运输中断风险，或者说物流中断风险对整个供应链绩效的影响，在该运输过程的系统结构中，将目前使用频率较高的 3 种运输模式组合为整个运输过程的多式联运模式：航空运输、海上运输、公路运输。原材料运输从 A 国供应商处出发，途经 B 国、C 国，最终达到 D 国制造商处，A 国到 B 国采用航空运输，B 国到 C 国采用海上运输，C 国到 D 国采用公路运输，即"航空运输→海上运输→公路运输"，需要指出的是，原材料在运输途中仅在 B 国、C 国的转运中心进行转运。食品供应链中断的一大危害是将导致原材料的变质和过期，同时，由于快消食品可替代性强，缺货极易造成市场需求流失，故使用产品市场累计流失量和原材料累计过期量来衡量运输中断风险。仿真结果目的不在于得到具体的数值，而在于考察不同政策参数条件下系统状态的变化，因此观察的重点是不同运输中断模式下的曲线变化行为。我们得到结论如下：首先，对比不同的运输阶段发生运输中断时的风险情况。不同运输阶段发生运输中断风险时所带来的供应链损失是不同的，企业要差异化管理每个运输阶段，对中断损失较高的运输阶段投入更多的资金进行改善。除此之外，当选择不同的指标作为绩效标准时，运输中断风险所带来的损失也是不同的，若企业的目标是减少过期量，那么对于 3 个运输阶段的管理重点顺序应为公路运输阶段>海上运输阶段>航空运输阶段；若企业的目标是减少市场流失，那么对于 3 个运输阶段的管理重点顺序应为公路运输阶段>航空运输阶段>海上运输阶段。因此，企业要根据自己的战略目标和利益导向，选择适合自身的管理方针。容易看出，无论选择哪个指标作为绩效标准，优先重点管理公路运输阶段都是企业的占优战略。其次，对比不同类型运输中断的风险情况。混合中断模式下原材料累计过期量风险水平和产品市场累计流失量风险水平都介于两个分离中断之间。这表明混合中断均衡了两种分离中断的风险损失水平，混合中断模式下的原材料累计过期量低于 $DM_2\{30, 5\}$ 模式，

高于 $DM_1\{30,5\}$ 模式；而混合中断 $DM_1\{30,5\}\times DM_2\{30,5\}$ 模式下的产品市场累计流失量低于 $DM_1\{30,5\}$ 模式，高于 $DM_2\{30,5\}$ 模式。当企业选择原材料累计过期量作为绩效指标时，若海上运输阶段不可避免地发生运输中断风险，航空运输阶段同时发生运输中断风险可能是一件"好事"，因为 $DM_1\{30,5\}\times DM_2\{30,5\}$ 模式下的原材料累计过期量低于 $DM_2\{30,5\}$ 模式；而当企业选择产品市场累计流失量作为绩效指标时，若航空运输阶段不可避免地发生运输中断风险，海上运输阶段同时发生运输中断风险竟然也是一件"好事"，因为 $DM_1\{30,5\}\times DM_2\{30,5\}$ 模式下的产品市场累计流失量低于 $DM_1\{30,5\}$ 模式。再次，对比不同混合运输中断风险情况。$DM_1\{30,5\}\times DM_3\{30,5\}$ 模式对于两个绩效指标的影响呈两极分化的现象，对于只追求市场份额而对于原材料过期量并无过多要求的企业来说，要严格统筹管理航空运输阶段和公路运输阶段，将它们出现同时中断的可能性降到最低；对于追求最低原材料过期量的企业来说，应当统筹管理海上运输阶段和公路运输阶段，防止这两者出现同时中断。最后，考虑了一种新型的多式联运模式：航空运输→海上运输→公路运输。运输中断风险水平不只和发生中断的运输阶段位置有关，还和该运输阶段采取的运输方式有关，航空运输、海上运输和公路运输作为不同的运输方式，发生运输中断时所产生的风险水平也是不一样的。除此之外，两种多式联运模式下，位于同一运输阶段即第一运输阶段的航空运输和公路运输发生中断时的原材料累计过期量风险水平都是最小的。这表明第一位置的运输阶段具有最低的原材料累计过期量风险，这种风险和运输方式无关。因此，无论何种多式联运模式，优先管理第一位置的运输阶段都是最小化原材料过期量目标导向企业的劣战略。

在第三部分中，我们从系统动力学的角度考虑全球供应链中断和贸易风险问题。与以往的文献不同，本书采用系统动力学方法详细分析了全球生产网的中断风险和国际贸易风险。针对不同风险问题，我们相继提出了解决方案，从理论高度证明了该解决方案能有效降低多种风险对于全球生产网的影响。具体而言，我们考虑一个基于离岸外包的全球生产网，假设德国有一家 OEM，其生产的食品需要两种原材料 S_1 和 S_2，分别从位于意大利的和匈牙利的两家不同的 CM 处进行采购。最终该食品将在法国销售。当然，这种基于不同国家的资源禀赋不同而产生的离岸外包全球生产网具有天然的成本低的优势，但全球生产网中的各家企业都需要应对许多风险,如中断风险和国际贸易风险。建立了中断风险和国际贸易风险下的全球生产网系统动力学模型,还得到了如下结论:首先,我们进行了不同 CM S_i 平均中断恢复时间下的各指标对比,为了刻画 CM 的随机中断特性,我们设置了三个不同的 CM 平均中断恢复时间。研究发现,CM 的平均中断恢复时间越长,销售中断水平越高,市场损失越大,同时利润也会越低。然而,由于恢复时间较长,OEM 的成本也会降低。其次,我们对不同 OEM 的安全库存系数下的各指标进行了对比,通常来说,当中断发生时,安全库存会发挥重要的作用。为了达到 67.36%、78.81%、88.49%、94.52% 和 97.72% 的服务水平,我们设置了相应的安全库存系数。研究发现,OEM 的安全库存系数越高,销售中断水平越低。相关的管理启示为:提高安全库存水平能有效阻止销售中断的发生。因此,对于风险规避型企业来说,设置一个略高的安全库存水平非常有必要。但是,需要注意的是,过高的安全库存水平将带来过高的库存成本,并且,当库存水平超过一定的阈值时,利润将下降。再次,我们还对 $PD(it)$ 和 $OD(it)$ 两个影响因子下的指标进行了对比分析,研究发现,当 $PD(it)$ 和 $OD(it)$ 上升时,供应链性能指标更好。在情形 S7 和情形 S8 中,OEM 的利润和服务水平比基准情形更高。在情形 S8 中,OEM 的利润和服务水平略高一点,$OD(it)$ 比 $PD(it)$ 更加有效。改善 $OD(it)$ 能够更好地降低供应中断的风险。我们对独立中断和同时中断下的各指标进行了对比,研究发现,当一个拥有较长供应提前期的 CM 发生独立中断时,它对于供应链整体性能的危害要高于当两个 CM 同时发生中断时的情况。最后,我们还比较了独立中断和同时中断下的 OEM 的利润和服务水平,我们还得到了如下的结论:当一个具有较长供应时延的 CM(CM S_1)发生中断时,OEM 的利润和服务水平要低于一个具有较短供应时延的 CM(CM S_2)发生中断时的利润和服务水平。因此,选择一个较短提前期的 CM 能够有效地减少供应链的中断损失并改善其服务水平。相关研究结论和管理启示对于降低中断风险对于全球生产网的影响提供了理论参考和决策支持。

在第四部分中,我们从博弈理论的视角考虑了全球生产网决策,针对供应中断风险和国际贸易风险问题采取了系统动力学和博弈论两种研究方法,分别提出了解决供应中断和国际贸易风险的有效方案。同样,我们假设位于 A 国的 OEM 生产的食品需要采购两种不同的原材料 S_1 和 S_2,并且,这两种原材料分别从位于 B 国的一个 CM 和位于 C 国的另一个 CM 处采购，最后生产的食品销往 D 国。但近年来供应中断时有发生，国际贸易又常常不稳定，基于此，我们提出了应对供应中断的一套惩罚机制，该机制的思路是：由于 OEM 处于强势一方，因此，当 CM 发生供应中断时，OEM 将从 CM 处收取一定金额的罚金。根据罚金的特点，我们进而提出了两种不同的惩罚机制，即静态惩罚机制和动态惩罚机制。根据罚金是常数还是一个随时间变化的值，我们定义了静态惩罚机制和动态惩罚机制。博弈的顺序如下：在博弈的第一阶段，两个 CM 各自决定其原材料采购价格；而在第二阶段，OEM 在观察到原材料采购价格后，做出海外市场的产品销售价格的决策。研究发现，在带有惩罚机制的跨国供应链中，存在唯一的 CM 最优批发价格和 OEM 的最优产品价格。而且 CM 的原材料采购价格和 OEM 的产品销售价格随着中断时间的增加而降低。从均衡利润的分析结果来看，整个供应链的各成员利润也都随着中断时间的增加而降低，CM 的利润随着惩罚力度的增加而降低。同时，CM 为了避免支付更多的惩罚成本，会更有动力来增加它们的供应能力。通过对比静态惩罚机制与动态惩罚机制下的 OEM 利润，我们还发现，当供应中断发生时刻服从均匀分布时，动态惩罚机制下 OEM 的期望利润始终要高于其在静态惩罚机制下的期望利润。相关的管理启示是：OEM 采用动态惩罚机制要比静态惩罚机制获得更高的利润，建议 OEM 在早期采用更大的惩罚力度，而在后期则不采用更大的惩罚力度。当惩罚水平变高时，动态惩罚的优势将会趋于更加明显。

针对全球网的国际贸易风险，我们采用了系统动力学和博弈论进行了分析。我们构建了关税和汇率波动下的全球生产网系统动力学模型，通过对目标海外市场汇率和 CM 海外汇率敏感性的分析，我们得到了以下研究结论：首先，OEM 的利润随着目标海外市场汇率的增加而增加，也就是说 OEM 的利润与目标海外市场汇率之间存在正相关关系。与 OEM 平均利润不同的是，销售中断水平与目标海外市场汇率呈负相关关系。这是因为当汇率变化水平增加时，目标市场的产品销售价格和原材料采购价格都会随之上升，因此，两个 CM 都能获得更高的利润。对于 CM 来说，它们也获得更大的动力来改善其服务能力，$PD(it)$ 和 $OD(it)$ 就会变得更高，故销售中断水平将会降低，且销售中断水平的振荡幅度也是最小的。其次，当两个 CM 海外汇率都增加时，OEM 每周的平均利润和每周的销售中断水平都会呈现下降的趋势，这是因为随着 CM 海外汇率的增加，CM 的单位原材料的采购价格会增加，因此，OEM 的采购成本也会随之上升。当供应中断发生时，CM 恢复供应的动力也会增加。因此，它也会导致销售中断水平的降低。再次，目标市场关税税率将导致产生外生成本。当目标市场关税税率提高 1 倍后，OEM 期望平均利润将下降至一半，这是因为目标市场关税税率增加后，OEM 关税成本也将增加。因此，平均利润和销售水平都呈下降趋势。最后，研究发现，OEM 的平均利润对参数 CM 海外汇率 H_1 的变化不太敏感，对参数 T_0 和 H_2 的变化敏感，而对参数 H 的变化则非常敏感。总体来说，OEM 的平均利润随着参数 CM 海外汇率 H_1、目标市场关税税率 T_0 和 CM 海外汇率 H_2 的增加而减少，但随着参数目标海外市场汇率 H 的增加而增加。与参数 H_1 相比，参数 H_2 对 OEM 的平均利润的影响则更大。因此，相关的管理启示是：OEM 应该更多地关注两个 CM 中供应延迟时间更短的 CM，这样更能维持 OEM 的平均利润。此外，还发现，目标市场海外汇率的变化水平与 OEM 平均利润呈正相关关系，而 CM S_i 海外汇率的变化水平，关税均与 OEM 平均利润呈负相关关系。平均销售中断水平对参数 H_1 和 H 的变化敏感，对参数 H_2 的变化非常敏感。同时，平均销售中断水平随着参数 H、H_1 和 H_2 的增加而减少。CM S_2 海外汇率的变化水平是影响平均销售中断水平中最重要的因素之一，因此，OEM 应该更加关注两个 CM 中较短供应周期的 CM。同时，相比于目标市场海外汇率而言，OEM 的管理者如要保持合适的中断水平，更应该关注 CM 的海外汇率。

为了应对国际贸易风险，特别是汇率波动的影响，我们设计了一种成本分担机制。首先，我们求解了全球生产网中供应链各主体的唯一最优决策。进而还发现以下研究结论：关税和汇率的上升将导致 OEM 终端海外市场的产品销售价格的上升，以及 CM S_1 和 CM S_2 的原材料采购价格的下降。其次，我们还证明了成本分担合同下的全球生产网各成员也存在唯一的最优决策。在成本分担合同下，OEM 的利润随着 CM 的分担比例的增加而增加。为了证明 OEM 和两个 CM 都有动力参与此成本分担合同，我们得到了 OEM 和两个 CM 都愿意选择成本分担合同必须同时满足两个必要条件：第一个条件是 OEM 的利润应该比没有签订此合同时的利润高；第二个条件是当 CM S_1 和 CM S_2 共同分担了 OEM 关税增加引发的成本后，两个 CM 的利润都应该比未签订该合同时的利润高。只有当两个条件都同时满足后，OEM、CM S_1 和 CM S_2 三方才都有动力来共同签订该成本分担合同。随后，我们通过数值分析证明了当两个 CM 都降低成本分担比例后，OEM 和两个 CM 的利润都将减少的结论。相关管理启示如下：为了降低国际贸易风险，全球生产网中供应链各成员可以共同承担因国际贸易风险而产生的成本，签订这份合同不仅可以有效地降低国际贸易风险带来的影响，同时也可以协调供应链各方成员利益并达到一种理想的状态。

7.2　研究展望

在不确定性因素增多的背景下，跨国食品供应链中断问题已经成为食品制造企业必须考虑的问题之一，也越来越受到相关企业的重视与关注。将生产性中断、运输性中断、全球食品供应中断和贸易风险综合考虑可以减少中断给相关企业带来的风险与挑战，也可以为相关管理者提供重要的管理启示。因此，基于系统动力学的跨国食品供应链中断问题也就成为食品制造企业管理中热点问题之一。

本书虽然取得一定的成果，但是也存在一定的客观局限性，在总结不足的基础上提出进一步的研究方向。

首先，本书仅考虑了具有复杂生产制造流程的制造商的供应中断问题，而食品供应链中还涉及供应端和销售端等诸多环节，考虑多方参与和多种因素影响的食品中断问题值得进一步探讨。比如，综合考虑多级供应链与多个制造流程会更加复杂，但是可以从全局性和整体性角度考虑供应中断对于企业决策的影响。因此，多级供应链与多个制造阶段下的供应中断决策问题或许值得考虑，这也可以作为未来该领域的研究方向之一，相关研究也是对该领域的文献的有益补充。

其次，在快消食品企业跨国多式联运运输中断风险的研究中，没有考虑每种运输方式的中断概率，一般而言，每种运输方式的中断概率是不一样的，因此，这将成为下一步研究的方向之一。在多式联运模型中，我们重点关注的是中断问题，而在实际运作中，还涉及关税、汇率等多种复杂因素，因此，考虑关税、汇率和供应中断等多种复杂因素的跨国多式联运的中断问题更具有研究价值，相关研究可以为制造企业提供有益的参考，为跨国供应链实施运输中断风险管理提供科学的决策支持，还可以补充这方面的文献空白。

再次，本书仅考虑供应中断对于全球生产网的决策影响。在现实环境下，全球生产网的风险可能具有更为复杂的情况，比如，各个国家采取的政策不同，特别是供应中断发生后的处理方式也不一样，因此，如果能把各国的政策和中断发生后的情形考虑进去，就更能反映现实情况。此外，不同产品的供应中断也不一样，产品的属性差异、企业的风险规避、公平偏好等因素都可以作为未来该领域的研究方向之一，特别是风险规避对于企业的决策有种重要的影响，不同的风险偏好得到的结论往往不一样，这是本书未能涉及的内容之一。当前绿色跨国供应链受到越来越多的关注，因此，绿色跨国供应链的供应中断问题具有重要的研究价值，相关研究可以进一步丰富该领域研究文献，也能为当前复杂的全球生产网决策提供重要的支撑和参考。

最后，本书进行了供应中断下的国际贸易风险的敏感性分析，为应对汇率的波动提出了一个成本分担机制。但是在实际中，国际贸易风险可能遭遇关税和汇率的双重影响，在这种情况下构建一个三方均能接受的成本分担合同或其他协调机制具有十分重要的理论意义和现实价值。当然此类问题将会非常的复杂，且充满挑战，可以作为下一步研究的方向。再者，把碳减排加入到全球生产网中，综合考虑碳减排、关税和汇率波动也是非常值得研究的方向之一。

参考文献

［1］ Ali S. , Paul S. , Chowdhury P. , et al. Modelling of supply chain disruption analytics using an integrated approach: An emerging economy example ［J］. Expert Systems with Applications, 2021 (173): 114690.

［2］ Barry J. Supply chain risk in an uncertain global supply chain environment ［J］. International Journal of Physical Distribution & Logistics Management, 2004, 34 (9): 695-697.

［3］ Baykasolu A. , Dudakl N. , Subulan K. An integrated fleet planning model with empty vehicle repositioning for an intermodal transportation system ［J］. Operational Research, 2021 (22): 2063-2098.

［4］ Bueno-Solano A. , Cedillo-Campos M. G. Dynamic impact on global supply chains performance of disruptions propagation produced by terrorist acts ［J］. Transportation Research Part E: Logistics and Transportation Review, 2014 (61): 1-12.

［5］ Cannas V. G. , Ciccullo F. , Pero M. , et al. Sustainable innovation in the dairy supply chain: Enabling factors for intermodal transportation ［J］. International Journal of Production Research, 2020, 58 (24): 7314-7333.

［6］ Chen J. , Wang H. , Zhong R. A supply chain disruption recovery strategy considering product change under COVID-19 ［J］. Journal of Manufacturing Systems, 2021 (60): 920-927.

［7］ Chen K. , Wang X. , Niu B. , et al. The impact of tariffs and price premiums of locally manufactured products on global manufacturers' sourcing strategies ［J］. Production and Operations Management, 2022, 31 (9): 3474-3490.

[8] Chen L. M. , Chang W. L. Supply – and cyber – related disruptions in cloud supply chain firms: Determining the best recovery speeds [J]. Transportation Research Part E: Logistics and Transportation Review, 2021 (151): 102347.

[9] Choi K. , Narasimhan R. , Kim S. W. Postponement strategy for international transfer of products in a global supply chain: A system dynamics examination [J]. Journal of Operations Management, 2011, 30 (3): 167–179.

[10] Chu C. Y. , Park K. , Kremer G. E. A global supply chain risk management framework: An application of text–mining to identify region–specific supply chain risks [J]. Advanced Engineering Informatics, 2020 (45): 101053.

[11] Cruz J. M. Mitigating global supply chain risks through corporate social responsibility [J]. International Journal of Production Research, 2013, 51 (13): 3995–4010.

[12] Daniel B. S. , Hsin R. A stochastic model for developing speculation–postponement strategies and modularization concepts in the global supply chain with demand uncertainty [J]. Computers & Industrial Engineering, 2021, 158: 1–20.

[13] Dillon R. L. , Mazzola J. B. Management of disruption risk in global supply chains [J]. IBM Journal of Research and Development, 2010, 54 (3): 101–109.

[14] Dolgui A. , Ivanov D. Ripple effect and supply chain disruption management: New trends and research directions [J]. International Journal of Production Research, 2021, 59 (1): 102–109.

[15] Dong L. , Kouvelis P. Impact of tariffs on global supply chain network configuration: Models, predictions, and future research [J]. Manufacturing & Service Operations Management, 2020, 22 (1): 25–35.

[16] Feng P. , Zhou X. , Zhang D. , et al. The impact of trade policy on global supply chain network equilibrium: A new perspective of product–market chain competition [J]. Omega, 2022 (109): 102612.

[17] Gaur J. , Amini M. , Rao A. K. The impact of supply chain disruption on the closed–loop supply chain configuration profit: A study of sourcing policies [J]. International Journal of Production Research, 2020, 58 (17): 5380–5400.

［18］Gholami-Zanjani S. , Klibi W. , Jabalamelia M. , et al. The design of resilient food supply chain networks prone to epidemic disruptions ［J］. International Journal of Production Economics, 2021 （233）: 1-22.

［19］Gu Q. , Gao T. Production disruption management for R/M integrated supply chain using system dynamics methodology ［J］. International Journal of Sustainable Engineering, 2017, 10 （1）: 44-57.

［20］Handfield R. B. , Graham G. , Burns L. Corona virus, tariffs, trade wars and supply chain evolutionary design ［J］. International Journal of Operations & Production Management, 2020, 40 （10）: 1649-1660.

［21］Hasani A. , Khosrojerdi A. Robust global supply chain network design under disruption and uncertainty considering resilience strategies: A parallel memetic algorithm for a real-life case study ［J］. Transportation Research Part E: Logistics and Transportation Review, 2016 （87）: 20-52.

［22］Hishamuddin H. , Sarker R. , Essam D. A recovery model for a two-echelon serial supply chain with consideration of transportation disruption ［J］. Computers & Industrial Engineering, 2013, 64 （2）: 552-561.

［23］Höhler J. , Lansink A. O. Measuring the impact of COVID-19 on stock prices and profits in the food supply chain ［J］. Agribusiness, 2021 （37）: 171-186.

［24］Hosseini S. , Ivanov D. , Dolgui A. Ripple effect modelling of supplier disruption: Integrated Markov chain and dynamic Bayesian network approach ［J］. International Journal of Production Research, 2020, 58 （11）: 3284-3303.

［25］Huang H. , He Y. , Li D. Pricing and inventory decisions in the food supply chain with production disruption and controllable deterioration ［J］. Journal of Cleaner Production, 2018 （180）: 280-296.

［26］Ivanov D. Predicting the impacts of epidemic outbreaks on global supply chains: A simulation-based analysis on the coronavirus outbreak （COVID-19/SARS-CoV-2） case ［J］. Transportation Research Part E: Logistics and Transportation Review, 2020 （136）: 1-14.

［27］Jacobs F. R. , Chase R. B. Operations and supply chain management ［M］.

New York: McGraw-Hill, 2018.

[28] Jing F. Y., Chao X. R. A dynamic lot size model with perishable inventory and stockout [J]. Omega-International Journal of Management Science, 2021 (103): 102421.

[29] Kalantari F., Hosseininezhad S. J. A Multi-objective Cross Entropy-based algorithm for sustainable global food supply chain with risk considerations: A case study [J]. Computers & Industrial Engineering, 2022 (164): 107766.

[30] Kwak D. W., Rodrigues V. S., Mason R., et al. Risk interaction identification in international supply chain logistics: Developing a holistic model [J]. International Journal of Operations & Production Management, 2018, 38 (2): 372-389.

[31] Leslie M. Pandemic scrambles the semiconductor supply chain [J]. Engineering, 2022 (9): 10-12.

[32] Lewis B. M., Erera A. L., Nowak M. A., et al. Managing inventory in global supply chains facing port-of-entry disruption risks [J]. Transportation Science, 2013, 47 (2): 162-180.

[33] Li C. L., Li F. Rescheduling production and outbound deliveries when transportation service is disrupted [J]. European Journal of Operational Research, 2020, 286 (1): 138-148.

[34] Li S., He Y. M., Stefan M. Dynamic compensation and contingent sourcing strategies for supply disruption [J]. International Journal of Production Research, 2021, 59 (5): 1-23.

[35] Li W., Sun H., Dong H., et al. Outsourcing decision-making in global remanufacturing supply chains: The impact of tax and tariff regulations [J]. European Journal of Operational Research, 2023, 304 (3): 997-1010.

[36] Lin Y., Fan D., Shi X., et al. The effects of supply chain diversification during the COVID-19 crisis: Evidence from Chinese manufacturers [J]. Transportation Research Part E: Logistics and Transportation Review, 2021 (155): 102493.

[37] Ma S., He Y., Gu R. Dynamic generic and brand advertising decisions under supply disruption [J]. International Journal of Production Research, 2021, 59

（1）：188-212.

［38］Manuj I. , Mentzer J. T. Global supply chain risk management strategies ［J］. International Journal of Physical Distribution & Logistics Management, 2008b, 38 （3）：192-223.

［39］Manuj I. , Mentzer J. T. Global supply chain risk management ［J］. Journal of Business Logistics, 2008a, 29 （1）：133-155.

［40］Mehrjoo M. , Pasek Z. Risk assessment for the supply chain of fast fashion apparel industry：A system dynamics framework ［J］. International Journal of Production Research, 2016, 54 （1）：28-48.

［41］Mittal M. , Sarkar B. Stochastic behavior of exchange rate on an international supply chain under random energy price ［J］. Mathematics and Computers in Simulation, 2023 （205）：232-250.

［42］Ogunranti G. A. , Ceryan O. , Banerjee A. Buyer – supplier currency exchange rate flexibility contracts in global supply chains ［J］. European Journal of Operational Research, 2021, 288 （2）：420-435.

［43］Olivares–Aguila J. , Eimaraghy W. System dynamics modelling for supply chain disruptions ［J］. International Journal of Production Research, 2021, 59 （6）：1757-1775.

［44］Orlando B. , Tortora D. , Pezzi A. , et al. The disruption of the international supply chain：Firm resilience and knowledge preparedness to tackle the COVID-19 outbreak ［J］. Journal of International Management, 2022, 28 （1）：100876.

［45］Ouden M. , Dijkhuizen A. , Huirne R. , et al. Vertical cooperation in agricultural production–marketing chains, with special reference to product differentiation in pork ［J］. Agribusiness, 1996, 12 （3）：277-290.

［46］Sawik T. Stochastic optimization of supply chain resilience under ripple effect：A COVID-19 pandemic related study ［J］. Omega, 2022 （109）：102596.

［47］Schmitt A. J. Strategies for customer service level protection under multi-echelon supply chain disruption risk ［J］. Transportation Research Part B：Methodological, 2011, 45 （8）：1266-1283.

［48］Singh A. R., Mishra P. K., Jain R., et al. Design of global supply chain network with operational risks ［J］. The International Journal of Advanced Manufacturing Technology, 2012 (60): 273-290.

［49］Singh S., Kumar R., Panchal R., et al. Impact of COVID-19 on logistics systems and disruptions in food supply chain ［J］. International Journal of Production Research, 2021, 59 (7): 1993-2008.

［50］Sly N., Soderbery A. Global supply chain disruptions can be seen anywhere, but their costs are not the same everywhere ［J］. Economic Bulletin, 2022 (January 1): 1-4.

［51］Tang C. S. Robust strategies for mitigating supply chain disruptions ［J］. International Journal of Logistics: Research and Applications, 2006, 9 (1): 33-45.

［52］Wilson M. C. The impact of transportation disruptions on supply chain performance ［J］. Transportation Research Part E: Logistics and Transportation Review, 2007, 43 (4): 295-320.

［53］Yi S., Wen G. Game model of transnational green supply chain management considering government subsidies ［EB/OL］. https: //doi. org/10. 1007/sl0479-023-05420-4.

［54］Yin Z., Guan X., Xiao L. Managing global sourcing with disruption risks in an assemble-to-order system ［J］. Transportation Research Part E: Logistics and Transportation Review, 2017 (108): 1-17.

［55］Zhao G., Liu S., Lopez C., et al. Risk analysis of the agri-food supply chain: A multi-method approach ［J］. International Journal of Production Research, 2020, 58 (16): 4851-4876.

［56］Zhao T., Xu X., Chen Y., et al. Coordination of a fashion supply chain with demand disruptions ［J］. Transportation Research Part E: Logistics and Transportation Review, 2020 (134): 101838.

［57］鲍勤，苏丹华，汪寿阳．中美贸易摩擦对中国经济影响的系统分析［J］．管理评论，2020，32（7）：3-16.

［58］曾能民，曾冬玲，任廷海．考虑供应风险的竞合供应链决策研究

［J］.管理科学学报，2023，26（4）：175-192.

［59］陈崇萍，陈志祥.供应商产出随机与供应中断下的双源采购决策［J］.中国管理科学，2019，27（6）：113-122.

［60］陈畴镛，张嘉伟，武健，等.云制造下供应链协同运作系统动力学仿真分析［J］.科技管理研究，2022，42（21）：211-225.

［61］陈佳佳，周根贵，梁薇薇，等.基于努力水平的生鲜乳制品供应链均衡研究［J］.工业工程与管理，2018，23（5）：67-73+81.

［62］陈娟，刘永胜，肖为群.食品供应链安全风险形成的微观机理——基于计划行为理论的实证分析［J］.中国流通经济，2015，29（12）：67-75.

［63］陈志祥，王伟洁，杜志娇.考虑进口配额的跨国供应商选择与订单分配模糊多目标优化决策［J］.北京交通大学学报（社会科学版），2021，20（2）：113-122.

［64］程慧锦，丁浩.供应链企业社会责任治理决策研究——基于SD—演化博弈分析法［J］.运筹与管理，2022，31（5）：14-22.

［65］程兴群，金淳，姚庆国，等.碳交易政策下多式联运路径选择问题的鲁棒优化研究［J］.中国管理科学，2021，29（6）：82-90.

［66］程永伟，穆东.基于SD动态博弈的新能源汽车供应链补贴策略优化［J］.中国人口·资源与环境，2018，28（12）：29-39.

［67］杜娟.需求和汇率风险下的全球供应链汇率风险对冲策略［J］.运筹与管理，2019，28（9）：167-172.

［68］封红旗，吴芸芸，熊亮亮.基于系统动力学的政府补贴政策对绿色采购供应链的影响机制研究［J］.中国矿业大学学报（社会科学版），2019，21（3）：80-91.

［69］伏开放，陈志祥.考虑关税和补贴的跨国生产业务外包决策与优化［J］.科技管理研究，2021，41（18）：205-213.

［70］付小勇，朱庆华，田一辉.基于系统动力学的政府和废旧电子产品处理商演化博弈分析［J］.运筹与管理，2021，30（7）：83-88.

［71］郭放，牛润柳，黄志红.不确定环境下多时段采购与多式联运联合决策鲁棒优化研究［EB/OL］.https：//doi.org/10.16381/j.cnki.issn1003-207x.2023.

1059.

［72］郭宁，郭鹏．突发事件下闭环供应链的契约协调——基于系统动力学方法［J］．系统工程，2017，35（7）：122-127.

［73］郭也．中国制造业单位劳动力成本变化趋势——以2002—2016年数据为依据［J］．北京社会科学，2021（4）：4-22.

［74］何青，伍星华，李志鹏．供应中断风险下制造商的后备采购与改善努力策略比较研究［J］．数学的实践与认识，2020，50（7）：50-63.

［75］胡韩莉，曹裕，吴堪．中断与质量多重风险下的供应链动态采购策略研究［J］．管理工程学报，2024，38（2）：180-194.

［76］胡劲松，刘玉红，马德青．技术创新下考虑绿色度和溯源商誉的食品供应链动态策略［J］．软科学，2021，35（1）：39-49.

［77］胡劲松，刘玉红，马德青．食品安全危机预测下食品供应链动态策略制定及协调［J］．中国管理科学，2023，31（5）：116-131.

［78］黄桂红，贾仁安．生鲜农产品供应链系统反馈结构模型的建立与应用：以赣南脐橙为例［J］．系统工程理论与实践，2010，30（6）：1113-1124.

［79］黄鑫，陈洪转，何益欣，等．完全供应中断的复杂装备军民协同创新的供应商风险策略研究［J］．中国管理科学，2024，32（2）：31-42.

［80］吉清凯，郭柯廷，胡祥培．海南自贸港税率优惠下跨国公司的生产决策模型［EB/OL］．https：//doi.org/10.15886/j.cnki.hnus.202304.0139.

［81］吉如媚，张小宁，闫黄．考虑转口贸易的全球供应链网络关键节点识别［J］．系统工程学报，2023，38（6）：850-863.

［82］景熠，刘芹芹，周林．突发事件影响下考虑供应中断风险和消费者偏好的制造商采购策略研究［EB/OL］．https：//doi.org/10.16381/j.cnki.issn1003-207x.2023.0078.

［83］景熠，刘芹芹．供应中断风险下基于横向联合战略库存的零售商应对策略研究［EB/OL］．http：//kns.cnki.net/kcms/detail/34.1133.G3.20240325.1040.002.html.

［84］景熠，刘威，刘芹芹，等．突发事件冲击下应对供应中断的供应链响应计划研究［EB/OL］．https：//doi.org/10.16381/j.cnki.issn1003-207x.2023.1173.

［85］赖新峰，陈馨怡，伏开放，等．绿色关税壁垒下跨国供应链低碳技术选择策略研究［J］．供应链管理，2023，4（7）：37-48.

［86］赖新峰，陈志祥，王鑫．全球生产网中断风险与动态惩罚机制分析——基于系统动力学视角［J］．软科学，2022，36（7）：125-135.

［87］赖新峰，陈志祥．需求模式及其动态特征对生产—分销库存影响的系统动力学仿真研究［J］．科技管理研究，2014，34（12）：179-184.

［88］赖新峰，王鑫，陈志祥，等．不同垂直一体化模式下出口导向型制造企业生产仿真研究——关税和劳动力成本影响分析［J］．管理评论，2022，34（6）：280-291.

［89］兰洪杰，刘志高，李丽，等．基于协同补货的食品冷链均衡研究［J］．管理工程学报，2012，26（4）：107-111.

［90］黎继子，汪忠瑞，刘春玲，等．供应链跨国进入模式下的 Hotelling 决策模型及策略［J］．管理工程学报，2018，32（3）：162-170.

［91］黎继子，汪忠瑞，刘春玲，等．基于 Nash-Rubinstein Bargain 的跨国供应链企业间争夺股权控制的策略分析［J］．中国管理科学，2020，28（11）：110-119.

［92］黎继子，汪忠瑞，刘春玲．TP 模式下考虑隐性利益输送的跨国供应链决策分析［J］．中国管理科学，2017，25（12）：48-58.

［93］黎继子，周兴建，汪忠瑞，等．FDI 视角下基于股权分配的跨国供应链动态决策分析［J］．中国管理科学，2015，23（S1）：564-570.

［94］李贵萍，张柯檬，杜碧升．生鲜产品的订购、定价与保鲜技术投资策略［J］．工业工程与管理，2021，26（1）：130-138.

［95］李景峰，张晋菁．供应中断和需求扰动环境下的供应模式选择［J］．中国管理科学，2014，22（S1）：496-502.

［96］李魁梅，郑波．考虑综合运输成本的多式联运路径优化问题［J］．工业工程，2020，23（5）：67-74.

［97］李巍，蒋云，甘玉琴，等．基于税收差异的跨境闭环供应链中 OEM 产地选择与再制造授权决策研究［EB/OL］．https：//doi.org/10.16381/j.cnki.issn 1003-207x.2022.2750.

［98］李晓东，匡海波，赵宇哲，等．多式联运下的中国东北地区低碳运输实证研究［J］．管理评论，2021，33（3）：282-291.

［99］李琰，达庆利，孙浩．产品市场纵向差异的两阶段再制造供应链契约协调［J］．中国管理科学，2012，20（6）：52-60.

［100］李业梅，黄少安．基于 EOQ 模型的非瞬时变质食品提前支付订货策略研究［J］．中国管理科学，2023，31（2）：150-161.

［101］李勇建，李佳佳，孙晓晨，等．基于系统动力学的"制造链+平台"双模式价值共创实现动因研究［J］．系统工程理论与实践，2023，43（12）：3549-3569.

［102］李兆进，刘雅，杨臻．考虑订单合并和货物转运的多式联运路径优化研究［J］．运筹与管理，2022，31（4）：28-34.

［103］李卓群，严广东．JIT 供货约束下差异化订货决策行为的供应链系统动力学分析［J］．系统管理学报，2017，26（5）：957-963.

［104］刘春玲，黎继子，郭君，等．基于 Benders 算法下考虑企业所有权分配的供应链跨国布局研究［J］．运筹与管理，2012，21（5）：41-49.

［105］刘名武，翟梦月，陈翔．关税和补贴视角下的跨国绿色供应链决策研究［J］．软科学，2019，33（9）：21-26.

［106］刘名武，付巧灵，刘亚琼．加征关税下的跨国供应链决策及补贴策略研究［J］．中国管理科学，2023，31（1）：92-103.

［107］刘小峰，陈国华，盛昭瀚．不同供需关系下的食品安全与政府监管策略分析［J］．中国管理科学，2010，18（2）：143-150.

［108］孟庆春，朱子怡，谢磊，等．考虑参考价格效应的中断供应链动态恢复策略［J］．系统工程理论与实践，2024，44（4）：1268-1281.

［109］慕静，李婧．考虑疫情风险与双重时效性的生鲜品供应中断库存控制策略研究［J］．运筹与管理，2023，32（1）：108-115.

［110］慕静，马丽丽．基于 SD 的食品供应链信息共享演化博弈分析［J］．科技管理研究，2015，35（3）：182-185.

［111］宁连举，孙中原，袁雅琴，等．基于交易成本理论的商业生态系统形成与演化机制研究［J］．经济问题，2020（6）：8-18.

［112］牛保庄，许浩涛，李启洋，等．考虑供应中断的关键进口零部件本土替代及采购策略调整［J］．系统工程理论与实践，2022，42（11）：2881-2890.

［113］潘琳，徐夏静，周荣庭．博弈视角下社区生鲜食品供应链双渠道动态定价研究［EB/OL］．https：//doi. org/10. 16381/j. cnki. issn1003-207x. 2021.1506.

［114］任芙英．供应链管理下食品安全的协同治理进路［J］．河北法学，2019，37（9）：140-147.

［115］邵必林，胡灵琳．绿色供应链参与行为演化博弈分析——基于系统动力学视角［J］．科研管理，2021，42（11）：171-181.

［116］石永强，彭树，张智勇，等．基于系统动力学第三方直通集配中心模式研究［J］．管理科学学报，2015，18（2）：13-22.

［117］史金召，孙茂林，黎建强．我国跨境电商供应链金融的模式设计与风险管控［J］．国际贸易，2022（11）：26-34.

［118］史文强，孔昭君，汪明月，等．多种中断事件耦合下应急物资动员链弹性的系统动力学分析［EB/OL］．https：//doi. org/10. 16381/j. cnki. issn1003-207x. 2022.2637.

［119］宋焕，王瑞梅，马威．基于微分博弈的食品供应链溯源信息共享行为协调机制研究［J］．华中农业大学学报（社会科学版），2018（3）：144-151+160.

［120］苏秦，张文博．不同生产环境下食品供应链质量可视性决策研究［J］．系统工程，2019，37（1）：67-75.

［121］孙彩虹，李肖依，于辉．跨国双向供应链政府补贴退出策略的路径选择［J］．中国管理科学，2022，30（11）：127-136.

［122］孙胜楠，张艳，王新平，等．考虑消费者支付意愿的食品供应链溯源采购策略分析［J］．系统工程理论与实践，2017，37（5）：1265-1273.

［123］唐润，彭洋洋．考虑渠道特征的生鲜食品供应链双渠道协调演化博弈分析［J］．统计与决策，2018，34（13）：56-60.

［124］陶俐言，孙洪达，曹怡恒，等．供应链中断情境下考虑政府补贴的恢复策略［J］．计算机集成制造系统，2022，28（1）：242-257.

［125］滕春贤，盛晓飞，鄢章华．具有需求扰动的供应链协调仿真研究［J］．统计与决策，2010（16）：34-37.

［126］田立平，孙群，李文龙．基于系统动力学的促进废旧家电环保化回收的策略模型［J］．中国管理科学，2020，28（5）：167-175.

［127］童毛弟，宋祺楠，陈莹．供应链上游食品质量检测的信号博弈策略［J］．南京工业大学学报（社会科学版），2018，17（4）：81-87.

［128］晚春东，秦志兵，吴绩新．供应链视角下食品安全风险控制研究［J］．中国软科学，2018（10）：184-192.

［129］晚春东，王雨佳．供应链视角下食品质量安全风险调控投资研究［J］．科技管理研究，2019，39（5）：215-221.

［130］汪小京，刘志学，徐娟．基于系统动力学的第三方物流管理库存模型［J］．系统管理学报，2016，25（2）：317-325.

［131］王翠霞．生态农业系统动力学——管理策略的生成与仿真［M］．北京：科学出版社，2020.

［132］王道平，朱梦影，王婷婷．生态供应链保鲜努力成本分担契约研究［J］．工业工程与管理，2020，25（2）：36-43.

［133］王欢欢，赵启兰．疫情防控下食品供应链风险因素分层解析研究［J］．北京交通大学学报（社会科学版），2022，21（4）：35-44.

［134］王建华，王恒，孙俊．互惠偏好视角下食品供应链激励机制研究［J］．工业工程与管理，2021，26（3）：48-55.

［135］王晶，刘昊天，赵然．基于食品安全的生鲜食品冷链运营优化研究［J］．系统工程理论与实践，2018，38（1）：122-134.

［136］王军进，许淞俊，刘家国．面对不确定性供应中断风险的制造商采购策略研究［EB/OL］．https：//doi.org/10.16381/j.cnki.issn1003-207x.2023.1801.

［137］王军进，张白羽，刘家国．供应中断风险下具有质量差异的产品组合定价与采购策略［J］．系统工程理论与实践，2024，44（3）：1068-1084.

［138］王能民，王雪宁，史玮璇．考虑库存与中断的双目标多式联运优化研究［J］．工程管理科技前沿，2023，42（1）：26-34.

［139］王文宾，刘业，钟罗升，等．补贴—惩罚政策下废旧动力电池的回收决策研究［J］．中国管理科学，2023，31（11）：90-102.

［140］王锡琴，赵正佳．跨国供应链最优生产与分销计划决策模型［J］．统

计与决策，2012（14）：32-35.

[141] 王雅琦，王瑶，张礼卿. 汇率波动对出口稳定的影响：中间品进口的作用 [J]. 金融研究，2023（1）：75-93.

[142] 王莺潼，计小宇，孟庆春. 动态不确定环境下基于多层级备份策略的供应链网络性能研究 [EB/OL]. https：//doi. org/10.16381/j. cnki. issn1003-207x. 2023.0173.

[143] 王宇奇，曲云玉. 环境扰动下进口原油供应链网络柔性的系统动力学仿真 [J]. 系统管理学报，2019，28（5）：983-990.

[144] 王之乐，张纪海. 基于系统动力学的应急物资动员潜力评估 [J]. 系统工程理论与实践，2019，39（11）：2880-2895.

[145] 魏航，李军，魏洁. 时变条件下多式联运有害物品的路径选择 [J]. 系统管理学报，2007，16（6）：644-652.

[146] 吴海翔，徐兵. 技术扩散和贸易保护主义下的多期供应链网络均衡 [J]. 中国管理科学，2024，32（2）：324-334.

[147] 吴军，巴依勒，孙李傲，等. 新冠肺炎疫情背景下农产品供应链的中断与恢复策略研究——以冷鲜肉为例 [J]. 管理评论，2023，35（9）：236-251+261.

[148] 吴林海，凌志远，陈秀娟. 基于社会共治框架的食品供应链质量投入行为策略选择研究 [J]. 宏观质量研究，2024，12（1）：69-85.

[149] 吴一帆，张倩，陈靖. 跨国企业竞争环境下绿色产品创新与政府关税设计 [J]. 运筹与管理，2023，32（8）：122-128.

[150] 谢康，赖金天，肖静华. 食品安全社会共治下供应链质量协同特征与制度需求 [J]. 管理评论，2015，27（2）：158-167.

[151] 谢锐，陈湘杰，陈黎明，等. 中国关税有效保护率的动态变迁 [J]. 管理科学学报，2020，23（7）：76-98.

[152] 徐兵，邱芳. 基于消费者选择和产品平均新鲜度的生鲜农产品两阶段定价研究 [J]. 工业工程与管理，2021，26（2）：118-126.

[153] 徐生菊，吉敏全. 知识共享影响农产品供应链竞争力的动力学建模与仿真 [J]. 地域研究与开发，2020，39（3）：47-52.

［154］许浩楠，刘家国．考虑供应风险的 OEM/ODM 供应链决策研究［EB/OL］．https：//doi.org/10.16381/j.cnki.issn1003-207x.2023.0351.

［155］薛伟霞，孙见荆．基于反馈机制的供应网络风险管理策略选择［J］．科技管理研究，2013，33（20）：218-221+225.

［156］杨洋，邹明阳，谢国强，等．重大突发公共卫生事件下的供应链恢复机制［J］．管理学报，2020，17（10）：1433-1442.

［157］于辉，王琪．风险承担机制视角下企业汇率管理的供应链分析［J］．中国管理科学，2021，29（9）：44-53.

［158］于荣，裴小伟，唐润．基于食品绿色度和声誉的绿色食品供应链主体协同模式研究［J］．软科学，2018，32（1）：130-135.

［159］余福茂，王聪颖，魏洁．电子废弃物回收处理渠道演化的系统动力学仿真［J］．生态经济，2016，32（6）：147-151.

［160］岳庆如，张智光．林纸一体化绿色供应链利益分配系统动力学仿真分析［J］．科技管理研究，2021，41（10）：201-209.

［161］岳万勇，赵正佳．不确定需求下跨国供应链数量折扣模型［J］．管理评论，2012，24（9）：164-169.

［162］张灿．碳减排与汇率波动下的全球供应链采购策略研究［J］．系统工程，2019，37（2）：58-69.

［163］张红霞．双边道德风险下食品供应链质量安全协调契约研究［J］．软科提供的质量学，2019，33（9）：99-107.

［164］张李浩，孔雅雯，王嘉燕．基于策略型消费者低碳偏好的企业两阶段生产博弈均衡［J］．计算机集成制造系统，2020，26（11）：3167-3176.

［165］张文博，苏秦．基于模糊多目标规划的食品供应链质量风险控制决策研究［J］．工业工程与管理，2018，23（1）：30-37.

［166］张旭，袁旭梅，降亚迪．需求与碳交易价格不确定下多式联运路径优化［J］．系统工程理论与实践，2021，41（10）：2609-2620.

［167］张旭，张海燕，袁旭梅，等．双重不确定下低碳多式联运路径优化研究［J］．北京交通大学学报（社会科学版），2022，21（2）：113-121.

［168］张璇，孙雪丽，薛原，等．卖空机制与食品安全——基于溢出效应的

视角［J］．金融研究，2022（3）：152-170．

［169］张以彬，龙静，陈瑜．市场需求可变的供应链中断应急策略与运作仿真［J］．系统管理学报，2019，28（6）：1202-1210．

［170］张玉春，周金华．再制造优先闭环供应链质量控制与优化系统动力学模型及仿真［J］．工业工程与管理，2016，21（2）：92-99+107．

［171］张玉春，冯昱．非对称信息下闭环供应链回收品质量控制系统动力学分析［J］．统计与决策，2019，35（1）：67-72．

［172］张玉丽，冯燕．政府补贴下跨境供应链中代工厂的碳减排决策研究［J］．物流工程与管理，2023，45（12）：49-55．

［173］张煜，汪寿阳．供应链质量风险管理［M］．北京：科学出版社，2013．

［174］赵旭，刘浩，胡世浩．失效情景下考虑拥堵及偏好的多式联运路径选择［J］．上海海事大学学报，2024，45（1）：30-38．

［175］赵永亮，吴辰星，俞萍萍．全球产出调整分析框架下汇率升值的产出效应研究［J］．数量经济技术经济研究，2019，36（2）：103-119．

［176］赵正佳．考虑汇率变化和运输成本分担的跨国供应链数量折扣契约［J］．管理学报，2012，9（6）：913-919．

［177］郑斌，马祖军，周愉峰．震后应急物流动态选址——联运问题的双层规划模型［J］．系统管理学报，2017，26（2）：326-337．

［178］周晓阳，曹文静，符皓然，等．随机需求下考虑产品替代的跨国供应链网络均衡决策［J］．系统工程理论与实践，2022，42（11）：2853-2868．

［179］周雄勇，许志端．食品质量管理实践、供应链可追溯与企业可持续绩效——基于全国四省食品企业的问卷调查［J］．宏观质量研究，2022，10（4）：35-49．

［180］周茵，李董辉．具有两阶段生产模式的一类短生命周期产品的供应链协调［J］．系统工程理论与实践，2006（12）：17-24．

［181］朱新球，赵慧达．基于冷链食品供应链风险传染效应的实证研究［J］．哈尔滨商业大学学报（社会科学版），2018（4）：59-70．